華商律師 | 文库 |
CHINA COMMERCIAL LAW FIRM

1993-2023
30TH ANNIVERSARY

注册制下
法律尽职调查指引

LEGAL DUE DILIGENCE GUIDELINES UNDER
THE REGISTRATION SYSTEM

华商律师事务所资本市场与证券法律专业委员会 编

法律出版社 LAW PRESS · CHINA
北京

图书在版编目(CIP)数据

注册制下法律尽职调查指引 / 华商律师事务所资本市场与证券法律专业委员会编. -- 北京 : 法律出版社, 2024

ISBN 978-7-5197-8821-6

Ⅰ. ①注… Ⅱ. ①华… Ⅲ. ①律师业务-中国 Ⅳ. ①D926.5

中国国家版本馆 CIP 数据核字(2024)第 036798 号

注册制下法律尽职调查指引
ZHUCE ZHI XIA FALÜ JINZHI DIAOCHA ZHIYIN

华商律师事务所资本市场与证券法律专业委员会 编

策划编辑 邢艳萍
责任编辑 邢艳萍
装帧设计 汪奇峰

出版发行 法律出版社
编辑统筹 法律应用出版分社
责任校对 朱海波
责任印制 刘晓伟
经　　销 新华书店

开本 710 毫米×1000 毫米 1/16
印张 19.5　**字数** 350 千
版本 2024 年 3 月第 1 版
印次 2024 年 3 月第 1 次印刷
印刷 三河市兴达印务有限公司

地址:北京市丰台区莲花池西里 7 号(100073)
网址:www.lawpress.com.cn
投稿邮箱:info@lawpress.com.cn
举报盗版邮箱:jbwq@lawpress.com.cn

销售电话:010-83938349
客服电话:010-83938350
咨询电话:010-63939796

书号:ISBN 978-7-5197-8821-6　**定价**:76.00 元

凡购买本社图书,如有印装错误,我社负责退换。电话:010-83938349

谨以此书献给华商律师事务所成立三十周年

本书编委会

1993-2023
30TH ANNIVERSARY

总　序

弹指之间,华商律师事务所(以下简称华商)已行三十载。三十载风雨征程,我们从初心开始书写答卷。这份答卷以一书一卷开始,向具有前沿视野的国际型律所演进,从深圳强所到聚焦国际,华商厚植专业根基,目前已有 48 家分支机构,我们始终上下求索、攀登不息,不断丰富诠释华商"法律创造价值"的职业价值观。

三十年间,华商以创业者的探索、勇敢者的担当、改革者的步伐,逐步成长为从区域迈向全国乃至全球的规模律师事务所,并在律师事业升级与融合的发展变革中,成就了不少亮眼成绩。

千帆竞渡争卓越,前沿视野创一流。近年来,面临百年未有之大变局,在全球化趋势反复拉锯的过程中,行业也迎来了前所未有的新形态与新问题。越是不确定,华商越是坚定信心,越是沉着勇毅,在时代的风云中屹立不倒,敢于亮剑,敢于前进,志所向,皆可往,路虽远,行必达。华商以适度规模化、深度专业化、重推国际化的前沿发展战略稳步迈入高质量发展阶段!

经多个专业委员会、多个专业团队和多位专业律师构思、策划、组织和编撰,这套涵盖公司、国企改革、东南亚国家投资法、婚姻家庭继承、证券、合规体系、基金法律、土地开发、尽职调查等热门领域的华商律师事务所三十周年实务丛书与读者见面。作为华商三十周年献礼,本套丛书的问世将是华商专业化建设的又一次具有重要理论和现实意义的里程碑,更是百年华商征程中的专业与文化积淀。

新时代赋予律所新的使命,华商肩鸿任钜,法治的道路不断延伸,华商不会停下脚步。就像我曾经写过的一首诗,“风不顾一切,时光勇往直前,我,我们,跟着一路长跑”。

是为序。

前　言

2023 年 2 月 1 日，中国证券监督管理委员会（以下简称证监会）宣布就《首次公开发行股票注册管理办法》等主要制度规则草案向社会公开征求意见。2023 年 2 月 17 日，证监会发布全面实行股票发行注册制相关制度规则，并自公布之日起施行。各证券交易所、全国中小企业股份转让系统有限责任公司等亦制定与注册制相配套的制度及指引并同步公布实施，这意味着注册制正式在资本市场全面实行。注册制的全面实施给证券市场高质量发展提供机遇的同时，也给证券服务机构的执业标准提出了更高要求。这意味着中介机构的“权”“责”俱增，其在我国资本市场安全、平稳运行中将承担更为重要的责任。

全面的法律尽职调查能有效识别和评估企业所存在的法律风险，并有助于中介机构结合发行人的商业实质，制定精准、专业、严谨的法律规范方案。本书根据 IPO 律师工作报告的章节体系进行编排，结合 IPO 案例总结监管关注重点，全面梳理注册制下法律尽职调查内容，旨在为证券法律从业人员提供实务操作参考。

此外，本书引用了大量的案例，可为读者提供更多的背景信息。

目 录

第一部分 法律尽职调查概述

第二部分 注册制下 IPO 法律尽职调查工作内容

第一部分 法律尽职调查概述

一 什么是尽职调查

尽职调查亦称审慎调查(Due Diligence),其原意为“适当的或应有的勤勉”,在法律语境下是指在企业或尽职调查对象的配合下,尽职调查机构或人员接受委托人的委托,采用书面审查、现场查验、面谈、查询、函证、查证、实地调查、计算、复核、访问、外部走访与网络查询等多种方式,就历史和企业现有的数据、信息、文件和档案等,对尽职调查目标的主体资格、业务资质、经营情况、财务状况、股权结构、控股股东及实际控制人情况、管理架构、资产情况、关联交易、重大合同、知识产权、财税情况、劳动人事、可能产生的诉讼纠纷等的全部或部分方面进行全面深入的了解。

实践中,尽职调查的形式和种类是非常丰富的,主要可以分为财务尽职调查、法律尽职调查、业务尽职调查、税务尽职调查、商业尽职调查、知识产权尽职调查和人力资源尽职调查等专项尽职调查。而对于主要从事资本市场业务的律师而言,法律尽职调查是其接触最多的业务之一。法律尽职调查根据目的的不同,又可细分为投融资、首次公开发行股票并上市(Initial Public Offering,IPO)、并购等的法律尽职调查。本书主要讨论注册制下的法律尽职调查。

注册制下的法律尽职调查是指基于首次公开发行股票并上市的目的,由律师或保荐人的券商律师对目标公司及其关联企业(以下简称发行人)的主体资格、公司设立及其历史沿革、经营资质、资产和负债、对外担保、重大合同、同业竞争及关联交易、纳税、环保、知识产权、劳动关系等各方面进行的一系列资料、信息的收集与法律问题的审核。同时,还需要对尽职调查过程中发现的法律问题发表合规性意见和建议,并提出合法性、规范性调整和完善的整改方案等。通常情况下,法律尽职调查会参照对应 IPO 板块的律师工作报告以及作为法律尽职调查报告的体系,这对 IPO 律师提出了极高的专业性要求:在初始的法律尽职调查中,律师可以对未来企业上市路径进行规划,尽最大可能降低企业合规成本、避免阻碍上市的重大瑕疵。

注册制的推进也对服务发行人的各个中介机构提出了更严格的责任要求。注册制相关规定明确了券商、会计师事务所、律师事务所、资产评估机构等“看门人”的履职要求、法律责任等,这意味着注册制并非简单地“披露即可”。根据《公开发行证券公司信息披露的编报规则第 12 号——公开发行证券的法律意见书和律师工作报告》第 5 条的规定,“律师在律师工作报告中应详尽、完整地阐述所履行尽职调查的情况,在法律意见书中所发表意见或结论的依据、进行有关核查验证的过程、所涉及的必要资料或文件”。因此,在服务各发行人的过程中,律师工作底稿中都应当有尽职调查报告,这对于尽职调查工作及后期的整改工作至关重要。

根据《监管规则适用指引——法律类第 2 号:律师事务所从事首次公开发行股票并上市法律业务执业细则》第 3 条的规定,“律师事务所及其指派的律师从事首发法律业务,应当按照《律师事务所从事证券法律业务管理办法》和《律师事务所证券法律业务执业规则(试行)》(以下简称《执业规则》)的规定,遵守诚实、守信、独立、勤勉、尽责的原则,恪守律师职业道德和执业纪律,严格履行法定职责,合理、充分地运用《执业规则》规定的查验方法,充分了解发行人的经营情况、存在的法律风险和问题,对发行人首发的相关事项是否符合法律、行政法规、中国证监会和证券交易所的规定进行查验,在确保获得适当、有效证据并对证据进行综合分析的基础上作出独立判断,保证其制作、出具文件的真实性、准确性和完整性,不存在虚假记载、误导性陈述或者重大遗漏”。

以上,我们可以有一个初步的印象,即“注册制”并没有我们想象的那么简单,并非“核准制”换汤不换药的产物。本书的后续部分,会进一步阐述注册制下律师应该如何开展尽职调查工作。

二 注册制下法律尽职调查重点法律法规

2023 年 2 月 17 日,中国证券监督管理委员会(以下简称证监会)发布全面实行股票发行注册制相关制度,上海证券交易所(以下简称上交所)、深圳证券交易所(以下简称深交所)、北京证券交易所(以下简称北交所)、全国中小企业股份转让系统(以下简称新三板)、中国证券投资基金业协会、中国证券登记结算有限责任公司、中国证券金融股份有限公司等自律组织及行业协会配套制度规则同步发布实施。

此次发布的制度规则共 165 部,其中证监会发布的制度规则 57 部,证券交易所、新三板、中国证券登记结算有限责任公司等发布的配套制度规则 108 部。内容涵盖发行条件、注册程序、保荐承销、重大资产重组、监管执法、投资者保护等各个方面。

表 1 为注册制下法律尽职调查所用到的重点法规以及新的证监会、上交所、深交所的相关规则(截至 2023 年 10 月):

表 1　与注册制下法律尽职调查有关的法律法规

制定机关	相关规定
证监会	中国证券监督管理委员会行政许可实施程序规定
	欺诈发行上市股票责令回购实施办法(试行)
	存托凭证发行与交易管理办法(试行)
	上市公司重大资产重组管理办法
	非上市公众公司重大资产重组管理办法
	非上市公众公司监督管理办法
	北京证券交易所上市公司证券发行注册管理办法
	北京证券交易所向不特定合格投资者公开发行股票注册管理办法
	优先股试点管理办法
	证券发行与承销管理办法
	证券发行上市保荐业务管理办法
	上市公司证券发行注册管理办法
	首次公开发行股票注册管理办法
	公开发行证券的公司信息披露内容与格式准则第 57 号——招股说明书
	公开发行证券的公司信息披露内容与格式准则第 58 号——首次公开发行股票并上市申请文件
	公开发行证券的公司信息披露内容与格式准则第 59 号——上市公司发行证券申请文件
	公开发行证券的公司信息披露内容与格式准则第 60 号——上市公司向不特定对象发行证券募集说明书
	公开发行证券的公司信息披露内容与格式准则第 61 号——上市公司向特定对象发行证券募集说明书和发行情况报告书
	公开发行证券的公司信息披露内容与格式准则第 32 号——发行优先股申请文件
	公开发行证券的公司信息披露内容与格式准则第 33 号——发行优先股预案和发行情况报告书
	公开发行证券的公司信息披露内容与格式准则第 34 号——发行优先股募集说明书
	试点创新企业境内发行股票或存托凭证并上市监管工作实施办法
	公开发行证券的公司信息披露内容与格式准则第 40 号——试点红筹企业公开发行存托凭证并上市申请文件

续表

制定机关	相关规定
证监会	《首次公开发行股票注册管理办法》第十二条、第十三条、第三十一条、第四十四条、第四十五条和《公开发行证券的公司信息披露内容与格式准则第57号——招股说明书》第七条有关规定的适用意见——证券期货法律适用意见第17号
	《上市公司证券发行注册管理办法》第九条、第十条、第十一条、第十三条、第四十条、第五十七条、第六十条有关规定的适用意见——证券期货法律适用意见第18号
	公开发行证券的公司信息披露内容与格式准则第46号——北京证券交易所公司招股说明书
	公开发行证券的公司信息披露内容与格式准则第47号——向不特定合格投资者公开发行股票并在北京证券交易所上市申请文件
	公开发行证券的公司信息披露内容与格式准则第48号——北京证券交易所上市公司向不特定合格投资者公开发行股票募集说明书
	公开发行证券的公司信息披露内容与格式准则第49号——北京证券交易所上市公司向特定对象发行股票募集说明书和发行情况报告书
	公开发行证券的公司信息披露内容与格式准则第50号——北京证券交易所上市公司向特定对象发行可转换公司债券募集说明书和发行情况报告书
	公开发行证券的公司信息披露内容与格式准则第51号——北京证券交易所上市公司向特定对象发行优先股募集说明书和发行情况报告书
	公开发行证券的公司信息披露内容与格式准则第52号——北京证券交易所上市公司发行证券申请文件
	公开发行证券的公司信息披露内容与格式准则第56号——北京证券交易所上市公司重大资产重组
	非上市公众公司信息披露内容与格式准则第1号——公开转让说明书
	非上市公众公司信息披露内容与格式准则第2号——公开转让股票申请文件
	非上市公众公司信息披露内容与格式准则第3号——定向发行说明书和发行情况报告书
	非上市公众公司信息披露内容与格式准则第4号——定向发行申请文件
	非上市公众公司信息披露内容与格式准则第6号——重大资产重组报告书
	非上市公众公司信息披露内容与格式准则第7号——定向发行优先股说明书和发行情况报告书

续表

制定机关	相关规定
证监会	非上市公众公司信息披露内容与格式准则第 8 号——定向发行优先股申请文件
	非上市公众公司信息披露内容与格式准则第 18 号——定向发行可转换公司债券说明书和发行情况报告书
	非上市公众公司信息披露内容与格式准则第 19 号——定向发行可转换公司债券申请文件
	非上市公众公司监管指引第 2 号——申请文件
	非上市公众公司监管指引第 4 号——股东人数超过二百人的未上市股份有限公司申请行政许可有关问题的审核指引
	公开发行证券的公司信息披露内容与格式准则第 26 号——上市公司重大资产重组
	《上市公司收购管理办法》第六十二条、第六十三条及《上市公司重大资产重组管理办法》第四十六条有关限制股份转让的适用意见——证券期货法律适用意见第 4 号
	《上市公司重大资产重组管理办法》第十四条、第四十四条的适用意见——证券期货法律适用意见第 12 号
	《上市公司重大资产重组管理办法》第二十九条、第四十五条的适用意见——证券期货法律适用意见第 15 号
	上市公司监管指引第 7 号——上市公司重大资产重组相关股票异常交易监管
	上市公司监管指引第 9 号——上市公司筹划和实施重大资产重组的监管要求
	监管规则适用指引——发行类第 3 号
	监管规则适用指引——发行类第 4 号
	监管规则适用指引——发行类第 5 号
	监管规则适用指引——发行类第 6 号
	监管规则适用指引——发行类第 7 号
	监管规则适用指引——发行类第 8 号：股票发行上市注册工作规程
	监管规则适用指引——非上市公众公司类第 1 号(2023 年 2 月修订)
	律师事务所证券法律业务执业规则(试行)

续表

制定机关	相关规定
证监会	监管规则适用指引——法律类第 2 号:律师事务所从事首次公开发行股票并上市法律业务执业细则
	公开发行证券公司信息披露的编报规则第 12 号——公开发行证券的法律意见书和律师工作报告
上交所	上海证券交易所科创板股票上市规则(2023 年 8 月修订)
	上海证券交易所股票发行上市审核规则
	上海证券交易所股票上市规则(2023 年 8 月修订)
	上海证券交易所上市公司证券发行上市审核规则
	上海证券交易所上市公司重大资产重组审核规则
	上海证券交易所优先股试点业务实施细则
	上海证券交易所发行上市审核规则适用指引第 1 号——申请文件受理
	上海证券交易所发行上市审核规则适用指引第 2 号——上市保荐书内容与格式
	上海证券交易所发行上市审核规则适用指引第 3 号——现场督导
	上海证券交易所发行上市审核规则适用指引第 4 号——创新试点红筹企业财务报告信息披露
	上海证券交易所发行上市审核业务指南第 1 号——审核系统业务办理
	上海证券交易所发行上市审核业务指南第 2 号——发行上市申请文件
	上海证券交易所发行上市审核业务指南第 3 号——业务咨询沟通
	上海证券交易所首次公开发行证券发行与承销业务实施细则
	上海证券交易所上市公司证券发行与承销业务实施细则
	上海市场首次公开发行股票网上发行实施细则(2023 年修订)
	上海市场首次公开发行股票网下发行实施细则(2023 年修订)
	上海证券交易所股票公开发行自律委员会工作规则
	上海证券交易所证券发行与承销规则适用指引第 1 号——证券上市公告书内容与格式
	上海证券交易所上市公司自律监管指引第 6 号——重大资产重组(2023 年修订)
	上海证券交易所交易规则(2023 年修订)
	上海证券交易所融资融券交易实施细则(2023 年修订)

续表

制定机关	相关规定
上交所	上海证券交易所转融通证券出借交易实施办法(试行)(2023 年修订)
	上海证券交易所主板股票异常交易实时监控细则
	上海证券交易所科创板股票异常交易实时监控细则
	上海证券交易所关于注册制下股票和存托凭证暂不作为股票质押回购及约定购回交易标的证券的通知
	上海证券交易所会员管理业务指南第 2 号——风险揭示书必备条款(2023 年 11 月修订)
深交所	深圳证券交易所股票发行上市审核规则
	深圳证券交易所股票上市规则(2023 年 8 月修订)
	深圳证券交易所创业板股票上市规则(2023 年 8 月修订)
	深圳证券交易所上市公司证券发行上市审核规则
	深圳证券交易所上市公司重大资产重组审核规则
	深圳证券交易所行业咨询专家库工作规则(2023 年修订)
	深圳证券交易所关于未盈利企业在创业板上市相关事宜的通知
	深圳证券交易所股票发行上市审核业务指引第 1 号——申请文件受理
	深圳证券交易所股票发行上市审核业务指引第 2 号——上市保荐书内容与格式
	深圳证券交易所股票发行上市审核业务指引第 3 号——创新试点红筹企业财务报告信息披露
	深圳证券交易所股票发行上市审核业务指引第 4 号——保荐业务现场督导
	深圳证券交易所关于进一步督促会员提升保荐业务执业质量的通知
	深圳证券交易所首次公开发行证券发行与承销业务实施细则
	深圳证券交易所上市公司证券发行与承销业务实施细则
	深圳市场首次公开发行股票网下发行实施细则(2023 年修订)
	深圳证券交易所股票发行规范委员会工作细则
	深圳证券交易所发行与承销业务指引第 1 号——股票上市公告书内容与格式
	深圳证券交易所发行与承销业务指引第 2 号——存托凭证上市公告书内容与格式
	深圳证券交易所优先股试点业务实施细则(2023 年修订)

续表

制定机关	相关规定
深交所	深圳证券交易所上市公司自律监管指引第 8 号——重大资产重组(2023 年修订)
	深圳证券交易所交易规则(2023 年修订)
	深圳证券交易所融资融券交易实施细则(2023 年修订)
	深圳证券交易所转融通证券出借交易实施办法(试行)(2023 年修订)
	深圳证券交易所主板股票异常交易实时监控细则
	深圳证券交易所关于注册制下股票和存托凭证暂不作为股票质押回购及约定购回交易标的证券的通知
	深圳证券交易所主板投资风险揭示书必备条款
	深圳证券交易所关于股票及存托凭证证券简称和标识的通知
	深圳证券交易所股票发行上市审核业务指南第 1 号——业务咨询沟通
	深圳证券交易所股票发行上市审核业务指南第 2 号——发行上市申请文件受理关注要点

三 法律尽职调查的原则

除了实务要点，应当首先明确法律尽职调查所秉持的原则，明确方法论，在原则的指导下，才能更好地进行法律尽职调查。根据证监会、司法部发布的《律师事务所从事证券法律业务管理办法》《律师事务所证券法律业务执业规则（试行）》，中华全国律师协会发布的《律师从事证券法律业务尽职调查操作指引》的相关规定，律师开展尽职调查法律业务，应当遵循以下原则性要求：

（一）保密原则

律师应当严守委托人、目标企业及在尽职调查过程中所知悉的其他相关方的商业秘密，不得利用所知悉的商业秘密为律师本人、律师事务所或他人谋取利益。特别是在上市公司收购和重大资产重组业务中，律师作为内幕信息知情人，在相关信息公开披露前，更应恪守保密原则，不可泄露所经办业务的任何信息。《律师职业道德和执业纪律规范》第 39 条规定：“律师对与委托事项有关的保密信息，委托代理关系结束后仍有保密义务。”律师的保密义务是持续性的，在尽职调查结束之后仍有保密义务。

在经办 IPO 项目时，还需注意律所内部不同团队之间的信息隔离，为避免产生合规风险，不参与相关项目的人员不应知晓相关项目信息。

（二）勤勉尽责和审慎严谨原则

律师应当严格遵守法律法规及规范性文件的规定，遵守律师职业道德和执业规范，努力做到勤勉尽职、审慎严谨。在尽职调查过程中，调查内容要全面，材料收集要完整，应及时、准确地就工作过程中形成的会议纪要、谈话等记录，获取的相关文件等资料制作工作底稿并制订查验计划。审慎原则要求律师对根据任何资料、信息以及相关人员所作出的口头陈述而发现的任何问题，应持审慎的怀疑态度，作更深入的了解和探究。对于异常情况要反复甄别，找到相关的证据进行印证，对于没有确切依据的数据要保守估计。对于一些重大或者关键的文件，如执照、许可、批文等，应当到相关政府部门进行独立的调查核实。律师出具的尽职调查报告必须有充分的事实依据。

（三）专业性和独立性原则

律师应当具备相应的专业能力，包括必备的法律专业知识及企业运作、财务会计、相关行业、企业管理、劳动人事等方面的基础知识。IPO 是一项各类专业知识交织的复合型业务，从事这一业务的律师应具备包括但不限于相关行业、财务、法律等各类知识，否则，无法应对注册制下 IPO 过程中遇到的各种问题。律师开展工作应保持客观理性，基于事实和法律进行核查并独立发表法律意见。同时，律师又应与注册会计师、资产评估师、保荐人等密切配合，以保障对相关问题的判断的准确性与专业性。

（四）目的导向原则

目的导向原则，是指任何尽职调查工作都应当围绕委托方的目的进行，如 IPO、并购等目的。如本书所述的注册制下的法律尽职调查，是基于企业未来进行 IPO 的目的，要求律师对企业的尽职调查是全方面的，但又要有侧重点，应针对不同类型企业的不同上市条件进行调整。例如，企业如果要上科创板便要调查企业是否符合《科创属性评价指引（试行）》的要求，对科技创新属性进行深入、有针对性的尽职调查，并分析是否满足“硬科技”的要求。

四 法律尽职调查的方法

法律尽职调查的过程是律师综合运用各种查验方法对已经确定的调查范围与内容进行核查与验证的过程。律师对相关事项进行核查与验证,可以采用书面审查、访谈、实地调查、查询、函证、复核等方法。

(一)书面审查

审查书面文件资料是最主要的调查方法。通过审查,律师可以对相关法律事实形成基本的判断,并通过其他辅助方法核实书面资料是否真实、客观、准确、完整。待查验事项只需书面凭证便可证明的,律师可以直接通过书面凭证得出结论,但在无法获得凭证原件加以对照查验的情况下,律师应当采用查询、复核等方式予以确认;待查验事项没有书面凭证或者仅有书面凭证不足以证明的,律师应当采用现场查验调查、面谈以及通过第三方出具书面说明等方式进行查验。

(二)访谈

在尽职调查过程中,访谈是重要的信息来源之一。律师可以结合实际情况,有重点地访谈交易相关方的股东、董事、监事、高级管理人员、部门负责人员、资料提供人员、普通员工等,以了解事实全貌。将通过访谈获取的信息与相关书面资料相比较,可以挖掘出尽职调查清单未涉及的重要内容或资料提供方认为没有必要提及而实际存在的事项,进一步完善尽职调查。对于重要事项的访谈,律师应提前拟好提纲,并针对访谈结果制作访谈记录,要求相关人员签字确认。同时,记录上述人员的职务、身份证件信息、联系方式等重要信息,取得相关身份证明文件(如名片),为后续复核等提供依据。

(三)实地调查

在书面资料无法直观反映调查对象相关事实状况,或者需要核验调查对象提供的相关信息的真实性时,宜采用实地调查方式。例如,律师可以实地核实发行人的生产经营场所、生产线、业务开展、重点资产(土地、房产等)等情况。若项目涉及证券法律业务,律师除了采用实地调查方式进行查验外,还应当将调查情况作成笔录,拍照保存底稿,由调查律师、被调查事项相关的自然人或者单位负责人签名。该自然人或者单位负责人拒绝签名的,应当在笔录中注明。

(四)查询

1. 向行政主管部门查询。向行政主管部门查询,是指律师向有关部门或单位查询发行人提供资料的主体信息及其资产、项目等情况的真实性，例如，向市场监督管理局查询工商内档，查询股权质押、查封情况；向不动产登记机关查询土地信息、房产登记信息、抵押信息、查封信息等；向中国人民银行查询发行人或实际控制人的贷款情形、抵押情形、信用状况等。向行政主管部门查询的内容需经行政主管部门盖章（如查询章）确认。

2. 通过网站查询相关信息。根据检索平台的不同，尽职调查中的互联网检索主要有三种方式：一是重点网站（如国家企业信用信息公示系统、中国裁判文书网等）的关键词检索，可以搜索调查对象涉及的行业、业务情况，处罚情况等关键词，查询与调查对象相关的重大信息。二是调查对象及关联方网站检索，律师可以据此了解调查对象从事的业务动态、生产经营情况等信息。三是政府主管部门公示网站检索，可以查询到调查对象的信用状况、知识产权情况、行政许可情况。律师采用查询方式进行查验的，应当保证网络查询结果在有效期内，并就查询的信息时间、地点及载体等有关事项制作查询记录。

（五）函证

律师可以就相关事项发函查证。函件需明确函证事项以及要求对方回函的内容，并经律师签署后加盖律师事务所公章。如项目涉及证券法律业务，律师采用函证方式时，应当以挂号信函或者特快专递的形式寄出，邮件回执（如无邮件回执的，应当保存网络查询收件的截图底稿）、查询信函底稿和对方回函应当由经办律师签名。对方未签署回执、未予签收或者在函证规定的最后期限届满时未回复的，经办律师应当对相关情况作出书面说明。

（六）复核

复核贯穿尽职调查整个过程。在尽职调查过程中，应当复核书面材料与律师通过访谈了解的情况、查询获取的资料、实地调查的情形是否一致，复核是否对法律风险及问题进行了全面、准确的揭示，是否存在遗漏。在撰写尽职调查报告、法律意见书过程中，应当复核文字、格式是否准确、严谨，如是否出现序号格式错误，摘引内容与原始资料是否一致等。如项目涉及证券法律业务，律师对法律意见书进行讨论复核时，应当制作相关记录存档，参与讨论复核的律师应当签名确认。

五 法律尽职调查的流程

法律尽职调查一般是在公司初步确定了上市目的,律师接受客户委托后才开展的。律师需要通过尽职调查来更好地了解客户,这也是为客户提供一系列解决方案的基础。以下是法律尽职调查的一般流程。

(一)确定法律服务机构,签订专项法律服务合同和保密协议

尽职调查一般是在客户与律师签订专项法律服务合同和保密协议之后开展的,在委托基础上合法开展调查。尽职调查既可以作为其他业务中的一部分工作,也可以是其他业务的前置工作,还可以成为一项独立的法律业务。

1. 律师承办尽职调查法律业务必须经由其所在的律师事务所统一接受委托,统一指派。对于复杂的尽职调查,应当指派经验丰富的律师参与或者作为负责人进行把关。根据法律的有关规定,律师个人不得以任何形式或名义私自接受委托。

2. 律师事务所同意接受委托的,应由律师事务所负责人或授权代表签订委托合同,办理委托手续。接受委托后,如无正当理由,律师事务所不得中途随意解除委托。

3. 委托合同的内容由律师事务所和委托人协商确定,由双方签署并加盖公章。委托合同必备的实质性内容包括承办律师、委托事项、服务范围、工作方式、工作成果的形式及交付、双方权利义务、服务期间、律师费用的数额及支付方式、违约责任、合同变更和解除、争议的解决等。

4. 由于尽职调查工作涉及企业多方面的经营信息和技术信息,双方应当在开展尽职调查之前签署保密协议,这既是对律师执业纪律的遵守,又能扫除企业配合调查的顾虑。确定双方在工作中有关保密的权利义务,有利于被调查对象减少负担,积极配合,如实全面、完整地提供律师所需要的信息,从而达成律师尽职调查的目的。

(二)与委托方就委托事项进行沟通和交流

尽职调查的侧重点以及资产、业务等方面深入调查的程度,常因发行人的公司类型、所属行业、上市的方案、上市的板块上市规则的不同而有所差别。客户的尽职调查目的、上市方案不同,相应的法律尽职调查的范围、侧重点也不同。与此同时,律师还应该重视自身的意见和价值,在企业上市过程中,提供上市筹划、整改方案等。例如,上交所及深交所主板的定位突出大盘蓝筹特色,重点支持业务模式成熟、经营业绩稳定、规模较大、具有行业代表性的优质企业；上交所的科创板聚焦“支持和鼓励‘硬科技’企业上市”的核心目标，专注服务“硬科技”；深交所的创业板主要服务于成长型创新创业企业，围绕创新性和成长性两个维度，支持传统产业与新技术、新产业、新业态、新模式的深度融合。律师必须先了解客户的需求，才能更好地针对客户的需求进行尽职调查，以判断在客户的预期之内是否能上某个具体的板块。若客户对资本市场不甚了解，律师也可以在前期与客户进行沟通和交流，并在后续给客户讲解尽职调查报告时，一并对公司上市方案、路径选择以及不同板块的区别进行一个全面的介绍。

律师在进行法律尽职调查的过程中应当以实现商业计划和交易目的为工作中心，如客户目前没有上市的计划，仅想了解企业距离上市还有多远的路，抑或客户原本希望上市，但在后续尽职调查过程中更希望被上市公司并购，这些情况都会影响律师给客户提供的尽职调查报告的内容以及尽职调查的范围，应当尽可能避免双方因对尽职调查目标理解不一致产生的方向性偏差及沟通障碍。

因此，在尽职调查开始时，应初步与委托方就委托事项进行沟通和交流，这有助于律师了解发行人开展业务需要遵守的法律法规，做好尽职调查前的初步工作。律师应先通过发行人名称等有限信息，对发行人基本情况进行了解。之后，判断发行人所处的行业，进行行业监管方面的法律检索工作，了解发行人所处的行业，行业主管部门，行业涉及的具体的法律法规、政策性规定与产业政策等。

（三）制作法律尽职调查文件清单

律师在初步了解发行人基本业务情况后，应当结合实际情况查阅和检索相关法律法规，制作与发行人业务情况相对应的尽职调查文件清单，以便有针对性地实施尽职调查。

律师要提前与公司对接人员进行沟通，向发行人提供详尽的、可操作性高的尽职调查清单，并给予被调查方合理的时间准备相关资料。通常是对第一次取得的清单资料进行了基本的书面审查后，律师才与被调查方商定进场实地调查的时间。尽职调查清单不是一次性的，一般来说，第一次给客户的清单都会标明是初步尽职调查文件清单，随着尽职调查工作的不断深入，律师需要进一步了解情况，因而也会制作相应的补充清单。就实践而言，为避免调查对象对律师多次索要文件产生不满，应避免重复索要材料。同时，在初步尽职调查文件清单中就应明确：本文件清单仅为初步尽职调查文件清单，随着尽职调查工作的深入，还会不时根据项目的要求提交补充文件清单。律师在进场实地调查后,应根据现场的实际情况、发行人提供的资料情况以及律师在调查过程中发现的问题,向发行人开具补充清单。

(四)现场开展法律尽职调查

尽职调查工作是对调查对象提供给律师的所有文件资料信息进行系统化甄别、归类、整理的过程。由于调查对象的员工并非专业人士,并不知悉律师的真正需求,仅仅是按照尽职调查清单提供材料,很可能提供不全,建议律师在尽职调查清单中多提一些具体的合理要求,以便快速、全面地收集调查资料,从而提高律师的工作效率。

现场律师对资料的整理和分析主要围绕资料和信息的真实性、完整性、有效性和合法性展开。在此阶段,应注意律师之间的合作,确保资料、信息整理和分析的质量与效率。在整理、分析材料和信息时应最大限度甄别、排除虚假事实,尽可能发现被隐瞒或者被忽视的事实,最终全面展现相应的客观事实。律师应当制作工作底稿,这需要律师将调查对象提供的文件,如章程、协议、裁决书等,按照一定的逻辑分门别类装订成册,如历史沿革卷、知识产权卷、诉讼仲裁及行政处罚卷等。

(五)及时向委托方反馈尽职调查进展及障碍

由于尽职调查往往涉及与发行人及其控股股东、实际控制人、董事、监事、高级管理人员有关的保密问题,如公司真实的经营情况、财务状况、占用资金情况、税务情况,个人银行卡流水,公司违法经营问题,控股股东及董事、监事、高级管理人员的违法犯罪情况等。因此,出于自我保护的目的,或者其他考虑,被调查对象往往不愿意积极配合,消极应付,掩藏这些方面的真实信息和资料,进而影响尽职调查所获资料的全面性、完整性与真实性,无法真实反映企业的经营现状及财务状况,导致最终无法达到尽职调查的效果和目的,完成尽职调查的任务。

所以,在尽职调查过程中,与被调查对象控股股东及相关负责人的交流和沟通至关重要。律师应将企业上市作为首要目的,明确企业的最大利益,通过晓之以理、明之以法的方式,让被尽职调查的发行人充分了解尽职调查的目的,相应法律法规及主管部门的要求,尽职调查对其开展业务合作、融资或进入资本市场的重要性和必要性,以及如果不配合律师开展尽职调查导致存在重大遗漏或提供虚假信息所可能面临的法律后果和商业风险等。事实上尽职调查律师往往需在尽职调查工作开展前和进行过程中花费大量的时间和精力与发行人的实际控制人及相关负责人进行充分、反复的沟通与协调以争取其支持与配合。只有这样才能保证尽可能顺利地全面获取尽职调查所需的资料及信息，从而实现尽职调查的有效开展与顺利推进，圆满完成尽职调查任务。因此，尽职调查中的交流和沟通对于尽职调查工作的顺利开展及尽职调查目的的达成具有非常重要的意义。

另外，除律师外，现场尽职调查时往往会有会计师、评估师等其他中介机构人员参与，各中介机构尽职调查的重点虽然不同，但其获取的信息也可以互相比较。各中介机构就业务、财务、税务和法务等方面发现的风险点相互进行提示交流与信息共享，不仅能有效降低遗漏主要风险点的可能性，还有助于提高尽职调查的工作效率。各方还可以在充分发现问题的基础上，寻找多种方式解决尽职调查中发现的问题。因此，律师应充分把握现场尽职调查的机会，注重与其他中介机构的交流与合作，通过中介机构的互相合作，共同完成 IPO 的工作。

（六）出具法律尽职调查报告

经过初步尽职调查后，律师对尽职调查过程中所收集的企业资料、信息进行梳理，并在此基础上制作法律尽职调查报告，对企业生产经营、财务债权债务、人力资源等各方面的信息予以真实、完整地披露。

尽职调查报告是从事资产证券化、企业并购重组、重大资产转让、债券发行、信托、新三板及 IPO 等业务的基础性法律文件，是对企业历史及当前经营情况、财务状况及合法合规状况的全面总结和重要信息披露，也是制作法律意见书的基础和依据。尽职调查报告应当具备语言专业精炼、结构清晰、层次分明、条理清晰、体系完整等特点，应客观、全面地反映目标企业的状况，突出体现尽职调查的重点及结论，充分反映尽职调查的过程和结果，并确保每一项判断都是根据明确且可靠的依据作出的。同时，尽职调查报告还应重点阐述法律问题和法律风险，特别是对法律风险进行提示，并对能解决的法律瑕疵给予合法的整改建议。

第二部分 注册制下 IPO 法律尽职调查工作内容

第一章 发行及上市的批准和授权

根据《公司法》等相关法律法规,公司申请IPO需提交公司董事会、股东大会进行审议。若为国有控股公司,还需取得国有资产监督管理机构或上级主管部门的批准。因此,律师需要对公司发行股票及上市是否获得了必要的批准和授权、相关决策程序是否合法合规进行尽职调查,并在上市申报时发表明确法律意见。

第一节 查验程序

一 查验文件

1. 公司关于发行及上市的董事会会议文件,包括董事会会议通知、董事签到表、董事表决票、董事授权委托书(如有)、董事会议案、董事会决议、董事会记录。

2. 公司关于发行及上市的股东大会会议文件,包括股东大会会议通知、股东签到表、股东表决票、股东授权委托书(如有)、股东大会议案、股东大会决议、股东大会记录。

3. 公司股东、上级主管部门、国有资产监督管理机构关于发行及上市的决策文件、批复文件。

二 查验要点

1. 董事会和股东大会的通知时间是否符合《公司法》和公司章程的规定。

2. 董事会和股东大会的出席人员是否符合《公司法》和公司章程的规定。

3. 股东大会决议的内容是否符合法律法规、证监会的有关规定以及公司章程的要求,是否合法有效。

4. 股东大会是否已按法定程序作出同意发行及上市的决议。

5. 如股东大会授权董事会办理有关发行上市事宜,授权的范围、程序、期限是否合法有效。

6. 如发行人存在法人股东,参会人员是否取得法人股东的授权,在会议文件上签字是否符合法律法规的要求。

7. 如发行人存在国有股东,是否取得国有资产监督管理部门关于本次发行上市的批准文件。

8. 如发行人为涉军企业(取得武器装备科研生产许可的企业),是否通过国家国防科技工业局军工事项审查。

第二节 发行上市批准授权相关案例

一 上市方案有效期

A 股发行上市方案的有效期由股东大会进行审议,同时,授权董事会办理 A 股发行上市相关事项。法律法规对于发行上市方案的有效期并没有明确要求,目前 A 股上市案例的发行上市方案有效期多为 12 个月、18 个月以及 24 个月,前述有效期自股东大会审议通过上市方案之日起算。

案例 1:中集车辆(集团)股份有限公司(股票简称:中集车辆,股票代码:301039. SZ)

【关注问题】

发行上市股东大会以及股东大会对董事会的授权是否有效,是否符合有关法律、法规、规范性文件以及公司章程的规定。

【披露信息】

根据中集车辆公开披露的资料,中集车辆于2019年度股东大会、2020年第一次内资股类别股东大会以及2020年第一次H股类别股东大会依法定程序作出批准发行上市以及股东大会对董事会授权的决议,有效期截至2021年6月21日。

2021年3月25日,中集车辆第一届董事会2021年第三次会议审议通过了《关于延长公司A股发行上市方案有效期及延长授权办理A股发行上市相关事项有效期的议案》,将本次发行上市相关的议案有效期延长至2022年6月21日。上述议案尚待中集车辆股东大会及类别股东大会审议通过。

案例2:深圳市铭利达精密技术股份有限公司(股票简称:铭利达,股票代码:301268.SZ)

【关注问题】

发行人作出批准本次发行上市的董事会、股东大会决议是否合法、有效。

【披露信息】

根据铭利达公开披露的资料,铭利达于2020年10月13日召开了第一届董事会第七次会议,审议通过了《关于公司申请首次公开发行人民币普通股股票并在创业板上市的议案》《关于公司申请首次公开发行人民币普通股股票募集资金投资项目及其可行性的议案》《关于提请股东大会授权董事会办理本次首次公开发行人民币普通股股票并上市相关事宜的议案》等与本次发行上市相关的议案,并提交股东大会审议该等事项。

2020年10月30日,铭利达召开了2020年第四次股东大会,审议通过了上述董事会提交的各项与本次发行上市相关的议案。

铭利达于2021年9月3日及2021年9月20日分别召开了第一届董事会第十五次会议及2021年第一次临时股东大会,审议并通过了《关于公司申请首次公开发行人民币普通股股票并在创业板上市的议案》《关于提请股东大会授权公司董事会全权办理首次公开发行人民币普通股股票并上市有关事宜的议案》等与本次发行上市有关的议案。根据该等议案,铭利达2021年第一次临时股东大会同意将2020年第四次临时股东大会审议通过的发行上市的批准和授权的有效期(至2021年10月29日)延长12个月,自2021年第一次临时股东大会审议通过之日起计算,即延长至2022年9月19日。

总结：

上市发行审核过程中，若发行上市方案有效期将届满，则需提前召开股东大会审议延长发行上市方案有限期，并同时延长授权董事会办理A股发行上市相关事项的有效期。

二、国有资产监督管理机构批复

根据《企业国有资产监督管理暂行条例》（2019年修订）第6条第1款的规定，国有资产监督管理机构根据授权，依法履行出资人职责，依法对企业国有资产进行监督管理。若拟上市主体的控股股东/实际控制人为国有企业/国有资产监督管理机构，发行上市应取得国有资产主管部门的批准。

案例3：昆山龙腾光电股份有限公司（股票简称：龙腾光电，股票代码：688055.SH）

【关注问题】

发行上市方案是否取得了国有资产监督管理机构或国有资产主管部门的批准。

【披露信息】

根据龙腾光电公开披露的资料，龙腾光电申请上市时的股东为昆山国创投资集团有限公司和Infovision Optoelectronics Holdings Limited（BVI公司），其中昆山国创投资集团有限公司持股51%、Infovision Optoelectronics Holdings Limited持股49%。昆山市政府国有资产监督管理办公室持有昆山国创投资集团有限公司100%的股权，故龙腾光电的实际控制人为昆山市政府国有资产监督管理办公室。

昆山市政府国有资产监督管理办公室于2019年11月30日出具《关于同意昆山龙腾光电股份有限公司首次公开发行股票并在科创板上市的批复》（昆国资办〔2019〕36号），同意龙腾光电首次公开发行股票并在科创板上市的实施方案。

案例4：杭州萤石网络股份有限公司（股票简称：萤石网络，股票代码：688475.SH）

【关注问题】

调整发行上市方案是否取得了国有资产监督管理机构（或授权主体）的批准。

【披露信息】

根据公开披露的资料，萤石网络的控股股东为杭州海康威视数字技术股份有限公司，实际控制人为中国电子科技集团有限公司（以下简称电科集团），电科集团是国务院国有资产监督管理委员会的全资子公司。

萤石网络第一届董事会第十一次会议、2022年第四次临时股东大会审议通过了《关于调整公司首次公开发行股票并在科创板上市发行方案的议案》，对本次发行上市的发行规模、实施战略配售的具体方案等进行了调整。

2021年8月5日，电科集团董事会2021年第三次定期会议审议通过《关于杭州萤石网络股份有限公司首次公开发行股票并上市的方案》。2022年5月24日，电科集团董事会2022年第五次临时会议审议通过了《关于杭州萤石网络股份有限公司IPO上市方案调整的议案》。

总结：

发行人存在国有股东的，发行上市应取得国有资产监督管理机构或国有资产主管部门的批准。若发行上市方案出现调整的情形，也应取得国有资产监督管理机构或国有资产主管部门对发行上市方案调整的同意。

三 涉及军工企业审批的案例

《涉军企事业单位改制重组上市及上市后资本运作军工事项审查工作管理暂行办法》（科工计〔2016〕209号）第6条规定，“涉军企事业单位实施以下上市及上市后资本运作行为，须履行军工事项审查程序：（一）涉军企事业单位及其控股的涉军公司发生的境内外资本市场首次公开发行股份并上市、涉军上市公司分拆子公司在境内外多层次资本市场上市（挂牌）”。同时，根据《保守国家秘密法》《军工企业对外融资特殊财务信息披露管理暂行办法》等相关规定，军工企业涉密信息应采取脱密处理的方式进行披露，部分无法进行脱密处理或者进行脱密处理后仍存在泄密风险的信息，军工企业应向国家主管部门或证券交易所申请豁免披露。

案例5：陕西中天火箭技术股份有限公司（股票简称：中天火箭，股票代码：003009.SZ）

【关注问题】

公司部分业务经营涉及军品研制、生产和销售。应按照相关规定开展军工信息豁免披露相关工作。

【披露信息】

（一）国家主管部门关于发行人豁免披露信息的认定文件

发行人于2018年6月取得了《国防科工局关于陕西中天火箭技术股份有限公司上市特殊财务信息豁免披露有关事项的批复》（科工财审〔2018〕805号），并于2018年8月27日获得了国防科工局《关于陕西中天火箭技术股份有限公司首次公开发行股票并上市涉及军工事项审查的意见》（科工计〔2018〕1126号）。

（二）发行人对相关信息的脱密处理程序

1.根据相关保密法律法规的规定，发行人提供给各中介机构用于制作发行上市申报文件的原始书面材料，均经过发行人业务部门会同中央保密委员会办公室进行脱密处理。

2.参照《军工企业对外融资特殊财务信息披露管理暂行办法》的规定，结合实际经营情况，发行人保密办公室及相关业务部门对本次发行上市申报文件进行了审阅，对涉及国家秘密或者可能间接推断出国家秘密的信息进行整理，并根据《军工企业对外融资特殊财务信息披露管理暂行办法》的规定使用代称、打包或汇总表述等方式进行了合理披露。

3.对于采用上述手段仍不能确保国家秘密安全的情况，按照规定向国防科工主管部门申请了豁免披露，于2018年6月取得了《国防科工局关于陕西中天火箭技术股份有限公司上市特殊财务信息豁免披露有关事项的批复》（科工财审〔2018〕805号），并于2018年8月27日获得了国防科工局《关于陕西中天火箭技术股份有限公司首次公开发行股票并上市涉及军工事项审查的意见》（科工计〔2018〕1126号）。

案例6：长春吉大正元信息技术股份有限公司（股票简称：吉大正元，股票代码：003029.SZ）

【关注问题】

关注发行人关于信息披露豁免的申请文件。

【披露信息】

根据公开披露的资料，吉大正元主营业务涉及军工，吉大正元于2017年7月13日取得国防科工局下发的《国防科工局关于长春吉大正元信息技术股份有限公司首次公开发行股票并上市涉及军工事项审查的意见》（科工计〔2017〕836号），意见有效期24个月。2019年7月27日，国防科工局下发《关于延长〈国防科工局关于长春吉大正元信息技术股份有限公司首次公开发行股票并上市涉及军工事项审查的意见〉有效期的批复》(科工计〔2019〕897 号),同意将《国防科工局关于长春吉大正元信息技术股份有限公司首次公开发行股票并上市涉及军工事项审查的意见》的有效期延长至 2021 年 7 月 12 日。

总结:

发行人若为军工企业,需确保对相关信息进行脱密处理,且经过脱密处理后披露的信息合法合规、不存在泄露国家秘密的风险。同时,在发行上市的申报文件中,可就某些涉密信息向证监会申请豁免披露。

第二章 发行人的设立及主体资格

发行人的设立是指发行人从有限责任公司变更为股份有限公司，股份有限公司的设立可以采取发起设立或者募集设立的方式。实务中常见的设立方式为有限责任公司原股东作为股份有限公司发起人，采用发起设立的方式将有限责任公司整体变更为股份有限公司，这种情况通常被称为“股改”。根据上市规则，有限责任公司按原账面净资产值折股整体变更为股份有限公司的，持续经营时间可以从有限责任公司成立之日起计算，可大大缩短等待上市的时间。根据《公司法》等相关法律法规，股改主要程序如表 2 所示：

表 2　公司股改步骤

序号	步骤	工作内容
1	召开有限公司股东会	决议是否通过股份制改造、聘请审计评估机构的相关决议
2	审计	确定股改的审计基准日，由具有证券期货资格的会计师事务所进场审计并出具报告
3	评估	以审计基准日作为评估基准日，由具有证券期货资格的资产评估机构进场评估并出具资产评估报告
4	召开有限公司股东会	召开有限公司股东会，审计折股比例，决定整体变更为股份公司，并由股份公司承继债权债务
5	签署发起人协议并发出召开创立大会通知	发起人签署发起人协议，根据原有股权比例分配净资产额，同时折为股本投入股份公司；同日，发出召开股份公司创立大会通知
6	验资	委托会计师事务所就各发起人的出资进行审核验证并出具验资报告

续表

序号	步骤	工作内容
7	股份公司创立大会	召开股份公司创立大会暨股份公司第一次临时股东大会,决定整体变更为股份公司,通过公司章程;通常在同一天召开股份公司第一届董事会第一次会议、第一届监事会第一次会议,召开职工代表大会选举职工监事
8	办理工商变更登记手续	向工商主管部门申请变更登记,取得股份公司营业执照

因此,我们需要对发行人设立程序是否合法合规以及发行人的主体资格进行尽职调查,并在上市申报时发表明确法律意见。

第一节 查验程序

一 查验文件

1. 有限公司的董事会决议、股东会决议、发起人协议。

2. 职工代表大会决议、会议纪要。

3. 股份公司创立大会暨第一次临时股东大会的通知书、会议议程、签名册、表决票、会议记录及相关会议议案。

4. 股改的审计报告、资产评估报告、验资报告。

5. 股份公司第一届董事会的会议通知、会议议程、签名册、表决票、会议记录、会议决议、会议议案。

6. 股份公司第一届监事会的会议通知、会议议程、签名册、表决票、会议记录、会议决议、会议议案。

7. 股份公司章程及其他内部控制制度。

8. 变更公司类型的工商内档。

9. 核准股份公司设立的通知书、换发的营业执照。

10. 整体变更转增股本的个人所得税缴纳凭证。

二 查验要点

1. 发行人是否为合法存续的股份有限公司,是否有终止情形出现。

2. 发行人设立是否存在违法违规或重大不规范行为。

3. 发行人是否依法取得了有权部门的设立批准。

4. 发行人设立时是否进行了资产评估,是否履行评估备案程序(如需要),评估机构是否具有证券从业资格(或进行证券服务业务备案)。

5. 发行人设立时是否进行了验资,验资机构是否有证券从业资格(或进行证券服务业务备案)。

6. 发行人是否依法召开了创立大会,创立大会的程序及所议事项是否符合法律法规和规范性文件的规定。

7. 在发行人设立过程中,从验资日至注册登记日期间是否发生有关资产、负债、损益的变化。如有,是否明确了有关利益关系。

8. 由原外商投资企业改组为股份有限公司的,是否已对原合同、章程进行修改并经有关部门批准。

9. 如属有限责任公司整体变更为股份有限公司,是否符合《公司法》等有关法律法规和证监会的有关规定。

10. 如发起人中有自然人,在有限责任公司整体变更为股份有限公司时,盈余公积和未分配利润转增资本部分是否缴纳个人所得税,发行人是否代扣代缴。

11. 如属国有有限责任公司,是否取得国有产权登记证。变更为股份有限公司后,是否履行了相关的变更手续。

12. 发行人设立后是否对资质证书、知识产权证书、不动产权证等进行名称变更,发行人的子公司是否进行股东名称变更。

第二节 发行人设立和主体资格相关案例

一、股改时未分配利润为负或存在未弥补亏损

许多企业在创立初期对技术研发、市场培育等方面投入巨大，这种投入往往会超过企业在初始阶段的盈利能力，继而导致在整体变更为股份有限公司时，企业出现累计未弥补亏损的情形。企业股改时存在累计未弥补亏损向来是证券监管机构关注的重点。2019年1月11日，证监会发布《发行监管问答——关于首发企业整体变更设立股份有限公司时存在未弥补亏损事项的监管要求》（已失效），其中规定，存在亏损股改情况的企业需“自完成整体变更的工商登记后运行满36个月”，方可进行上市。随着注册制改革的深化，无论是已失效的《首发业务若干问题解答》（2020年修订）、《深圳证券交易所创业板股票首次公开发行上市审核问答》、《上海证券交易所科创板股票发行上市审核问答》，抑或现行有效的《监管规则适用指引——发行类第5号》，我国各大证券板块皆已豁免亏损股改企业的运行期限要求，亏损股改问题已不构成企业上市的实质性障碍。

案例1：湖北亨迪药业股份有限公司（股票简称：亨迪药业，股票代码：301211.SZ）

根据公开披露的资料，亨迪药业以2020年5月31日为基准日整体变更为股份有限公司，母公司报表未分配利润转入资本公积，因子公司湖北百科医药商贸有限责任公司和武汉百科药物开发有限公司存在未弥补亏损，导致合并报表存在未弥补亏损。截至2020年6月30日，亨迪药业合并报表未分配利润为－1940.35万元。截至2021年6月30日，亨迪药业合并报表层面的未分配利润为11,417.44万元，累计亏损得以弥补。

【关注问题】

公司整体变更后未分配利润为负的形成原因，未弥补亏损情形是否已消除，对未来盈利能力的影响。

【披露信息】

(一)公司整体变更后未分配利润为负的形成原因

1.子公司报告期内存在未弥补亏损

发行人子公司百科商贸主要负责医药制剂产品的销售,医药制剂产品的生产主体为母公司亨迪药业。亨迪药业向百科商贸销售制剂产品属于内部交易,内部交易的销售定价主要考虑百科商贸最终对外销售价格是否能够覆盖其采购成本及期间费用,制剂销售的最终利润保留在母公司亨迪药业。报告期内,百科商贸的净利润分别为-46.31万元、-164.96万元、69.68万元和220.61万元。由于百科商贸成立时间较早,历史年度曾存在累计未弥补亏损,报告期各期末,百科商贸的未分配利润分别为-1644.47万元、-1809.43万元、-1739.76万元和-1519.14万元,未弥补亏损已逐渐减少。

发行人子公司百科药物主要负责药物研发和实验室级特色原料药的研发、生产、销售。报告期内,百科药物的净利润分别为95.81万元、232.71万元、312.16万元和193.96万元。由于磷酸氟达拉滨、米力农等特色原料药药物开发时间长,前期投入较大,历史年度存在累计未弥补亏损,报告期各期末,百科药物的未分配利润分别为-1167.67万元、-934.95万元、-622.79万元和-428.83万元,未弥补亏损已逐渐减少。

2.股改整体变更后,合并报表未分配利润为负

发行人子公司存在未弥补亏损情形,公司合并报表层面的未弥补亏损主要由于整体变更这一偶然性因素导致。根据公司股改的整体变更方案,母公司净资产全部折为股本和资本公积,因此,整体变更时亨迪药业母公司报表中的未分配利润全部转入资本公积,而子公司报表中存在未弥补亏损,导致整体变更后公司的合并报表未分配利润为负。

(二)公司未弥补亏损情形已消除的依据,与报告期内盈利水平变动的匹配关系,对未来盈利能力的影响

公司为国内外重要的布洛芬原料药生产企业,经营情况良好,盈利能力较强。报告期内子公司亦不存在持续亏损情形,且子公司收入规模占公司整体收入规模较小。整体变更后公司因持续盈利,合并报表中累计未分配利润持续增加,截至2021年6月30日,公司合并报表中的未分配利润已达11,417.44万元,造成合并报表层面未弥补亏损的因素已经得以消除。

发行人子公司在报告期内不存在持续亏损情形,其账面的未弥补亏损主要是由于子公司设立初期等历史原因形成。报告期内,公司经营业绩良好、盈利能力较强,公司整体变更后合并报表中未分配利润为负的情形已经消除,不会对公司未来持续经营能力产生重大不利影响。

(三)整体变更的具体方案及会计处理

1.整体变更的决策程序

2020 年 6 月 8 日,大信会计师事务所就发行人本次整体变更出具大信审字[2020]第 2-01120 号的《股改审计报告》,确认截至 2020 年 5 月 31 日,亨迪有限的净资产为 601,062,000 元。

2020 年 6 月 9 日,中京民信评估就发行人本次整体变更出具京信评报字(2020)第 216 号的《股改评估报告》,确认截至 2020 年 5 月 31 日,亨迪有限的净资产评估值为 74,349.79 万元。

2020 年 6 月 10 日,亨迪有限召开临时股东会会议,全体股东一致同意:以亨迪有限截至 2020 年 5 月 31 日的经审计的净资产值人民币 601,062,000 元为基础,按照 3.3392:1 的比例将亨迪有限整体变更为总股本为 18,000.00 万股的股份有限公司,其余 42,106.20 万元计入股份公司的资本公积。

2020 年 6 月 26 日,发行人召开创立大会暨 2020 年第一次临时股东大会,全体发起人均出席本次会议。

2020 年 6 月 28 日,荆门市市场监督管理局向发行人核发了统一社会信用代码为 91420800615406429F 的营业执照,亨迪有限正式变更为股份有限公司。

发行人整体变更设立股份有限公司已履行了必要的内部审批流程,已完成公司登记注册和税务登记。

2.整体变更的会计处理方式

根据整体变更时有效的《公司法》第 95 条[1],有限责任公司变更为股份有限公司时,折合的实收股本总额不得高于公司净资产额。在会计处理方面,在折合股本总额低于有限责任公司净资产额的情况下,超过股本的部分作为股本溢价,在资本公积科目核算。

---

[1] 对应 2023 年修订的《公司法》第 108 条。

3. 公司整体变更设立未侵害债权人合法权益，与债权人不存在纠纷

2020 年 6 月 10 日，亨迪有限召开临时股东会会议，全体股东一致同意以 2020 年 5 月 31 日为基准日，以公司经审计的净资产折股整体变更为股份有限公司，变更后的股份公司将继承亨迪有限全部债权、债务。

在发行人整体变更设立股份有限公司过程中，发行人与债权人未发生诉讼或仲裁，不存在侵害债权人合法权益的情形，与债权人不存在纠纷。

案例 2：百奥泰生物制药股份有限公司（股票简称：百奥泰，股票代码：688177.SH）

根据公开披露的资料，百奥泰以 2019 年 1 月 31 日为基准日整体变更为股份有限公司，百奥泰整体变更时存在的累计未弥补亏损为 112,581.22 万元，就公司整体变更时存在未弥补亏损，上交所要求按照《上海证券交易所科创板股票发行上市审核问答》（已失效）第 13 个问答的要求进行信息披露，并让保荐机构及发行人律师对相关事项进行核查并发表核查意见。

【关注问题】

根据《上海证券交易所科创板股票发行上市审核问答》（已失效）第 13 个问答的要求，发行人应在招股说明书中充分披露其由有限责任公司整体变更为股份有限公司的基准日未分配利润为负的形成原因，该情形是否已消除，整体变更后的变化情况和发展趋势，与报告期内盈利水平变动的匹配关系，对未来盈利能力的影响，整体变更的具体方案及相应的会计处理、整改措施（如有），并充分揭示相关风险。

【披露信息】

（一）公司由有限责任公司整体变更为股份有限公司的基准日未分配利润为负的形成原因

发行人由有限责任公司整体变更为股份有限公司的基准日未分配利润为负的形成原因主要是发行人仍处于药物研发阶段，报告期内，公司的研发支出及股权激励费用等金额较大，导致公司存在较大的累计未弥补亏损。

（二）该情形是否已消除，整体变更后的变化情况和发展趋势

由于发行人目前仍处于药物研发阶段，尚未形成销售，因此，该情形尚未消除。

发行人整体变更时存在的累计未弥补亏损（母公司 112,581.22 万元），已通过整体变更设立股份公司净资产折股减少，2019 年以来的累计未弥补亏损主要就是进一步研发和股权激励费用形成的亏损。截至 2019 年 6 月 30 日，累计未弥补亏损的

余额为 –64,201.15 万元。

通过财务数据分析发行人累积未弥补亏损与报告期内盈利水平变动的匹配关系,从而得出发行人累计未弥补亏损与报告期内盈利水平变动相匹配的结论。

(三)对未来盈利能力的影响分析

尽管存在上述未来可能发生并将对公司持续经营能力产生重大不利影响的因素,公司管理层认为,公司在未来几年内的持续经营能力是有保障的,主要理由包括:(1)承担国家科技专项,拥有雄厚的研发实力;(2)公司拥有行业领先的抗体发现和优化技术平台;(3)拥有丰富且极具竞争力的产品线;(4)拥有产业化能力完整的生产平台;(5)拥有优秀的研发管理团队;(6)银行授信及借款安排。

(四)整体变更的具体方案及相应的会计处理

2019 年 2 月 17 日,发行人的发起人共同签署了《百奥泰生物制药股份有限公司发起人协议》,约定以发起方式设立股份公司,注册资本按基准日(2019 年 1 月 31 日)经正中珠江会计师事务所审计的改制前公司净资产 832,088,680.88 元以 1∶0.384574394 的比例折股,折股后发行人注册资本约为 32,000 万元,净资产与注册资本的差额 512,088,680.88 元计入股份公司资本公积;发行人的全部注册资本分为等额股份,每股面值 1 元,共 32,000 万股,均为人民币普通股。

2019 年 6 月 13 日,安永华明出具《专项审计报告》(安永华明(2019)专字第 61494123_G01 号),截至 2019 年 1 月 31 日(基准日),百奥泰有限经审计后的净资产账面值为 728,233,934.73 元。2019 年 6 月 17 日,发行人召开 2019 年第五次临时股东大会,全体股东同意《关于对百奥泰生物制药股份有限公司改制重新进行审计、评估相关事宜的议案》,同意 2019 年 1 月 31 日作为公司变更为股份有限公司的基准日,以公司经重新审计后的所有者权益份额项下的净资产值 72,823.393473 万元折为股份有限公司股本 32,000 万股,除此之外的净资产人民币 40,823.393473 万元计入公司资本公积。

发行人在编制合并报表时,以母公司及子公司个别报表为基础,相应保留与母公司一致的会计处理。

总结:

公司整体变更时存在未弥补亏损,一般情况下不会构成企业上市的实质性障碍,但需要从以下方面进行解释:

1. 说明未弥补亏损形成的原因,以及报告期内的经营情况和盈利能力,从而说明未弥补亏损的因素已经得以消除,不会对公司未来经营能力产生重大不利影响。

2. 股改相关程序及会计处理合法合规,发行人整体变更事项符合《公司法》等法律法规规定。

二 国有企业的股改流程和审批

根据《企业国有资产监督管理暂行条例》(2019年修订)的规定,国有资产监督管理机构负责指导国有及国有控股企业建立现代企业制度,审核批准其所出资企业中的国有独资企业、国有独资公司的重组、股份制改造方案和所出资企业中的国有独资公司的章程。国有企业的股份制改造方案应经国有资产监督管理机构审批,不同的国有资产监督管理机构会制定不同的审批权限。

案例3:中信出版集团股份有限公司(股票简称:中信出版,股票代码:300788.SZ)

【关注问题】

股份公司设立过程中是否履行国有资产监督管理机构审批程序。

【披露信息】

根据公开披露的资料,中信出版设立时股东及其出资情况见表3:

表3 中信出版设立股权结构

股东名称	持股数量(股)	持股比例(%)
中国中信集团公司	95,000,000	95.00
中信投资控股有限公司	5,000,000	5.00
合计	100,000,000	100.00

中信出版的控股股东中国中信集团公司是国务院的全资子公司,中信出版改制适用的具体程序如下。

2008年5月27日,中信出版社召开创立大会,同意中信出版社整体改制为中信出版集团股份有限公司,注册资本10,000万元,发行股份10,000万股,其中:中国中信集团公司认购9500万股,以截至2007年5月31日中信出版社经评估的净资产1413.38万元和现金8086.62万元出资;中信投资控股有限公司认购500万股,以现金500万元出资。中信集团出版股份有限公司成立后,承继中信出版社的资产、业务、人员、债权和债务。

本次改制取得了中国中信集团公司《关于同意中信出版社进行股份制改造的批复》(中信计字〔2007〕120 号)及《关于中信出版社股份制改造有关事项的批复》(中信计字〔2008〕69 号),新闻出版总署[1]《关于中信出版社股份制集团化有关问题的批复》(新出法规〔2007〕1466 号)及《关于同意中信出版社资本结构变更的函》(新出图〔2008〕639 号),财政部《关于中信出版社实施股份制改造的批复》(财金函〔2008〕11 号)及财政部《关于中信出版集团股份有限公司国有股权管理方案的批复》(财金函〔2008〕69 号)。本次改制由北京德祥资产评估有限责任公司负责,已出具京德评报字(2007)第 097 号《中信出版社改制项目资产评估报告书》,并向财政部备案(备案编号:B0807)。

案例 4:河南省交通规划设计研究院股份有限公司(股票简称:设研院,股票代码:300732. SZ)

【关注问题】

股份公司设立是否适用国有资产监督管理机构审批程序,股改过程中存在的程序瑕疵是否得到国有资产监督管理机构确认。

【披露信息】

发行人系由河南省交通规划勘察设计院有限责任公司(以下简称交设院有限)整体变更设立,有关交设院有限全体股东发起设立股份公司适用的相关程序如下:

2015 年 10 月 22 日,河南省财政厅下发《关于河南省交通规划勘察设计院有限责任公司股份制改造有关事宜的复函》(豫财资函〔2015〕22 号),同意交设院有限整体变更为股份公司,交设院有限的资产、债权、债务全部由变更后的股份公司承继;同意交设院有限以 2015 年 6 月 30 日经审计的净资产 391,822,792.49 元为基数,按照上市要求和交设院有限董事会意见,将股份公司股本设置为 5400 万元(由股改前 1800 万股增至 5400 万股,每股面值 1 元),差额 337,822,792.49 元计入资本公积,由全体股东按出资比例享有,股改前后全体股东享有权益不变。

根据河南省财政厅于 2016 年 12 月 8 日出具的《关于河南省交通规划设计研究院股份有限公司在境内证券市场上市后转持部分国有股充实全国社会保障基金的意见》(豫财资〔2016〕108 号),交通厅服务中心持有的河南交设院的股权确认为国

[1] 2018 年机构改革后撤并为国家新闻出版署。

有股，股东标识为“SS”。

由于发行人未将整体变更涉及的评估报告提交河南省财政厅履行备案手续，不符合《国有资产评估管理若干问题的规定》《企业国有资产评估管理暂行办法》等法律法规的规定。就上述法律瑕疵，河南省财政厅已于2016年7月25日出具《关于确认河南省交通规划设计院股份有限公司国有股权归属的批复》(豫财资〔2016〕69号)，确认交通厅服务中心持有的发行人的国有股比例及发行人历史股权变动合法有效，并于2016年12月8日出具《关于河南省交通规划设计研究院股份有限公司在境内证券市场上市后转持部分国有股充实全国社会保障基金的意见》(豫财资〔2016〕108号)确认交通厅服务中心持有的交设院有限的国有股性质。河南省人民政府亦于2016年12月15日出具《关于确认河南省交通规划设计研究院股份有限公司国有股权权属的批复》(豫政文〔2016〕176号)，确认高速公路管理局、收费还贷中心历史上持有的发行人国有股权情况合法合规，确认交通厅服务中心合法持有发行人1080万股(股本1080万元)，占总股本的20%，该部分股权不存在争议及纠纷。

总结：

发行人整体变更设立股份公司手续应符合股改时有效的国有资产监督管理规定。若股改未按国有资产监督管理规定办理相关手续导致存在程序瑕疵的情形，应取得国有资产监督管理机构对该事项的书面确认，并说明相关瑕疵不影响发行人设立的合法性及股权权属的清晰性，不会对发行上市构成实质性障碍。

三 创立大会的通知时间

根据《公司法》第103条的规定，募集设立股份有限公司应提前15天发出创立大会通知，但《公司法》未明确规定发起设立股份公司的创立大会通知的时间。由于有限公司章程往往不会对于股东会召开时间进行明确约定，故目前的IPO案例存在发起设立股份公司的创立大会通知时间不足15天的情形，但并未对上市构成实质障碍。

案例5：深圳市德明利技术股份有限公司(股票简称：德明利，股票代码：001309.SZ)

【关注问题】

创立大会是否需要提前15天发出通知。

【披露信息】

德明利由有限公司整体变更为股份公司,其创立大会与有限公司作出整体变更决议在同一天,未明确创立大会通知时间,具体披露如下:

1.2020 年 2 月 15 日,德明利有限召开股东会,同意以德明利有限截至 2019 年 11 月 30 日经审计的净资产值为基础,由德明利有限全体股东作为股份有限公司的发起人,以德明利有限的净资产折股将德明利有限整体变更为股份有限公司,以截至 2019 年 11 月 30 日经大信审计的德明利有限净资产 316,077,697.45 元折股为股份有限公司的股本总额(注册资本)6000 万元,其余 256,077,697.45 元计入股份公司资本公积金。

2.2020 年 2 月 15 日,德明利有限全体发起人签署了《深圳市德明利技术股份有限公司发起人协议》,同意共同作为发起人,将德明利有限整体变更为股份有限公司。

3.2020 年 2 月 15 日,发行人召开创立大会,会议审议通过了《关于深圳市德明利技术股份有限公司筹办情况报告的议案》《关于〈深圳市德明利技术股份有限公司章程〉的议案》《关于选举公司第一届董事会成员的议案》《关于选举公司第一届监事会非职工代表监事的议案》《关于设立董事会专门委员会的议案》《关于深圳市德明利技术股份有限公司设立费用的议案》《关于发起人用于抵作股款的财产作价情况报告的议案》《关于股改基准日至股份公司成立日期间损益安排的议案》等整体变更相关议案,将德明利有限整体变更为股份有限公司。

案例 6:合肥芯碁微电子装备股份有限公司(股票简称:芯碁微装,股票代码:688630.SH)

【关注问题】

创立大会是否需要提前 15 天发出通知。

【披露信息】

芯碁微装由有限公司整体变更为股份公司,其创立大会与有限公司作出整体变更决议在同一天,未明确创立大会通知时间,具体披露如下。

1.2019 年 10 月 15 日,芯碁有限召开股东会会议,会议审议并通过如下主要决议:

(1)同意芯碁有限依法整体变更为股份公司(非上市公司);

(2)同意芯碁有限名称变更为“合肥芯碁微电子装备股份有限公司”;

(3)容诚会所以2019年9月30日为基准日对整体变更设立股份公司所需的财务报表进行审计,并出具相应的审计报告以及发起人缴足出资的验资报告;

(4)中水致远以2019年9月30日为基准日对公司资产进行资产评估,并出具相应的资产评估报告;

(5)同意公司整体变更设立股份公司的具体方案为:以截至2019年9月30日经容诚会所审计的净资产149,982,622.99元,按照1:0.52231865的比例折股,折合为股份7833.8721万股,每股面值1元,剩余净资产71,643,901.99元计入资本公积;

(6)同意公司的债权债务及其他权利和义务由依法定程序变更后的股份公司依法承继。

2.2019年10月15日,容诚会所出具了会审字[2019]7565号《审计报告》,确认截至审计基准日即2019年9月30日,芯碁有限净资产为149,982,622.99元。

3.2019年10月15日,中水致远评估出具了中水致远评报字[2019]第020402号《资产评估报告书》,确认截至2019年9月30日,芯碁有限纳入评估范围内的净资产账面值为14,998.26万元,评估值为21,297.03万元。

4.2019年10月15日,全体发起人依法共同签署了《发起人协议书》。

5.2019年10月15日,芯碁微装全体发起人召开了公司创立大会暨第一次股东大会,选举产生了公司第一届董事会非独立董事,选举产生了公司第一届监事会非职工代表监事,通过了股东大会、董事会、监事会等机构的议事规则。

总结:

有限公司发起设立股份公司时,创立大会通知时间可以不足15天,不会对上市构成法律障碍。

四 股改的个人所得税

公司在股改过程中一般选择净资产折股的方案,股改个人所得税主要涉及以下几个方面,一是实收资本转股本需要缴纳个人所得税;二是未分配利润、盈余公积、其他资本公积转增股本需要缴纳个人所得税;三是股权溢价资本公积转增股本需要缴纳个人所得税。第三方面在实务中存在一定的争议。

案例 7:杭州平治信息技术股份有限公司(股票简称:平治信息,股票代码:300571. SZ)

【关注问题】

发行人整体变更涉及的自然人股东未缴纳相关所得税,应披露未缴纳相关所得税原因,是否存在被主管税务部门处罚的风险。

【披露信息】

1. 根据公开披露的信息,平治信息由有限公司整体变更为股份公司股东个人所得税缴纳情况如下:

截至 2012 年 6 月 30 日,平治有限的净资产为 39,412,827.99 元。其中实收资本为 10,752,500.00 元,资本公积 26,600.00 元,盈余公积 1,733,237.13 元,未分配利润 26,900,490.86 元。有限公司整体变更设立平治股份前的注册资本为 10,752,500.00 元,整体变更为股份有限公司后的注册资本为 30,000,000.00 元,新增注册资本 19,247,500.00 元。

根据《国家税务总局关于进一步加强高收入者个人所得税征收管理的通知》(国税发〔2010〕54 号)第 2 条的规定,"……加强企业转增注册资本和股本管理,对以未分配利润、盈余公积和除股票溢价发行外的其他资本公积转增注册资本和股本的,要按照'利息、股息、红利所得'项目,依据现行政策规定计征个人所得税"。因此,发行人相关自然人股东(包括齐智投资)于 2012 年 8 月发行人改制时以经审计的净资产转增注册资本需缴纳个人所得税。根据相关自然人股东的说明,股改时未及时缴纳个人所得税的原因是缴纳金额较多、资金紧缺。上述股东未缴纳该部分个人所得税,公司亦未履行代扣代缴义务。

2. 根据《财政部、国家税务总局关于个人非货币性资产投资有关个人所得税政策的通知》(财税〔2015〕41 号)第 3 条的规定,企业整体变更为股份有限公司时,自然人股东缴纳的个人所得税可申请在 5 个公历年度内分期缴纳。本案中发行人的相关股东已经向当地税务部门提交了分期缴纳相关个人所得税的申请,并获得当地税务机关受理。

同时,公司相关自然人股东出具了承诺函:"如果根据国家法律、法规、税收征管规定或税收征管机关的要求,对于应缴纳的相关个人所得税,本人将自行履行纳税义务,并自行承担由此引起的全部滞纳金或罚款;如因此导致公司及与前述事项无关的其他股东承担责任或遭受损失,本人将及时、足额地向公司及与前述事项无关的其他股东赔偿其所发生的与此有关的所有损失。”

公司控股股东和实际控制人郭某、张某也出具了承诺函，除承诺了前述事项外，还承诺：“如果公司的其他自然人股东因……2012 年 8 月 31 日杭州平治信息技术有限公司整体变更设立杭州平治信息技术股份有限公司等事项而产生缴纳个人所得税的义务，但未能及时、足额缴纳的，本人承诺履行如下义务：(1) 将及时、足额地代上述其他自然人股东缴纳，并承担由此引起的全部滞纳金或罚款……”

案例 8：重庆瑜欣平瑞电子股份有限公司（股票简称：瑜欣电子，股票代码：301107.SZ）

【关注问题】

整体变更过程中的缴纳个人所得税是否存在违反税收法律法规等情形，是否构成重大违法行为。

【披露信息】

（一）瑜欣电子由有限公司整体变更为股份公司股东个人所得税缴纳情况

2015 年 9 月 8 日，发行人取得原重庆市工商行政管理局九龙坡区分局核发的营业执照，正式由重庆瑜欣平瑞电子有限公司通过股份制改造整体变更为瑜欣电子。根据 2015 年 3 月 30 日下发的《财政部、国家税务总局关于个人非货币性资产投资有关个人所得税政策的通知》（财税〔2015〕41 号）的相关规定，股改相关股东为胡某睿、胡某平和丁某萍以发行人未分配利润 4200 万元按照持股比例转增股本的行为应缴纳个人所得税。

2015 年 10 月 15 日，发行人及股改相关股东出具《关于重庆瑜欣平瑞电子股份有限公司股东个人所得税的承诺》：“股东自重庆瑜欣平瑞电子股份有限公司在全国中小企业股份转让系统挂牌后（预计 2016 年 12 月 31 日前能够挂牌成功），按照未分配利润转增股本金额应缴纳的个人所得税，按规定分期缴纳。”

2015 年 10 月 26 日，经原重庆市九龙坡区地方税务局审核，同意发行人股改相关股东所涉个人所得税参照重庆市财政局、原重庆市地方税务局、重庆市金融工作办公室于 2013 年 11 月 28 日联合下发的《关于个人投资和转增股本个人所得税实行分期缴纳有关征管问题的通知》（渝财税〔2013〕176 号）执行，可在不超过 5 年的期限内分期缴纳。

2016 年 12 月 19 日，发行人正式在新三板挂牌。2017 年 1 月 10 日，原重庆市九龙坡区地方税务局出具《转增股本个人所得税分期缴纳备案》，确认发行人股东胡某睿应缴个人所得税金额为504万元、胡某平和丁某萍应缴个人所得税金额均为168万元，自2017年1月起至2021年1月止共分5期进行缴纳。

根据国家税务总局重庆市九龙坡区税务局和国家税务总局重庆高新技术产业开发区税务局出具的《税收完税证明》，截至2021年1月21日，发行人股改相关股东所涉个人所得税已按期全额缴纳完毕。

（二）关于发行人股改相关股东所涉个人所得税缴纳合法合规的论证

1. 股改相关股东所涉个人所得税分期缴纳合法合规

《财政部、国家税务总局关于个人非货币性资产投资有关个人所得税政策的通知》（财税〔2015〕41号）第5条第2款规定，“本通知所称非货币性资产投资，包括以非货币性资产出资设立新的企业，以及以非货币性资产出资参与企业增资扩股、定向增发股票、股权置换、重组改制等投资行为”；第3条规定，“个人应在发生上述应税行为的次月15日内向主管税务机关申报纳税。纳税人一次性缴税有困难的，可合理确定分期缴纳计划并报主管税务机关备案后，自发生上述应税行为之日起不超过5个公历年度内（含）分期缴纳个人所得税”。

根据《关于个人投资和转增股本个人所得税实行分期缴纳有关征管问题的通知》（渝财税〔2013〕176号）第1条的规定，个人存在以下情况，由于未产生现金流，按规定一次性申报缴纳个人所得税确有困难的，经纳税人申请，相关企业做担保承诺，报区县主管税务局审核同意，可在不超过5年的期限内，分期纳税：对于进入重庆市拟上市企业储备库的企业进行股份制改造，用未分配利润、盈余公积、资本公积（不含股份制企业股票溢价发行收入所形成的资本公积金）转增股本，自然人股东获得转增股本应缴纳的个人所得税，由于未产生现金流，按规定一次性申报缴纳个人所得税确有困难的，报区县主管税务局审核同意，可在不超过5年的期限内，分期纳税。

2. 发行人主管税务机关出具合规证明

为进一步说明股改个人所得税缴纳的合法合规，发行人取得了主管税务机关国家税务总局重庆高新技术产业开发区税务局于2021年7月20日出具的证明：“重庆瑜欣平瑞电子股份有限公司应上市发展需要，将未分配利润4200万元转增股本，并按照渝财税〔2013〕176号的相关规定，在重庆市九龙坡区地方税务局白市驿税务所完成《转增股本个人所得税分期缴纳备案》，自2017年1月起共分5个年度完成上述转增资本个人所得税840万元。经查询确认，自2017年1月至2021年1月，重庆瑜欣平瑞电子股份有限公司已按规定缴纳上述转增资本个人所得税840万元，不存在拒缴、少缴或逾期缴纳的情形，个税缴纳合法合规。”

总结：

1. IPO申报时需对自然人股东（包括合伙企业）在股改时个人所得税缴纳情况发表意见，包括个人所得税缴纳程序、分期申请（如有）、缴纳时间及缴纳金额等方面是否符合国家税收相关法律法规和规范性文件的规定。

2. 若存在未及时缴纳或其他瑕疵情形，则由主管税务机关出具证明文件，并论证是否会对相关自然人股东进行处罚，是否构成发行上市的障碍。

第三章 发行上市的实质条件

发行上市的实质条件是指发行人是否符合《公司法》《证券法》《首次公开发行股票注册管理办法》以及上市规则等相关法律法规、规范性文件规定的上市条件。我们需要根据相关法律法规、规范性文件的规定，对发行人的相关情况进行逐项核查。

第一节 查验程序

一 查验文件

1. 公司关于发行上市的董事会、股东大会会议文件。

2. 公司与保荐机构签署的保荐协议、承销协议。

3. 公司制定的公司章程，股东大会、董事会、监事会(以下简称三会)议事规则，总经理工作制度，董事会秘书工作制度，独立董事工作制度等规范制度。

4. 会计师出具的三年一期审计报告。

5. 政府部门出具的公司、控股股东、实际控制人报告期内无犯罪记录证明文件。

6. 公司的历史沿革资料、全套工商内档。

7. 会计师出具的内部控制鉴证报告、非经常性损益鉴证报告、纳税情况鉴证报告等文件。

8. 报告期内公司的关联方的相关文件(主体资格文件、章程等法定文件)，以及与关联方的关联交易文件。

9. 报告期内，公司董监高的主体资格、任职资格文件、劳动合同，相关人员变化的决策文件，无犯罪记录证明文件。

10. 公司历史上存在股权代持的，核查关于股权代持的相关文件，包括但不限于代持协议、资金支付凭证或银行流水、股权代持处理的相关文件，对相关人员的访谈。

11. 公司股东的股权质押、被采取司法冻结措施的相关文件，如质押协议及相应的工商登记资料，相关法院出具的对公司股东所持股权采取司法冻结措施的裁定文书。

12. 相关部门出具的公司及子公司报告期内无违法违规记录证明，或就相关违法违规事项出具的相应证明或确认文件。

13. 公司的主要财产文件，包括房产、土地使用权、商标、专利、计算机软件著作权等、重大借款合同、担保合同文件，以及与上述事项相关的诉讼文件（如有）。

二 查验要点

1. 发行上市是否符合《公司法》《证券法》规定的条件。

2. 发行上市是否符合交易所股票上市规则和《首次公开发行股票注册管理办法》规定的条件。

第二节 发行上市实质条件相关案例

一 实际控制人涉嫌行贿犯罪

根据《首次公开发行股票注册管理办法》第13条第2款，发行人及其控股股东、实际控制人应满足最近三年不存在贪污、贿赂、侵占财产、挪用财产或者破坏社会主义市场经济秩序的刑事犯罪，不存在欺诈发行、重大信息披露违法或者其他涉及国家安全、公共安全、生态安全、生产安全、公众健康安全等领域的重大违法行为。如发行人实际控制人存在行贿犯罪,将对发行上市造成实质性障碍。同时,若发行人实际控制人涉嫌行贿犯罪,亦可能引起监管机构会对发行人内部控制制度是否健全有效的关注。

案例 1:包头天和磁材科技股份有限公司(股票简称:天和磁材,于 2023 年 5 月 11 日通过上交所主板上市委会议)

【关注问题】

根据公开披露的资料,发行人实际控制人之一袁某涉及相关人员行贿案件尚在法院审理过程中,审核反馈中要求公司进一步说明袁某是否存在被追诉刑事责任的风险,涉及资金是否来源于发行人,是否涉及通过行贿方式为发行人获取业务或其他利益的情形,发行人合法经营的内部控制制度是否健全并有效运行,该事项不影响本次发行上市的实质条件是否准确、依据是否充分。

【披露信息】

中介机构对相关监察机关进行了访谈,依据相关监察机关出具的证明,确认"张某明涉嫌受贿案的调查已经结束,袁某不存在因张某明案需再次配合调查的情形,亦不存在需移送检察机关的情形",确认袁某不构成犯罪。监察机关出具《关于袁某案件情况的说明》,确认"袁某涉嫌行贿案已调查终结,袁某不再受《立案通知书》中载明不得交流、出境、辞去公职或者办理退休手续限制"。并由公安机关出具了无犯罪记录证明,确认袁某不存在刑事犯罪的记录。此外,根据监察机关出具的证明,未发现张某明涉案资金直接或间接来源于天和磁材、天之和及天和盈亚的情形,也未发现袁某通过行贿方式为天和磁材、天之和及天和盈亚获取不当利益的情形。同时,发行人及其子公司经自查以及查阅公司实际控制人的银行流水,不存在张某明涉案资金来源于发行人的情况。

为健全内部控制制度,发行人已参照上市公司规范治理要求制定了一系列法人治理制度,设置了内部审计部门并在相关经营领域设立相应的管理制度和标准化流程。为防范商业贿赂,发行人建立反商业贿赂机制,完善制度管理、规范资金审批及费用审核制度并健全了内部审计监督制度。

案例 2:广东申菱环境系统股份有限公司(股票简称:申菱环境,股票代码:301018)

【关注问题】

根据公开披露的资料,历史上,申菱环境实际控制人崔某琦、监事会主席欧某铭曾涉及三起受贿罪诉讼案件。申菱环境于2019年6月未通过证监会发审委会议审核，具体原因即包括公司实际控制人之一崔某琦及监事会主席欧某铭涉及多起受贿罪案件，公司在申报时未及时披露上述相关信息，未充分说明防范商业贿赂、保证生产经营合法性相关内部控制制度是否健全并有效执行。申菱环境第二次申报时，审核反馈要求公司披露前次申报发审委否决意见以及需要落实主要问题在本次申报前的落实情况。此外，审核反馈要求结合该等刑事诉讼的案件进展，披露发行人董监高是否存在最近三年内因涉嫌犯罪正在被司法机关立案侦查或者涉嫌违法违规正在被证监会立案调查且尚未有明确结论等情形，以及发行人及其控股股东、实际控制人是否存在其他刑事犯罪或重大违法行为。

【披露信息】

就发行人实际控制人、监事涉及受贿罪案件的补充披露及是否会对发行上市造成实质性法律障碍，中介机构查验了相关诉讼案件的刑事判决书，取得了检察院出具的相关说明，并对检察院、公安局相关工作人员及涉案人员崔某琦、欧某铭进行访谈，确认在该等案件的侦查取证及审查起诉过程中未发现申菱环境存在违法违规行为，涉案人员崔某琦、欧某铭的行为不属于为谋取不正当利益给予国家工作人员财物的犯罪行为，未对申菱环境及崔某琦、欧某铭立案。另外，中介机构取得了崔某琦、欧某铭出具的说明及派出所出具的无犯罪记录证明，确认崔某琦、欧某铭不存在犯罪记录，进而认为该等案件不会对公司的发行上市造成实质性法律障碍。

为加强内部控制制度有效性，防范商业贿赂，发行人制定了《反腐倡廉管理制度》，在获取商业机会及签署协议过程中严格遵守《反腐倡廉管理制度》的规定及相关协议的约定。同时，发行人积极组织学习培训活动及专题会议，提高员工在日常工作中的守法意识。此外，发行人将审计部作为预防贿赂的监督管理部门，对发行人全体员工是否存在贿赂行为进行持续监督与管理、定期检查与考评，对于检查中发现的不符合发行人规定以及法律法规规定的事项，将及时上报发行人管理层以及董事会审计委员会；接受发行人内外部人员的举报，全面加强发行人内部合规风险的防范。

总结：

若发行人实际控制人存在行贿行为，即使未被判定为行贿罪，也会被重点关注。此时，应判断其行贿行为是否满足行贿罪的构成要件，并且需要取得监察机关出具的不予追究刑事责任的书面文件。此外，监管机构会关注发行人内部控制制度的有效性,是否就防范商业贿赂健全相关内部控制制度。

二 国家政策及境外政策对发行人持续经营能力的影响

持续经营能力是指公司在特定报告期内,基于其生产经营状况,有能力在可预见的未来按照既定目标持续运营下去,重点在于企业的经营业绩和可持续性。结合相关的审核案例,持续经营能力主要涉及股权及控制权是否清晰稳定,资产产权清晰是否具备经营所需的资源要素,管理团队和核心员工是否稳定,在一定时期内是否具有稳定的增长性,是否符合国家产业政策等。本节主要讨论国家产业政策对发行人的持续经营能力的影响,其他要点在本书其他章节予以讨论。

案例3:江苏瑞泰新能源材料股份有限公司(股票简称:瑞泰新材,股票代码:301238)

【关注问题】

发行人所处行业及产业链上下游的产业政策及调整情况,以及对发行人持续经营能力的具体影响。

【披露信息】

发行人主要从事锂离子电池材料等化工新材料的研发、生产和销售,其上游主要包括有机溶剂、电解质和必要的添加剂等化工材料,下游则以锂离子电池为主,最终应用于新能源汽车、储能设备、消费电子等领域。

从上游来看,发行人的上游的终端供应商多属于化工行业。生态环境部办公厅于2021年4月15日发布《关于加强高耗能、高排放项目生态环境源头防控的指导意见(征求意见稿)》,坚决遏制高耗能、高排放项目盲目发展,加强高耗能、高排放项目生态环境源头预防,推动行业绿色转型,重点关注了火电、石化、煤化工、钢铁、水泥、有色金属冶炼等行业的项目。尽管公司的上游供应商多为大型的化工龙头企业或上市公司,其污染排放以及能耗控制情况较好,但是部分供应商仍可能因环保以及能耗排放不达标等问题而被限制产能,影响其供货的稳定性;此外,随着高耗能、高排放相关政策的施行,政府和社会对环境保护和能源耗用的要求不断提高,部分不符合要求的企业可能会受到影响甚至被关停,部分地区也可能因能源或环保原因而对域内企业采取阶段性的限制措施,从而影响行业的整体供需关系,增加发行人的采购成本。

从下游来看,发行人的下游产品主要为锂离子电池(动力电池、消费电池和储能电池等),发行人及其下游主要客户属于锂离子电池产业链企业。随着环保节能理念日益受到世界各国政府的推崇,我国及全球较多国家皆出台了相关政策,以促进锂离子电池产业链的整体发展,并引领提升行业整体技术水平。

此外,在碳达峰、碳中和的背景下,我国亦提出了构建新型电力系统的发展策略,预计将进一步增大储能电池行业的市场空间,并促进锂离子电池产业链的发展。

2021 年以来,与锂离子电池产业链发展相关的主要新增政策。(略)

综上所述,随着高耗能、高排放有关政策的实施,发行人上游的化工行业部分企业将受到一定影响,可能导致供货的稳定性下降,发行人的采购成本增加。发行人及其下游客户皆属于锂离子电池产业链中的企业,在碳达峰、碳中和的背景下,我国以及全球主要经济体已出台了较多利好政策,促进新能源汽车、储能等产业快速发展,为公司创造了良好的发展机遇。

案例 4:合肥恒鑫生活科技股份有限公司(股票简称:恒鑫生活,于 2023 年 3 月 21 日通过深交所创业板上市委会议)

【关注问题】

国内限塑政策及主要海外客户所在地限制政策及产品准入政策对发行人塑料产品的影响,发行人已采取的对应措施及有效性。

【披露信息】

对于国内政策的影响,发行人披露了国内限塑政策的相关要求,并比对了公司生产的塑料产品与国内限塑政策分期禁止使用和淘汰产品的重叠情况、重叠产品的销量、金额和占比情况,确认公司生产的塑料产品与国内限塑政策分期禁止和淘汰产品不存在重叠情况。针对公司业务受限塑政策的影响程度,公司从其具备传统、可生物降解塑料餐饮具的生产能力,产品品种全面、规格丰富、品质优异等方面,论证了公司能够根据客户需求及国内限塑政策的变化趋势,为客户定制化生产可降解或不可降解材质的餐饮具。同时,公司已采取了包括持续拓展可生物降解产品类型、加强调配可降解及不可降解产品产能的能力等应对措施,能够有效应对相关政策的实施。

对于海外客户所在地限塑政策及产品准入政策的影响,发行人披露了其主要境外客户的所在国家及该等国家客户销售占外销收入的比例,该等国家的限塑政策涉及的具体产品种类，公司销往该等国家与该国限塑政策涉及产品类型的重叠情况（包括具体类型，占公司销往该国的销售额比例等），说明限塑政策对公司在境外主要国家的销售影响较小，对客户合作稳定性和持续性的影响较小。针对海外限塑政策，公司已采取持续研发新产品并获取新产品的海外认证，加大对纸制品的研发，拟使用募集资金投资建设研发中心，对新型材料应用进行研发，开发新型餐饮具产品等措施加以应对。同时，通过分析报告期内的外销收入，证明公司相关应对措施的有效性。

总结：

上述案例具有较强的行业特性，不同行业受政策的影响不尽相同，相关政策的变化可能会影响行业的景气程度及未来的发展情况，除国内的政策影响外，发行人的可持续经营能力还可能会受到其产品销售地政策及国际贸易环境的影响。因此，应重点关注所处行业、上下游的具体政策变化，如产生影响，发行人是否采取了相关的应对措施，以及应对措施是否有效。

三 关于红筹架构

合规性是证监会在红筹回归企业上市审核中会重点关注的问题，涉及的具体问题包括：

1. 搭建协议控制架构的原因，发行人所属行业是否存在外资准入的限制，协议控制架构是否存在规避外资产业政策的问题。

2. 境外融资主体历次境外融资、股权转让、分红的资金来源、外汇资金跨境调动情况，是否属于返程投资，是否办理外汇登记及变更登记等必备手续，是否符合外汇管理法律法规。

3. 在协议控制架构下境外融资主体对境内主体资金支持的金额、途径和方式，有关资金往来、利润转移安排的合法合规性。特别是在协议控制架构下，证监会会关注境外资金如何汇回境内以及外商独资企业结汇程序是否合规。

4. 发行人境外架构搭建及拆除过程中涉及的相关税费是否已依法缴纳，发行人及其实际控制人控制的相关企业是否存在税收违规的风险，境外融资主体历次股权变动是否缴清相关税费。

案例5：万香科技股份有限公司（股票简称：万香科技，于2022年7月14日被深交所上市委会议否决）

【关注问题】

根据披露文件，李某南等15名自然人在万香国际上市及退市、红筹架构搭建及拆除过程中出现未经核准或备案、被外汇主管部门行政处罚、未缴纳个人所得税的情形。发行人认为万香国际将发行人股份以10,341万元转让至万得联合、万邦联合、希尔化学、广乾财富等股东的交易存在豁免支付交易价款的情形，发行人认为不涉及外汇流动，因此，不涉及外汇主管部门的核准或备案。

在审核反馈过程中，要求发行人：

1.结合相关法律法规及案例，说明发行人上述未就相关事项办理核准及备案或相关事项不涉及核准及备案的依据及合规性；

2.结合相关法律法规及案例等，说明李某南等15名自然人未缴纳个人所得税所涉及的金额及相关法律后果，是否可能导致相关股权被冻结或影响控制权稳定性；

3.结合相关规定及行政处罚情况，进一步说明有关境外上市核准、外汇、税务的违规行为是否属于重大违法违规行为，说明认为“不存在重大违法违规行为”结论的依据，上述违规行对应的法律后果、赔偿责任等，发行人控股股东、实际控制人是否存在承担刑事责任的风险，是否会导致发行人及其实际控制人、董事、监事、高级管理人员存在不符合《首次公开发行股票注册管理办法》第13条规定的情形。

【披露信息】

（一）结合相关法律法规及案例，说明发行人上述未就相关事项办理核准及备案或相关事项不涉及核准及备案的依据及合规性

李某南等15名自然人在万香国际（SGP）上市及退市、红筹架构搭建及拆除过程中未经核准或备案事项的依据及合规性：

如发行人律师在原法律意见中所述，李某南等15名自然人在万香国际（SGP）上市及退市、红筹架构搭建及拆除过程中出现的未经核准或备案等不符合相关法律法规的情形均发生在2018年1月1日之前，且相关不规范行为距今已经超过两年，发行人及其控股股东、实际控制人在最近36个月内不存在重大违法违规行为，不存在被给予处罚的法律风险，不会对本次发行上市构成实质性法律障碍。

1. 涉及国家发展和改革委员会相关法律法规的情形如表 4 所示：

表 4 万香科技李某南等 15 名自然人行为情况汇总

时间	涉及的行为	法规依据及不规范情形	涉及行政处罚
李某南等 15 名自然人的跨境直接投资行为			
2006 年 5 月	李某南、徐某翔、龚某荣、侯某云、杨某 5 人投资设立汇丰投资(BVI)	根据《境外投资项目核准暂行管理办法》(2004 年 10 月 9 日生效,2014 年 5 月 8 日失效)第 26 条,自然人和其他组织在境外进行的投资项目的核准,参照本办法执行。前述规则第 5 条第 1 款规定,中方投资额 3000 万美元以下的资源开发类和中方投资用汇额 1000 万美元以下的其他项目,由各省、自治区、直辖市及计划单列市和新疆生产建设兵团等省级发展和改革部门核准,项目核准权不得下放。第 3 款规定,地方政府按照有关法规对上款所列项目的核准另有规定的,从其规定。根据该规定,李某南等境内自然人的境外投资行为(包括对境外投资主体的股权变化等)需取得相关国家发展和改革委员会的核准。该等自然人未就前述境外投资行为取得发展和改革主管部门的核准	(1)《境外投资项目核准暂行管理办法》(2004 年 10 月 9 日生效,2014 年 5 月 8 日失效),该规定未就前述不符合规定的情形规定罚款金额。 (2)根据《企业境外投资管理办法》(2018 年 3 月 1 日生效,现行有效)第 63 条第 2 款的规定,境内自然人直接对境外开展投资不适用本办法。因此,李某南等境内自然人的境外投资行为(包括对境外投资主体的股权变化等)无须适用《企业境外投资管理办法》的相关规定,即无须依据前述规定办理相关国家发展和改革委员会的核准。 据此,《企业境外投资管理办法》(2018 年 3 月 1 日生效,现行有效)生效后,该等自然人直接开展境外投资未履行国家发展和改革委员会核准程序的行为已经不再属于违法行为。且 2018 年 3 月 1 日(《企业境外投资管理办法》生效之日)至本补充法律意见出具之日已经超过《行政处罚法》第 36 条第 1 款规定的两年行政处罚时效。 截至本补充法律意见出具之日,该等自然人已不存在被处罚的法律风险
2006 年 5 月	汇丰投资(BVI)及季某林、臧某玉、陆某、陈某、包某松、龙某辉、陈某荣、金某、陆某准、李某晖 10 人投资设立万香联合投资(BVI)		
2011 年 7 月	李某南投资设立万得联合投资(BVI)		
2012 年 3 月	要约收购(私有化)过程中李某南等 15 名自然人通过转移支付和债权债务抵销的方式向万得联合投资(BVI)、万邦联合投资(BVI)投资		
2014 年 4 月	李某南设立 Chunnan(BVI)		
2014 年 4 月	季某林设立 Xinlin (BVI)		

续表

时间	涉及的行为	法规依据及不规范情形	涉及行政处罚
2017 年 4 月	徐某歌（系徐某翔的女儿）、龚某荣、侯某云、杨某向 Chunn an（BVI）投资	根据《境外投资项目核准和备案管理办法》（2014 年 5 月 8 日生效,2018 年 3 月 1 日失效）第 31 条第 2 款,自然人和其他组织在境外实施的投资项目,参照本办法规定另行制定具体管理办法。前述规则第 7 条第 1 款规定,中方投资额 10 亿美元及以上的境外投资项目,由国家发展和改革委员会核准。涉及敏感国家和地区、敏感行业的境外投资项目不分限额,由国家发展和改革委员会核准。其中,中方投资额 20 亿美元及以上的,并涉及敏感国家和地区、敏感行业的境外投资项目,由国家发展和改革委员会提出审核意见报国务院核准。第 8 条规定,本办法第 7 条规定之外的境外投资项目实行备案管理。根据该规定,徐某歌等境内自然人的境外投资行为（包括对境外投资主体的持股比例变动等）需履行国家发展和改革委员会备案程序。该等自然人未就前述境外投资行为履行国家发展和改革委员会备案程序	(1)《境外投资项目核准和备案管理办法》（2014 年 5 月 8 日生效,2018 年 3 月 1 日失效）未就前述不符合规定的情形规定罚款金额。 (2)根据《企业境外投资管理办法》（2018 年 3 月 1 日生效,现行有效）第 63 条第 2 款的规定,境内自然人直接对境外开展投资不适用本办法。因此,徐某歌等境内自然人的境外投资行为（包括对境外投资主体的股权变化等）无须适用《企业境外投资管理办法》的相关规定,即无须依据前述规定进行备案。 据此,《企业境外投资管理办法》（2018 年 3 月 1 日生效,现行有效）生效后,该等自然人直接开展境外投资未履行国家发展和改革委员会备案程序的行为已经不再属于违法行为。且 2018 年 3 月 1 日（《企业境外投资管理办法》生效之日）至本补充法律意见出具之日已经超过《行政处罚法》第 36 条第 1 款规定的两年行政处罚时效。 截至本补充法律意见出具之日,该等自然人已不存在被处罚的法律风险
2017 年 4 月	陈某、臧某玉、陆某、包某松、龙某辉、陈某荣、金某、陆某淮、李某晖向 Xinlin（BVI）投资		

续表

时间	涉及的行为	法规依据及不规范情形	涉及行政处罚
2006 年 8 月	李某南等 15 名自然人持股的万香联合投资(BVI)自境外自然人 Ho Sing Ming 处受让万香国际(SGP)100%股权	根据《境外投资项目核准暂行管理办法》(2004 年 10 月 9 日生效,2014 年 5 月 8 日失效)第 26 条,自然人和其他组织在境外进行的投资项目的核准,参照本办法执行。前述规则第 5 条第 1 款规定,中方投资额 3000 万美元以下的资源开发类和中方投资用汇额 1000 万美元以下的其他项目,由各省、自治区、直辖市及计划单列市和新疆生产建设兵团等省级发展和改革部门核准,项目核准权不得下放。第 2 款规定,地方政府按照有关法规对上款所列项目的核准另有规定的,从其规定。根据该规定,李某南等境内自然人的境外投资行为(包括对境外投资主体的股权变化等)需取得相关国家发展和改革委员会的核准。该等自然人未就前述境外投资行为取得发展和改革主管部门的核准	(1)《境外投资项目核准暂行管理办法》(2004 年 10 月 9 日生效,2014 年 5 月 8 日失效)未就前述不符合规定的情形规定罚款金额。 (2)根据 2018 年 3 月 1 日生效的《企业境外投资管理办法》第 2 条第 1 款的规定,“本办法所称境外投资,是指中华人民共和国境内企业(以下称‘投资主体’)直接或通过其控制的境外企业,以投入资产、权益或提供融资、担保等方式,获得境外所有权、控制权、经营管理权及其他相关权益的投资活动”。国家发展和改革委员会有关负责人在就《企业境外投资管理办法》答记者问中进一步明确,对于完全是投资主体通过其控制的境外企业开展的境外投资项目(不涉及投资主体直接投入资产、权益或提供融资、担保),对其中的非敏感类项目,中方投资额 3 亿美元以下的,无须备案也无须告知。因此,对于境内自然人控制的境外主体的境外再投资而言,如不涉及境内投资主体直接投入资产、权益或提供融资、担保,并且境外再投资项目属于中方投资额在 3 亿美元以下的非敏感类项目,则无须核准、备案或告知。李某南等境内自然人通过其已投资的境外主体进行境外再投资的行为属于上述无须核准、备案或告知的情况。 据此,《企业境外投资管理办法》(2018 年 3 月 1 日生效,现行有效)生效后,李某南等自然人就境外再投资行为未履行国家发展和改革委员会核准程序的情形已经不再属于违法行为。
2007 年 7 月	因万香国际(SGP)进行融资导致李某南等 15 名自然人在万香国际(SGP)所持间接股份比例发生变化		
2007 年 7 月	因万香国际(SGP)上市导致李某南等 15 名自然人在万香国际(SGP)所持间接股份比例发生变化		
2011 年 7 月	万得联合投资(BVI)投资设立万邦联合投资(BVI)		

续表

时间	涉及的行为	法规依据及不规范情形	涉及行政处罚
2012 年 3 月	万邦联合投资(BVI)实施要约收购(私有化)		且 2018 年 3 月 1 日(《企业境外投资管理办法》生效之日)至本补充法律意见出具之日已经超过《行政处罚法》第 36 条第 1 款规定的两年行政处罚时效。 截至本补充法律意见出具之日,该等自然人已不存在被处罚的法律风险
2017 年 6 月	万邦联合投资(BVI)分别以 1 美元的价格将持有的万香国际(SGP)57.95%股权、34.10%股权以及 2.08%股权转让给 Chunn an(BVI)、Xinlin(BVI)和唐某浩。前述过程中,李某南等 15 名自然人间接持有的万香国际(SGP)的股权发生变更	根据《境外投资项目核准和备案管理办法》(2014 年 5 月 8 日生效,2018 年 3 月 1 日失效)第 31 条第 2 款,自然人和其他组织在境外实施的投资项目,参照本办法规定另行制定具体管理办法。前述规则第 7 条第 1 款规定,中方投资额 10 亿美元及以上的境外投资项目,由国家发展和改革委员会核准。涉及敏感国家和地区、敏感行业的境外投资项目不分限额,由国家发展和改革委员会核准。其中,中方投资额 20 亿美元及以上的,由国家发展和改革委员会提出审核意见报国务院核准。第 8 条规定,本办法第 7 条规定之外的境外投资项目实行备案管理。根据该规定,李某南等境内自然人需履行国家发展和改革委员会备案程序。该等自然人未就前述境外再投资行为履行国家发展和改革委员会备案程序	(1)《境外投资项目核准和备案管理办法》(2014 年 5 月 8 日生效,2018 年 3 月 1 日失效)未就前述不符合规定的情形规定罚款金额。 (2)如上所述,《企业境外投资管理办法》(2018 年 3 月 1 日生效,现行有效)生效后,李某南等境内自然人通过其已投资的境外主体进行境外再投资的行为属于该办法规定的无须核准、备案或告知的情况。 据此,《企业境外投资管理办法》(2018 年 3 月 1 日生效,现行有效)生效后,李某南等自然人就境外再投资行为未履行国家发展和改革委员会备案程序的情形已经不再属于违法行为。且 2018 年 3 月 1 日(《企业境外投资管理办法》生效之日)至本补充法律意见出具之日已经超过《行政处罚法》第 36 条第 1 款规定的两年行政处罚时效。 截至本补充法律意见出具之日,该等自然人已不存在被处罚的法律风险

2. 涉及外汇相关法律法规的情形如表5所示：

表5　万香科技李某南等15名自然人涉及外汇行为情况汇总

时间	涉及的行为	法规依据及不规范情形	涉及行政处罚
李某南等15名自然人的跨境直接投资行为			
2014年4月	李某南设立Chunn an(BVI)	根据《国家外汇管理局关于境内居民通过特殊目的公司境外投融资及返程投资外汇管理有关问题的通知》(汇发〔2014〕37号,2014年7月4日发布,至今有效)(以下简称37号文)第3条第1款的规定,境内居民以境内外合法资产或权益向特殊目的公司出资前,应向国家外汇管理局申请办理境外投资外汇登记手续。该规定第5条第1款规定,已登记境外特殊目的的公司发生境内居民个人股东、名称、经营期限等基本信息变更,或发生境内居民个人增资、减资、股权转让或置换、合并或分立等重要事项变更后,应及时到国家外汇管理局办理境外投资外汇变更登记手续。 根据《国家外汇管理局关于进一步简化和改进直接投资外汇管理政策的通知》(汇发〔2015〕13号,以下简称13号文)的规定,境内居民个人只为直接设立或控制的(第一层)特殊目的的公司办理登记。即根据前述规定,只有境内自然人直接控制的企业为特殊目的的公司。 李某南等自然人未能根据上述规则及时办理外汇登记	2018年12月,外汇主管部门对李某南等15名自然人分别作出5万元罚款的行政处罚,并为该等自然人补办了相应的外汇登记。截至本补充法律意见出具之日,该等自然人已不会因前述违规行为再次被给予行政处罚。 具体情况详见本补充法律意见"问题1:关于行政处罚及贿赂事项"之"三、结合相关法律法规的规定,说明认为相关行政处罚所对应事项'不属于重大违法违规行为'的具体依据及其充分性"
2014年4月	李某林设立Xinlin(BVI)		
2017年4月	徐某歌(系徐某翔的女儿)、龚某荣、侯某云、杨某向Chunn an(BVI)投资		
2017年4月	陈某、臧某玉、陆某、包某松、龙某辉、陈某荣、金某、陆某淮、李某晖向Xinlin(BVI)投资		

续表

<table>
<tr><th>时间</th><th>涉及的行为</th><th>法规依据及不规范情形</th><th>涉及行政处罚</th></tr>
<tr><td>2007 年 7 月</td><td>因万香国际(SGP)进行融资导致李某南等 15 名自然人在万香国际(SGP)所持间接股份比例发生变化</td><td rowspan="2">根据《国家外汇管理局关于境内居民通过境外特殊目的公司融资及返程投资外汇管理有关问题的通知》(汇发〔2005〕75 号,2005 年 11 月 1 日施行,2014 年 7 月 4 日废止)(以下简称 75 号文)第 2 条第 1 款的规定,境内居民设立或控制境外特殊目的公司之前,应向所在地国家外汇管理局分局、外汇管理部申请办理境外投资外汇登记手续;第 3 条规定,境内居民将其拥有的境内企业的资产或股权注入特殊目的公司,或在向特殊目的公司注入资产或股权后进行境外股权融资,应就其持有特殊目的公司的净资产权益及其变动状况办理境外投资外汇登记变更手续。同时,根据《国家外汇管理局综合司关于印发〈国家外汇管理局关于境内居民通过境外特殊目的公司融资及返程投资外汇管理有关问题的通知〉操作规程的通知》(汇综发〔2007〕106 号)的规定,境内居民为其控制的境内企业资产或境内权益境外融资,在境外直接设立或间接控制一个或多个企业,从事跨境注资、换股交易,上述一个或多个境外企业均为特殊目的公司。即根据前述规定,境内自然人在境外直接或间接控制的企业均为特殊目的公司。根据 75 号文第 7 条的规定,特殊目的公司发生增资或减资、股权转让或置换、合并或分立、长期股权或债权投资、对外担保等重大资本变更事项且不涉及返程投资的,境内居民应于重大事项发生之日起 30 日内向国家外汇管理局申请办理境外投资外汇登记变更或备案手续。根据该规则,特殊目的公司发生增资或减资的,应当办理外汇变更登记,但李某南等 15 名自然人未办理相应外汇变更登记</td><td rowspan="2">(1)《外汇管理条例》(1997 年修正)未明确规定未办理外汇变更登记的罚款金额。
(2)如上所述,根据国家外汇管理局 37 号文、13 号文第 2 条第 2 项的规定,境内居民个人只为直接设立或控制的(第一层)特殊目的公司办理登记。因此,自 2015 年 6 月 1 日即 13 号文实施之日起,境内居民个人间接控制的企业发生变更不再需要办理外汇变更登记。李某南等 15 名自然人均间接持有万香国际(SGP)的股权,因此,李某南等 15 名自然人所持万香国际(SGP)的股权比例发生变更未办理外汇变更登记不再属于违法行为。另外,37 号文实施至今已经超过两年。截至本补充法律意见出具之日,该等自然人已不存在被处罚的法律风险</td></tr>
<tr><td>2007 年 7 月</td><td>因万香国际(SGP)上市导致李某南等 15 名自然人在万香国际(SGP)所持间接股份比例发生变化</td></tr>
</table>

续表

时间	涉及的行为	法规依据及不规范情形	涉及行政处罚
2006 年 9 月	万香国际(SGP)设立淮安万康	根据 75 号文第 1 条第 2 款和 37 号文第 1 条第 2 款的规定,返程投资是指境内居民通过特殊目的公司对境内开展的直接投资活动,即万香国际(SGP)投资于境内公司的情况。根据 75 号文第 5 条和 37 号文第 7 条的规定,返程投资需办理外汇管理登记。2006 年 9 月万香国际(SGP)设立淮安万康未办理相关返程投资登记	《外汇管理条例》(1997 年修正)未明确规定未办理外汇变更登记的罚款金额。经律师核查,淮安万康已经于 2012 年 8 月注销,返程投资行为已经终止。自返程投资行为终止之日起至今已满两年,已经超过《行政处罚法》第 36 条第 1 款规定的两年行政处罚时效。截至本补充法律意见出具之日,该等自然人已不存在被处罚的法律风险

据此,发行人律师认为,上述不规范情形均发生在 2018 年 1 月 1 日之前,且相关行为距今已经超过两年,因而发行人及其控股股东、实际控制人在最近 36 个月内不存在重大违法违规行为,不存在被给予处罚的法律风险,不会对本次发行上市构成实质性法律障碍。

(二)2016 年万香国际(SGP)转让股权免除交易价款事项不涉及核准及备案的依据及合规性

1. 2016 年万香国际(SGP)转让股权的协议约定

2016 年 11 月 1 日,万香国际(SGP)作出股东决定,同意将其持有的万邦香料 100% 股权以 10,341 万元价格转让给以下新股东:将持有的 57.34% 股权以 5929.53 万元人民币价格转让给万得联合;将持有的 15.77% 股权以 1630.78 万元人民币价格转让给万邦联合;将持有的 21.89% 股权以 2263.64 万元人民币价格转让给希尔化学;将持有的 5% 股权以 517.05 万元人民币价格转让给广乾财富。

同日,万香国际(SGP)与万得联合、万邦联合、希尔化学、广乾财富分别签订了股权转让协议,就上述股权转让事项进行了约定。

2017 年 5 月 3 日,万香国际(SGP)分别与万得联合、万邦联合、希尔化学、广乾财富签署《关于淮安万邦香料工业有限公司股权转让协议之补充协议》,将上述股权转让款支付期限延至股权转让协议生效之日起5年内执行。

2021年6月30日,万香国际(SGP)分别与万得联合、万邦联合、希尔化学、广乾财富签署《〈关于淮安万邦香料工业有限公司股权转让协议〉之补充协议二》,约定对万得联合、万邦联合、希尔化学、广乾财富截至补充协议签署日尚未支付的股权转让价款予以豁免,并确认万香国际(SGP)持有的万邦香料100%股权已于2016年11月全部转让给万得联合、万邦联合、希尔化学、广乾财富,前述股权转让价款被豁免的情况不影响该等受让方真实持有所受让的万邦香料股权。万香国际(SGP)与前述股权受让方就万邦香料股权及股权转让事宜不存在任何纠纷、争议或潜在纠纷,亦不会就本次股权转让相关事宜向前述股权受让方提出任何异议或权利请求。

2. 不涉及核准及备案的依据及合规性

上述部分股权转让价款豁免支付的原因主要系万得联合、万邦联合无足够资金完成相应款项支付,同时,李某南等15名自然人、希尔化学、广乾财富持有发行人的股权比例和其在万香国际(SGP)退市后持有万香国际(SGP)的股权比例相同,因此,各方同意对部分股权转让价款支付予以豁免。

根据《中国人民银行关于印发〈结汇、售汇及付汇管理规定〉的通知》第31条第1款的规定,外商投资企业的外汇资本金的增加、转让或者以其他方式处置,持董事会决议,经国家外汇管理局核准后,从其外汇账户中支付或者持国家外汇管理局核发的售汇通知单到外汇指定银行兑付。

另根据《国家外汇管理局关于进一步改进和调整直接投资外汇管理政策的通知》第6条关于取消直接投资项下购汇及对外支付核准的规定,其中第2项为取消境内机构或个人购买外商投资企业外方股权对外支付股权转让价款的购汇及对外支付核准,银行根据国家外汇管理局相关业务系统中的登记信息为境内机构或个人办理购汇及对外支付手续。

据此,根据上述规则,如万得联合等股权受让方需对外支付股权转让价款,应通过银行根据国家外汇管理局相关业务系统中的登记信息办理,在已经豁免对外支付股权转让价款的情况下,不涉及跨境资金流动,因此,不涉及办理跨境资金流动相关外汇核准或备案手续情况,不存在因此被给予行政处罚的风险。

(三)结合相关法律法规、案例等,说明李某南等15名自然人未缴纳个人所得税所涉及的金额及相关法律后果,是否可能导致相关股权被冻结或影响控制权稳定性

万香国际(SGP)在私有化过程中,李某南等15名自然人系通过转移支付的方式实现持股平台的切换。李某南等 15 名自然人在切换持股主体时未取得任何现金对价。因仅涉及持股平台切换,李某南等 15 名自然人并未因实施退市方案而获得任何资产上的增值。但因方案设计失误导致了潜在的纳税义务,针对潜在纳税义务,中介机构访谈了税务主管部门,其表示追缴的可能较小且未对纳税金额作出计算。

同时,中介机构从纳税主体不涉及发行人、该等情况不会导致发行人不符合发行上市的实质条件、李某南等自然人已对该事项出具承诺及该等情况导致股权被冻结或影响控制权稳定性的风险较小等角度论述了未缴纳个人所得税的法律后果,不会对本次发行构成重大不利影响。

总结:

发行人若涉及红筹架构,审核过程中将重点核查红筹架构的搭建和解除的合法合规性,以及发行人及其控股股东、实际控制人是否存在法律风险和税务风险,是否会因此导致发行人不符合发行上市条件。

第四章 发行人的独立性

发行人的独立性主要是指发行人在资产、业务、人员、机构、财务方面与控股股东、实际控制人及其控制的其他企业是否相互独立，是否能够独立开展生产经营并具有独自面向市场的能力。

第一节 查验程序

一 查验文件

1. 会计师就公司发行上市出具的审计报告。

2. 公司相关资产（房屋、土地使用权、商标、专利、计算机软件著作权等）的权属证明文件，以及与上述事项相关的诉讼文件（如有）。

3. 董事、监事及高级管理人员的劳动合同、任职资格、任职决策文件，公司的人事档案、人事聘用和任免制度以及考核、奖惩制度等内部具体管理制度文件。

4. 公司股东大会、董事会、监事会等相关机构的设置决策文件、关于相关机构人员安排的决策文件，以及相应管理制度文件。

5. 公司的财务部门设置及相关人员岗位职责文件，关于公司财务管理的相关制度文件。

6. 根据公司实际情况设置的经营管理部门及各部门的职责、管理制度文件。

二 查验要点

1. 发行人资产是否独立:(如是生产型企业)是否具备与生产经营有关的生产系统、辅助生产系统和配套设施,是否合法拥有与生产经营有关的土地,厂房,机器设备以及商标、专利、非专利技术的所有权或者使用权,是否具有独立的原料采购和产品销售系统。发行人(如是非生产型企业)是否拥有与经营有关的业务体系及相关资产。

2. 发行人人员是否独立:发行人的总经理、副总经理、财务负责人和董事会秘书等高级管理人员是否在控股股东、实际控制人及其控制的其他企业中担任除董事、监事以外的其他职务或是否在控股股东、实际控制人及其控制的其他企业领薪。发行人的财务人员是否在控股股东、实际控制人及其控制的其他企业中兼职。

3. 发行人财务是否独立:发行人是否建立了独立的财务核算体系,是否能够独立作出财务决策,是否具有规范的财务会计制度和对分公司、子公司的财务管理制度。发行人是否存在与控股股东、实际控制人及其控制的其他企业共用银行账户的情形。

4. 发行人机构是否独立:发行人是否建立了内部经营管理机构,是否独立行使经营管理职权,是否与控股股东、实际控制人及其控制的其他企业间存在机构混同的情形。

5. 发行人业务是否独立:发行人的业务是否独立于控股股东、实际控制人及其控制的其他企业,是否与控股股东、实际控制人及其控制的其他企业间存在同业竞争或者显失公平的关联交易。

第二节 发行人独立性相关案例

一 关于同业竞争与独立性

同业竞争和关联交易是对于发行人业务独立性影响最大的两个重要因素。在注册制 IPO 审核要求下,同业竞争问题只要不存在重大不利影响就可以,而对于关联交易则没有明显的关于比例的限制,只要符合商业逻辑,关联交易也可以超过50%。

案例1:伊犁川宁生物技术股份有限公司(股票简称:川宁生物;股票代码:301301)

【关注问题】

四川科伦药业股份有限公司(以下简称科伦药业)是川宁生物的控股股东。2021年6月29日,科伦药业召开了2020年度股东大会,审议通过了《关于分拆所属子公司伊犁川宁生物技术股份有限公司首次公开发行股票并在创业板上市的议案》等关于分拆子公司川宁生物至创业板上市的相关议案。

分拆上市是指上市公司将部分业务或资产剥离出来由控股子公司独立上市,该等剥离出来的业务或者资产原本就属于上市公司业务或资产的组成部分,拟分拆独立上市的主体系上市公司合并财务报表范围内的控股子公司。在上市公司并未从事多元化经营的情况下,实践中拟分拆的控股子公司一般都与上市公司处于同一行业,这意味着拟分拆的控股子公司的主营业务一般都与上市公司的主营业务存在相似的情形。该等情形可能构成同业竞争。

【披露信息】

根据川宁生物的说明,其控股股东科伦药业主要从事输液产品、创新药、仿制药以及抗生素中间体的研发、生产和销售,而川宁生物主要通过生物发酵工艺生产抗生素中间体。除川宁生物外,科伦药业及其下属其他企业不存在经营或生产与川宁生物相同或相似产品的情形。因此,本次分拆后,科伦药业与川宁生物将不存在具有重大不利影响的同业竞争情形。且为避免未来产生同业竞争,保护中小投资者利益,科伦药业出具了《关于避免同业竞争的承诺函》。披露文件显示,虽然报告期控股股东科伦药业及除川宁生物以外的其他下属企业的医药中间体业务涉及GCLE和4-AA等产品,但业务规模占比极小。广西科伦制药有限公司(以下简称广西科伦)存在与川宁生物向同一客户销售7-ACA中间体的情形,主要原因为广西科伦向川宁生物采购的7-ACA受到生产计划排期等因素影响,将部分库存7-ACA对外销售给原料药生产厂家或贸易商。川宁生物与科伦药业及其控制的其他企业报告期内存在部分主要供应商重合。

在审核过程中,保荐人和会计师通过对生产工艺不同以及关联方停止生产或销售同类产品等方面进行讨论,得出同业竞争已经解决的结论。报告期内,科伦药业及除川宁生物以外的其他下属企业中,除四川新迪生物制药有限公司(以下简称四川新迪)以外,主要涉及的行业为医药制造、医药研究和贸易代理,生产的主要产品为输液产品、制剂和原料药等,不涉及医药中间体业务,与川宁生物产品存在显著差异。此外,虽然四川新迪生产的GCLE与川宁生物头孢类抗生素中间体在应用领域及产品用途上存在一定的相同之处,但其生产工艺不同且四川新迪已经停产。因此,报告期内川宁生物与控股股东、实际控制人控制的其他企业之间不存在具有重大不利影响的同业竞争的情况。

法律层面上,川宁生物与控股股东科伦药业之间并不存在共用ERP等办公或管理系统的情况,科伦药业在其出具的承诺函中承诺,保证川宁生物持续独立使用相关信息管理系统,在人员权限、业务数据、财务数据和业务流程方面与川宁生物及其子公司实现了有效隔离,不会干扰川宁生物使用相关信息系统。另外,川宁生物合法拥有与经营相关的土地、房屋、设备、专利、商标等资产的所有权或使用权,具有独立的产品采购和销售体系,资产权属清晰、完整,与科伦药业及其控制的其他企业的资产严格分开,并完全独立运营。川宁生物设立了独立的财务部门并配备了专门财务人员,科伦药业相关人员不参与川宁生物财务系统的相关核算工作,亦无法通过财务系统干涉川宁生物的财务核算工作,川宁生物相关人员独立于科伦药业。川宁生物对业务数据的新建、变更及流转,拥有独立的业务流程,能够进行独立的审批流程管控,在人员权限、业务数据、财务数据和业务流程方面与科伦药业实现有效分隔,川宁生物相关业务独立于科伦药业。因此,川宁生物与科伦药业在资产、人员、业务等方面具有独立性。

案例2:惠州仁信新材料股份有限公司(股票简称:仁信新材;股票代码:301395)

【关注问题】

报告期内,仁信新材与实际控制人控制的其他企业之间存在部分客户、供应商重合的情况。该等情况可能构成同业竞争。

【披露信息】

根据披露文件,报告期内,仁信新材与实际控制人邱某周、邱某义控制的其他企业之间存在部分客户、供应商重合的情况,但不存在代为承担费用、成本等利益安排等情形。按照公司的说明,仁信新材拥有独立的产品销售渠道,并单独掌握下游客户资源,且产品特性和下游应用领域不同,因此,不存在与其他关联方共用销售渠道的情形。另外,报告期内,公司主要客户的稳定性高,业务合作具有持续性,销售人员数量基本满足销售业务发展的需求,不存在依赖实际控制人控制的其他企业销售渠道或由其提供客户资源的情形。因此,尽管仁信新材与实际控制人控制的其他企业之间存在部分客户、供应商重合的情况,但该等事项并不会对仁信新材的独立性造成严重影响。

此外,实际控制人控制的其他企业与仁信新材之间也不存在从事相同或类似业务的情形。实际控制人控制的其他企业主要是以钢材、聚氯乙烯(Polyvinyl chloride,PVC)材料以及其他建筑材料的贸易为主,另外包含一部分房地产开发及工程施工,而仁信新材的主营产品为聚苯乙烯(Polystyrene,PS),经加工成型后可应用于光学显示、家用电器、日用品、包装等领域,两者的业务不存在上下游关系,因而不构成同业竞争。

总结:

对于分拆上市,重要的是考虑企业的技术来源、业务内容以及发展方向与原来的上市公司是否存在本质差异。只要发行人具有核心技术,有明确的市场定位和一定的竞争优势,关键是具备很强的持续经营和盈利能力,并且分拆上市的资产与上市公司能够有效区分,不存在损害上市公司投资者利益的情形,那么这样的分拆上市就是允许的,可以接受的。

同业竞争的竞争方通常包含:拟分拆的控股子公司的控股股东,拟分拆的控股子公司的实际控制人,拟分拆的控股子公司的控股股东和实际控制人控制的除该拟分拆的控股子公司以外的其他企业,拟分拆的控股子公司的控股股东和实际控制人(若为自然人)的配偶及夫妻双方的父母、子女控制的企业,以及该等自然人的其他亲属(非配偶、父母、子女)及其控制的企业。

“同业”是指竞争方从事与发行人主营业务相同或相似的业务。在分拆上市中,可能意味着拟分拆的控股子公司的主营业务与上市公司的主营业务存在相似的情形,或者拟分拆的控股子公司与其实际控制人控制的其他企业从事相似业务。而是否构成“竞争”,与竞争方和拟分拆的控股子公司的实际业务及其经营情况紧密相关,需要结合具体的业务经营情况进行分析,难以从法规层面制定整齐划一的判断标准。因此,法规一方面要求在判断是否构成“竞争”时,应当按照实质重于形式的原则,结合相关企业历史沿革、资产、人员、主营业务(包括但不限于产品服务的具体特点、技术、商标、商号、客户、供应商)等方面与拟分拆的控股子公司的关系,以及业务是否有替代性、竞争性,是否有利益冲突,是否在同一市场范围内销售等,论证竞争方是否与拟分拆的控股子公司构成竞争;另一方面,从反面提出,不能简单以产品销售地域不同、产品的档次不同等为由认定不构成同业竞争。因此,论证“同业”不“竞争”是发行人对同业竞争问题的解释思路之一。

二 关于关联交易与独立性

案例 3:筠诚和瑞环境科技集团股份有限公司(股票简称:筠诚和瑞,于 2023 年 9 月 7 日通过深交所创业板上市委会议)

【关注问题】

筠诚和瑞报告期内存在关联销售的情况。报告期内,筠诚和瑞向关联方销售内容主要包括环保工程、环保装备以及环保项目运营。该等情况可能对筠诚和瑞的经营独立性构成影响。

【披露信息】

据筠诚和瑞的说明,报告期内筠诚和瑞来自关联方的主营业务收入占合并主营业务收入的比例分别为 39.47%、29.22%和 23.91%,呈逐年下降趋势。筠诚和瑞主要关联方温氏股份是我国畜牧养殖业龙头企业。2019 年,温氏股份净利润规模较大,且当年肉猪出栏量为上市公司之首,因此,当年温氏股份的支付能力较强。受非洲猪瘟以及 2021 年猪肉价格下行影响,温氏股份产生了暂时性亏损,长期资产构建支出增速相应放缓,开始降本增效、控制成本支出。2022 年,温氏股份营业收入增长 29.90%,净利润为 52.20 亿元,实现扭亏为盈。整体而言,温氏股份经营状况稳健,现金流充沛。因此,筠诚和瑞主要关联方温氏股份的财务状况虽然受养殖周期影响有所波动,但经营现金流充沛,经营稳健且 2022 年持续向好。同时,温氏股份具有长期持续的设备,能够满足环保设施投资需求。此外,报告期内筠诚和瑞关联交易产生的收入和利润占比逐年下降,最近一期已降至 20% 左右。报告期各期,随着筠诚和瑞在新领域的发展,新客户的拓展逐渐显现成效,在各类主营业务中,关联交易产生的收入和毛利占同类业务的比重均逐步下降。2021 年关联方温氏股份受猪肉价格下行影响较大,因此,建设新环保设施及购置新设备的需求有所下降。但当年,筠诚和瑞凭借新客户开拓和新领域布局,营业收入和净利润均实现了同比增加。

综上,报告期各期,随着�诚和瑞环保工程的应用领域逐渐多元化,关联交易形成的收入和利润占比均逐渐下降,筠诚和瑞独立拓展客户的能力得到了有效验证。因此,关联交易对筠诚和瑞独立经营不构成重大不利影响。此外,筠诚和瑞向关联方提供的环保工程项目及环保项目运营服务,定价公允,毛利率与非关联方同类项目差异均具有合理性。因此,筠诚和瑞不存在通过关联交易调节业绩,或进行利益输送的情形。

总结:

关联交易是对于发行人独立性产生较大影响的重要因素之一。发行人为减少和规范关联交易,可以采取以下措施:

1. 拓展产品应用场景和客户群体,实现业务结构多元化。

2. 完善营销体系及销售策略,拓宽客户,开拓渠道。

3. 建立健全独立董事制度,监督关联交易是否公平、公正、公允。

4. 完善关联交易相关的决策程序,确保关联交易的公开、公平、公正。

5. 公司控股股东、实际控制人、持股5%以上的股东、董事、监事及高级管理人员出具规范并减少关联交易的承诺函。

三 关于系统独立性与稳定性

案例4:美智光电科技股份有限公司(股票简称:美智光电,深交所于2023年4月19日受理其发行上市申请)

【关注问题】

此前,美智光电出于提高管理效率的目的,遵从其控股股东美的集团股份有限公司(以下简称美的集团)统一安排并获授权使用部分办公系统、人力资源系统、业务系统(含产供销)和财务系统等,并支付使用费用。这一情况可能会对美智光电的独立性产生影响。

【披露信息】

根据披露文件,美智光电于2020年12月基本完成系统的独立性改造。截至2021年6月30日,美智光电系统内部控制制度得到了有效的执行,具体如下:

1. 美智光电员工在系统中拥有独立的账号及系统权限，日常财务核算流程独立于美的集团及关联公司。此外，美智光电建立了独立的财务核算体系，并独立作出财务决策，财务独立性不存在明显缺陷。

2. 美智光电财务人员和业务人员在系统中的操作权限由相关负责人审批把控，美的集团及各个下属子公司的员工未经美智光电审批无美智光电系统的查看、操作权限，因此无法直接修改和查看其中的业务数据。现场检查结果，不存在使用状态为非美智光电员工账号使用系统的情形。

3. 在美的集团整体控制层面，集团及各关联公司均有独立的业务系统、财务系统账号及权限；未经批准，集团及各关联公司禁止访问其他关联方的业务、财务系统，系统中的相关流程和业务、财务信息在美的集团及各关联公司之间实现了有效隔离。

4. 美智光电信息安全管理及数据访问关联、信息系统开发、测试和维护、信息科技运维管理层面建立了适当的内部控制制度且制度被有效执行。根据美的集团出具的相关承诺函，在美智光电使用授权系统期间，保证美智光电持续独立使用相关授权系统，在人员权限、业务数据、财务数据和业务流程方面与美智光电击器子公司实现有效隔离。保证美智光电完整、独立地使用系统，未经美智光电书面授权，美的集团不会对美智光电使用的相关系统及数据进行查看或者修改，不会干扰美智光电使用系统。

美智光电通过取得美的集团授权使用系统，并与美的集团签订了《IT专业服务协议》及《IT专业服务协议之补充协议》，就美的集团提供IT服务事项进行了明确约定，确保美智光电对美的集团系统的使用具有稳定性，不会对美智光电生产经营、独立性产生重大不利影响，基于美智光电与美的集团所签署协议中明确规定的责任和义务，以及美的集团的书面承诺，美智光电对美的集团所提供的系统服务的使用具有稳定性，对美智光电生产经营、独立性不构成重大不利影响。

2022年年底，为进一步提升公司IT系统的独立性，美智光电自行与第三方达成合作，建立由第三方独立提供的IT系统，并于2023年年初上线使用。同时，停用美的集团IT系统。2023年1月1日起，公司已建立独立的IT系统，与美的集团在信息系统方面实现完全分离，不再向美的集团支付IT系统使用费。因此，美智光电使用其控股股东美的集团系统的情况不会对美智光电的独立性产生重大不利影响。

总结：

发行人与控股股东共用系统并不当然影响发行人的独立性，需要对发行人在资产、业务、人员、机构、财务方面与控股股东、实际控制人及其控制的其他企业是否相互独立，是否能够独立开展生产经营、独自面向市场进行实质判断。

第五章 发行人的控股股东及实际控制人

注册制下，发行人除应当真实、准确、完整地披露股东信息外，更应强调控股股东和实际控制人的股权权属清晰。《公司法》及相关法律法规对控股股东和实际控制人有明确的界定：

1.《公司法》第265条规定，控股股东，是指其出资额占有限责任公司资本总额50%以上或者其持有的股份占股份有限公司股本总额50%以上的股东；出资额或者持有股份的比例虽然低于50%，但依其出资额或者持有的股份所享有的表决权已足以对股东会的决议产生重大影响的股东。实际控制人，是指虽不是公司的股东，但通过投资关系、协议或者其他安排，能够实际支配公司行为的人。

2.《深圳证券交易所股票上市规则》(2023年8月修订)第15.1条规定，控股股东指拥有上市公司控制权的股东。实际控制人指通过投资关系、协议或者其他安排，能够实际支配公司行为的自然人、法人或者其他组织。

3.《深圳证券交易所创业板股票上市规则》(2023年8月修订)第13.1条规定，控股股东指其持有的股份占公司股本总额50%以上的股东；或者持有股份的比例虽然不足50%，但依其持有的股份所享有的表决权已足以对股东大会的决议产生重大影响的股东。实际控制人指通过投资关系、协议或者其他安排，能够实际支配公司行为的人。

4.《上海证券交易所股票上市规则》(2023年8月修订)第15.1条规定，控股股东指其持有的股份占公司股本总额50%以上的股东；或者持有股份的比例虽然不足50%，但依其持有的股份所享有的表决权已足以对股东大会的决议产生重大影响的股东。实际控制人指通过投资关系、协议或者其他安排，能够实际支配公司行为的自然人、法人或者其他组织。

5.《北京证券交易所股票上市规则(试行)》第12.1条规定，实际控制人，是指通过投资关系、协议或者其他安排,能够支配、实际支配公司行为的自然人、法人或者其他组织。控股股东,是指其持有的股份占上市公司股本总额50%以上的股东;或者持有股份的比例虽然不足50%,但依其持有的股份所享有的表决权已足以对股东大会的决议产生重大影响的股东。

6.《〈首次公开发行股票注册管理办法〉第十二条、第十三条、第三十一条、第四十四条、第四十五条和〈公开发行证券的公司信息披露内容与格式准则第57号——招股说明书〉第七条有关规定的适用意见——证券期货法律适用意见第17号》(以下简称《证券期货法律适用意见第17号》)指出实际控制人是指拥有公司控制权、能够实际支配公司行为的主体。发行人应当在招股说明书中披露公司控制权的归属、公司的股权及控制结构,并真实、准确、完整地披露公司控制权或者股权及控制结构可能存在的不稳定性及其对公司的持续经营能力的潜在影响和风险。

第一节 查验程序

一 查验文件

1. 股份公司设立时的工商档案:应至少包括发起人协议、设立时的公司章程、三会文件、股东身份证明文件(自然人股东身份证、法人股东营业执照、其他经济组织主体资格文件)。

2. 现行《公司章程》及三会资料(三会决议及表决票等)、内部规章制度。

3. 现有股东身份证明(自然人股东身份证及亲属关系证明、法人股东营业执照、其他经济组织主体资格文件)。

4. 历史上自然人股东入股、退股(含工会、职工持股会清理等事项)的入股或股权转让协议、股权转让款收付凭证、工商登记资料、主管部门批复文件、工会开展活动的情况、对职工持股会持股人员的访谈、员工入股前后三至六个月的银行流水。

5. 国家企业信用信息网、信用中国、中国人民银行征信中心及第三方查询平台(如企查查等)的法人股东基本信息及合规情况。

6. 法人或其他机构股东合规证明、自然人股东无犯罪记录证明。

7. 申报前一年新增股东的基本情况，如新股东为法人或其他经济组织，则核查其工商登记之股权架构及实际控制人基本信息。

8. 股东锁定股份承诺是否存在一致关系承诺、一致行动协议等相关文件。

9. 资产管理产品、契约型私募投资基金的工商登记信息，基金业协会管理人登记信息、资产管理合同、基金合同、投资人名册、资金来源。

二 查验要点

1. 发起人或股东目前是否依法存续。

2. 发起人或股东是否具有法律、法规规定担任发起人或进行出资的资格，是否存在限制或者禁止投资的情形。

3. 是否存在工会和职工持股会直接或间接持股的情况。工会是否具有法人资格，是否为适格股东。如原存在工会和职工持股会，但已进行了转让，是否已履行完有关法定程序，入股或股权转让协议、款项收付凭证、工商登记资料等法律文件是否齐备，是否存在委托持股或信托持股情形，是否存在纠纷或潜在纠纷。如存在，相关纠纷对发行人股权清晰稳定的影响。

4. 是否披露了发行人控股股东与其他主要股东或有实质控制权股东的基本情况。

5. 控股股东如为夫妻，报告期内夫妻关系是否稳定。

6. 共同实际控制人之间是否签署一致行动协议、一致行动关系承诺等。

7. 是否存在资产管理产品、契约型私募投资基金支持持有发行人股份。控股股东、实际控制人或第一大股东不属于资产管理产品、契约型私募投资基金，是否依法设立并有效存续，是否已纳入国家金融监管部门有效监管，并已按照规定履行审批、备案或报告程序，其管理人是否已依法注册登记；资产管理产品、契约型私募投资基金是否已作出合理安排，是否符合现行锁定期和减持规则要求，相关当事人是否作出承诺；通过协议转让、特定事项协议转让和大宗交易方式形成的资产管理产品、契约型私募投资基金股东，发行人的控股股东、实际控制人、董事、监事、高级管理人员及其近亲属，本次发行的中介机构及其负责人、高级管理人员、经办人员是否直接或间接在该等资产管理产品、契约型私募投资基金中持有权益。

8. 法人或其他形式股东穿透后有无股东不适格的情况;股东是否存在代持;股东之间有无关联关系。

9. 申报前12个月内通过增资或者股权转让引入的新股东的基本情况;新股东入股原因;增资或者股权转让的价格及定价依据;股权变动是否是双方真实意思表示,是否存在争议或者潜在纠纷;新股东与发行人其他股东、董事、监事、高级管理人员、本次发行中介机构及其负责人、高级管理人员、经办人员是否存在亲属关系、关联关系、委托持股、信托持股或其他利益输送安排。

第二节 发行人的控股股东及实际控制人相关案例

一 工会持股或存在员工持股会

工会和员工持股会的存在有其特殊的历史背景。随着国企改制的完成,他们的历史任务和作用已经完成,亦需要逐步退出历史舞台并逐步清理。根据《中国证券监督管理委员会法律部关于职工持股会及工会持股有关问题的法律意见》,为防止发行人借职工持股会及工会的名义变相发行内部职工股,甚至演变成公开发行前的私募行为,以及由于民政部门不再接受职工持股会的社团法人登记导致职工持股会不再具备法人资格,因此发行人的控股股东以及实际控制人不得存在职工持股会及工会持股,但如工会或职工持股会持有拟上市公司或已上市公司的子公司股份的,可以不要求其清理。

清理工会和员工持股会一般有以下几种方法:股权转让、股份回购、间接持股、股份还原等。但无论采取哪种方法,都需要对工会及员工持股会的形成及现状做完整披露,如介绍形成背景及过程、主管部门同意清理撤销的批复、职工大会或职工代表大会对处理方案的决议、签署股权转让协议等相关文件等。总体而言,清理工会和员工持股的问题解决思路并不会特别复杂,但由于涉及人数众多,并且具有一定的历史背景,因此需要中介机构综合研判后提出合理可行的方案,逐步推进,避免造成不可挽回的损失。

案例 1:张小泉股份有限公司(股票简称:张小泉,股票代码:301055.SZ)

【关注问题】

工会是否具有法人资格,是否为适格股东,间接持有发行人股份是否合法合规,工会持股入股及退股是否按照当时有效的法律法规履行了相应程序,入股或股权转让协议、款项收付凭证、工商登记资料等法律文件是否齐备,是否存在委托持股或信托持股情形,是否仍存在争议或潜在纠纷;如存在,相关纠纷对发行人股权清晰稳定的影响。

【披露信息】

1. 2001 年 1 月 4 日,杭州张小泉集团有限公司工会委员会(以下简称张小泉集团工会)取得杭州市总工会核发的工法证字第 110100516 号《工会法人资格证书》,确认该工会具备法人条件,依法取得工会法人资格。因此,张小泉集团工会具有法人资格。

2. 2020 年 3 月 30 日,杭州市人民政府出具杭政〔2020〕8 号《关于确认杭州张小泉集团有限公司(杭州张小泉剪刀厂)历史沿革有关情况的请示》,认为杭州张小泉集团公司(杭州张小泉剪刀厂)历史产权界定合法合规、真实有效,产权不存在纠纷或潜在纠纷;杭州张小泉集团有限公司的改制符合当时法律法规及政策的规定,不存损害国有、集体及企业职工权益的情形,改制程序及结果合法、有效。

3. 截至 2012 年 2 月,张小泉集团工会持有张小泉集团 46,968 元出资额,占张小泉集团注册资本的 0.2793%,工会共有六名持股会员,分别为封某珍、钟某芳、袁某英、包某成、葛某标及周某民。自 2017 年 8 月起,张小泉集团与前述六名通过张小泉集团工会持股的持股会员协商回购其所持股权相关事宜,拟对张小泉集团工会持股问题进行清理。除一名持股人员不同意配合张小泉集团清理张小泉集团工会持股问题外,其余五名持股成员均同意出让其通过张小泉集团工会持有的张小泉集团出资额共计 46,642 元的股权,同时入伙杭州臻泉投资合伙企业(有限合伙,系发行人的员工持股平台),间接持有发行人股权。

发行人的控股股东或实际控制人并非职工持股会或工会,间接股东虽然存在工会持股情况,但张小泉集团工会仅持有张小泉集团 326 元出资额,其持有的股权仅涉及周某民一名持股会会员,股权权属不存在潜在争议或纠纷。且张小泉集团工会仅持有张小泉集团 0.0019% 的股权,不会对发行人的控制权稳定产生不利影响。

4. 根据张小泉集团工会的声明,其持有的张小泉集团的股权不存在委托持股或信托持股的情形。

5. 对于通过张小泉集团工会(职工持股会)持股或自然人直接持股的职工持股人员,发行人律师就持股人员原持有的股份数、转让时是否是其真实的意思表示、是否已收到全部转让款、是否存在争议或纠纷等问题对原持股人员进行了访谈。共计访谈持股人员433人(含历史上曾直接持股的职工股东),占职工持股会设立之初总持股人员(去除8名过世人员及5名空挂人员)的54.67%,访谈持股人员持股总数为3,416,458股,占职工持股会设立之初总持股数量的62.40%。

案例2:金鹰重型工程机械股份有限公司(股票简称:金鹰重工,股票代码:301048.SZ)

【关注问题】

发行人控股股东、实际控制人是否存在职工持股会或工会持股的情形;职工持股会的真实性、合法性及是否存在纠纷或潜在纠纷;职工持股会的成立、入股、出资、股权转让及退股过程,相关过程是否存在违法违规;是否存在委托持股、信托持股等情况;清理过程是否履行完备的法律程序,是否存在纠纷或潜在纠纷。

【披露信息】

1. 经查阅发行人各股东、实际控制人的公司章程、国家企业信用信息公示系统以及简介股东披露的公告文件,发行人控股股东、实际控制人及其他股东均不存在职工持股会或工会持股的情形。发行人不存在合并报表范围内控股子公司,仅存在一家参股子公司,亦不存在职工持股会或工会持股的情形。

2. 发行人在2001年由襄樊轨道车辆工厂改制为金鹰轨道车公司时曾存在职工持股会依托工会持股的情况。该情况已予以规范清理。

(1)职工持股会的退出:2008年,金鹰轨道车公司工会召开职工持股会会员代表大会,同意将职工持股会持有的公司48%的股权分别转让给四家职工持股平台,并签署股权转让协议、支付转让价款,完成工商变更登记手续。公司当时的另一股东已书面放弃有限购买权。

(2)四家职工持股平台的退出:2009年,金鹰轨道车公司召开股东会,同意四家持股平台将持有的全部股权转让给武汉多元集团,并签署股权转让协议、支付转让价款,完成工商变更登记手续。公司当时的其他股东已书面放弃有限购买权。

3. 职工持股规范过程中,四家职工持股平台转让发行人股权时存在未对受让股权进行资产评估的瑕疵,但针对该次股权转让事项,发行人控股股东和实际控制人已分别出具文件，确认不存在国有资产流失或损害国家、集体及第三人利益的情况。该瑕疵不构成本次发行的实质性障碍。

总结：

拟 IPO 企业如存在员工持股会或工会持股，都会构成发行上市的实质性障碍，需要尽快清理。清理过程中需要重点关注：职工持股会存续期间对发行人的历次出资及转让是否履行了必要的批准或确认程序；是否存在纠纷或潜在纠纷；是否存在通过协议、信托或其他任何方式代替任何他方持有的情形。

二　资产管理产品、契约型私募投资基金的股东清理

《监管规则适用指引——发行类第 4 号》针对原在新三板挂牌期间形成契约型基金、信托计划、资产管理计划等"三类股东"，按照《关于规范金融机构资产管理业务的指导意见》的规定，将对"三类股东"的核查修改为资产管理产品、契约型私募投资基金作为发行人股东的核查要求。

根据《关于规范金融机构资产管理业务的指导意见》的规定，拟 IPO 企业中存在的资产管理产品包括但不限于银行非保本理财产品，资金信托，证券公司、证券公司子公司、基金管理公司、基金管理子公司、期货公司、期货公司子公司、保险资产管理机构、金融资产投资公司发行的资产管理产品等。

注册制下，中介机构及发行人对于资产管理产品、契约型私募投资基金直接持有发行人股份，核查的关注重点包括：(1)拟 IPO 企业的控股股东、实际控制人、第一大股东不属于资产管理产品、契约型私募投资基金。(2)确保资产管理产品、契约型私募投资基金依法设立并有效存续，已纳入国家金融监管部门有效监管，并按规定履行审批、备案或报告程序，其管理人已依法注册登记。(3)对资产管理产品、契约型私募投资基金股东进行信息披露。通过协议转让、特定事项协议转让和大宗交易方式形成的资产管理产品、契约型私募投资基金股东，应对控股股东、实际控制人、董事、监事、高级管理人员及其近亲属，以及本次发行的中介机构及其负责人、高级管理人员、经办人员是否直接或间接在该等资产管理产品、契约型私募投资基金中持有权益进行核查并发表明确意见。(4)确认资产管理产品、契约型私募投资基金已作出合理安排，符合现行锁定期和减持规则。

案例3：远江盛邦（北京）网络安全科技股份有限公司（股票简称：盛邦安全，股票代码：688651.SH）

【关注问题】

发行人机构股东及其上层股东是否符合相关监管要求。

【披露信息】

1.发行人共有非自然人股东13名。其中，8家机构股东均未采取非公开方式向投资者募集资金，不属于《私募投资基金监督管理暂行办法》《私募投资基金登记备案办法》中所指的私募投资基金，无须进行相关私募投资基金管理人登记及基金备案程序；另外5家机构股东均为已办理私募基金备案手续的私募投资基金，其管理人均已完成私募基金管理人登记。

2.发行人直接股东中不存在资产管理产品、契约型私募投资基金。其中，发行人直接股东达晨创鸿于2020年10月入股发行人，通过其持有发行人股份的间接股东中存在资产管理计划及信托计划。截至2023年3月31日，发行人股东达晨创鸿的有限合伙人招商财富资产管理公司、瑞元资本管理有限公司、富安达资产管理（上海）有限公司及兴业财富资产管理有限公司系资产管理计划出资，且该等资产管理计划均已完成产品备案。

3.前述股东不是发行人控股股东、实际控制人、第一大股东。

案例4：浙江晨泰科技股份有限公司（创业板，已问询）

【关注问题】

发行人三类股东信息披露及核查要求是否符合《监管规则适用指引——发行类第4号》，是否能够实现锁定安排并符合锁定期和减持规则要求，是否构成本次发行上市实质性障碍。

【披露信息】

1.公司控股股东、实际控制人、第一大股东不属于资产管理产品、契约型私募投资基金。

2.发行人存在3名契约型私募基金股东，分别是雅儒成长投资、滦海啸阳凤鸣1号、滦海啸阳凤鸣2号，均依法设立并有效存续，已纳入国家金融监管部门有效监管，并按照规定履行审批、备案或报告程序，其管理人亦依法注册登记。

3.滦海啸阳凤鸣1号、滦海啸阳凤鸣2号系发行人在全国中小股份转让系统挂牌期间通过集合竞价的方式取得发行人股份的股东，雅儒成长投资系发行人在全国中小股份转让系统挂牌期间通过做市的方式取得发行人股份的股东。发行人不存在通过协议转让、特定事项协议转让和大宗交易方式形成的契约型私募投资基金股东。

4. 控股股东、实际控制人、董事、监事、高级管理人员及其近亲属，以及本次发行的中介机构及其负责人、高级管理人员、经办人员不存在直接或间接在发行人资产管理产品、契约型私募投资基金中持有权益的情况。

5. 滦海啸阳凤鸣 1 号、滦海啸阳凤鸣 2 号管理人已出具《关于三类股东股份锁定及减持安排的承诺函》，承诺滦海啸阳凤鸣 1 号、滦海啸阳凤鸣 2 号在晨泰科技上市后 12 个月内不减持、不转让或委托他人管理其各自所持有的晨泰科技股份。若滦海啸阳凤鸣 1 号、滦海啸阳凤鸣 2 号存续期在晨泰科技 IPO 之日起 12 个月内到期，滦海啸阳凤鸣 1 号、滦海啸阳凤鸣 2 号将首先调整存续期限以满足有关股票限售期和减持的相关规定；若未能完成调整存续期限，滦海啸阳凤鸣 1 号、滦海啸阳凤鸣 2 号应确保在晨泰科技 IPO 之日起 12 个月内，均不提出各自持有的晨泰科技股份进行清算出售的安排。

由于雅儒成长投资拒绝配合发行人 IPO 股东信息核查工作，中介机构无法获知其具体的延期期限以及是否有提前终止计划。根据《公司法》(2018 年修正)的规定，公司公开发行股份前已发行的股份，自公司股票在证券交易所上市交易之日起一年内不得转让。雅儒成长投资所持发行人股份须遵守前述锁定期的法定义务。即使其在发行人首发上市前存续期已到期，其所持发行人股份亦属于变现受限资产，须待该部分资产可变现后才可进行该部分资产的清算。

总结：

发行人的资产管理产品、契约型私募投资基金股东可以直接持有发行人股份，但须确保：

1. 发行人的控股股东、实际控制人、第一大股东不属于资产管理产品、契约型私募投资基金；

2. 资产管理产品、契约型私募投资基金依法设立并有效存续，已纳入国家金融监管部门有效监管，并按规定履行审批、备案或报告程序，其管理人已依法注册登记；

3. 发行人控股股东、实际控制人、董事、监事、高级管理人员及其近亲属，本次发行的中介机构及其负责人、高级管理人员、经办人员未在通过协议转让、特定事项协议转让和大宗交易方式形成的资产管理产品、契约型私募投资基金股东中持有权益；

4.资产管理产品、契约型私募投资基金已作出合理安排，符合现行锁定期和减持规则。

三 无实际控制人

要判断拟 IPO 企业是否具有实际控制人，需首先明确实际控制人的概念和认定标准。目前涉及实际控制人认定的法律法规主要包括：《公司法》第 216 条、《证券期货法律适用意见第 17 号》、《上市公司收购管理办法》第 84 条、三大证券交易所股票上市规则等。

认定发行人无实际控制人需要关注的主要问题包括：(1)发行人不存在实际控制人的认定依据，最近三年实际控制人是否发生变更；(2)股东之间受同一控制人控制的情况，股东之间是否具有关联关系、一致行动协议或委托表决、委托持股的情况；(3)发行人董监高的提名、选任情况，发行人是否建立完善的公司治理体系，无实际控制人情况下公司如何维持经营的稳定；(4)是否存在通过实际控制人的认定规避同业竞争的情形；(5)发行人在无实际控制人的情况下上市后保持股权和控制结构稳定的安排措施及合理性。

案例 5：生益电子股份有限公司(股票简称：生益电子，股票代码：688183. SH)

【关注问题】

发行人控股股东为广东生益科技股份有限公司(以下简称生益科技)，生益科技不存在实际控制人，发行人亦不存在实际控制人。结合最近两年内发行人控股股东生益科技股权结构及相关股东间是否存在一致行动关系或类似安排等情况，说明发行人无实际控制人的依据是否充分，在生益科技无实际控制人的情况下是否影响发行人生产经营稳定。

【披露信息】

1.发行人控股股东生益科技历年披露的年度报告显示，生益科技从 2007 年年度报告开始已明确认定生益科技不存在控股股东、不存在实际控制人。

生益科技最近两年股权结构保持稳定，但股权结构较为分散，无任何股东及其一致行动人持股比例达到30%,也无任何单一股东及其一致行动人可以对生益科技决策构成控制,发行人控股股东生益科技不存在实际控制人。

2. 发行人控股股东生益科技前三大股东不存在一致行动关系或类似安排,不存在单一股东根据生益科技公司章程的规定能够对生益科技构成控制的情况。

3. 在发行人控股股东生益科技无实际控制人的情况下,发行人保持了公司生产经营、管理团队持续稳定:

(1)发行人建立了健全的公司法人治理结构及规范有效的内部控制制度。

发行人依法建立了股东大会、董事会、监事会并聘任了高级管理人员,相应制定了规范有效的《公司章程》《股东大会议事规则》《董事会议事规则》《监事会议事规则》《独立董事工作细则》《董事会战略委员会议事规则》《董事会审计委员会议事规则》《董事会提名委员会议事规则》《董事会薪酬与考核委员会议事规则》《总经理工作细则》《董事会秘书工作细则》《关联交易管理制度》《对外担保管理制度》《对外投资管理制度》等法人治理制度文件,健全了内部控制体系。

(2)发行人具备独立性,并组建了稳定的管理团队和核心技术团队。

发行人业务独立,资产独立完整,具有独立完整的采购、生产、销售、研发系统,人员独立,机构独立,财务独立,且与高级管理人员及核心技术人员均签署了劳动合同,发行人组建了稳定的管理团队和核心技术团队。

(3)报告期内,公司生产经营稳定,主营业务收入和净利润呈持续快速增长趋势。

案例6:思瑞浦微电子科技(苏州)股份有限公司(股票简称:思瑞浦,股票代码:688536. SH)

【关注问题】

结合发行人的股权结构、章程规定、公司治理情况、股东大会及董事会决议情况,董事及高级管理人员的提名及任免情况,说明发行人认定无实际控制人的原因及依据是否充分,上市公保持股权和控制结构稳定的安排措施及可行性。

【披露信息】

1. 最近两年,发行人股权结构相对分散,单一股东控制股权比例均未超过30%。各股东之间存在的一致行动未实质改变发行人持股分散的状态。除已披露的情况外,各股东之间不存在一致行动安排,不存在通过投资关系、协议或其他安排共同控制发行人的情形,也不存在任一单一股东及其一致行动人合计持股比例超过30%的情形。

2. 根据发行人股权结构、章程规定、公司治理情况、股东大会及董事会决议情况，董事及高级管理人员的提名及任免情况，最近两年未有单一股东控制有表决权的股份数量超过公司股本总额的30%，或能够决定发行人董事会半数以上成员的任免，或依其控制的发行人股份表决权足以对发行人董事会、股东大会决议产生重大影响，抑或能实际支配或决定上市公司的重大经营决策、重要人士任命，因此，发行人不存在控股股东、实际控制人，发行人关于控股股东及实际控制人的认定符合《公司法》、《上市公司收购管理办法》及上市规则的相关规定，具有合理性。

3. 上市后保持股权和控制结构稳定的安排措施及可行性。

(1) 公司建立了规范的治理结构和健全的内部控制制度。

公司根据《公司法》《证券法》等法律法规和规范性文件的规定，设有健全的股东大会、董事会、监事会等内部治理结构，形成了权责明确、运作规范、相互制衡的公司治理机制。同时，公司建立了独立董事制度、董事会秘书制度，并在董事会下设战略委员会、审计委员会、提名委员会和薪酬与考核委员会等专门委员会，并根据监管部门对上市公司治理的要求，制订和完善了《公司章程》《股东大会议事规则》《董事会议事规则》《监事会议事规则》《独立董事工作制度》《总经理工作制度》等法人治理制度文件。完善的治理结构为公司规范运作提供了制度保证。公司制定了《对外担保管理制度》《对外投资管理制度》《关联交易管理制度》《内部审计管理制度》《信息披露管理制度》等相关内部控制制度。

(2) 公司相关股东已采取股份锁定等有利于公司股权机构稳定的措施，包括出具《关于股份流通限制及自愿锁定的承诺函》、关于不谋求控制权的承诺等。

总结：

一般情况下，判断拟IPO企业是否具有实际控制人需要综合考虑以下因素：直接或间接持股比例、对股东大会及董事会影响程度、对董监高提名及任免影响情况、公司整体的股权架构及各股东之间的持股比例、股东之间有无存在关联关系或协议等影响表决权的情形等。需要关注的是，如发行人认定无实际控制人，但第一大股东持股接近30%，其他股东比例不高且较为分散时，发行人律师应当对是否通过实际控制人认定规避发行条件或者监管并发表专项意见。

四 第一大股东不被认定为实际控制人

实际控制人是指拥有公司控制权,能够实际支配公司行为的主体。在确定公司控制权归属时,应当本着实事求是的原则,尊重企业的实际情况,以发行人自身的认定为主,由发行人股东予以确认。中介机构一般应当通过核查公司章程、协议或者其他安排以及发行人股东大会(股东出席会议情况、表决过程、审议结果、董事提名和任命等)、董事会(重大决策的提议和表决过程等)、监事会及发行人经营管理的实际运作情况,对实际控制人认定发表明确意见。发行人股权较为分散但存在单一股东控制比例达到 30% 的情形的,若无相反的证据,原则上应当将该股东认定为控股股东或者实际控制人。

案例 7:机械工业第九设计研究院股份有限公司(创业板上市委会议通过)

【关注问题】

未认定第一大股东为发行人控股股东的合理性。

【披露信息】

睿耘投资持有发行人 42.33% 的股权,虽为发行人第一大股东且持股比例超过 30%,但其系财务投资者,以获取投资回报为目的,未对发行人形成有效控制,亦未将发行人纳入合并财务报表;未向发行人委派任何高级管理人员或其他员工;无法单独决定发行人董事会、股东大会审议的重大事项或产生重大影响,无法单独决定发行人的经营方针、决策、经营管理层任免等重大事项,亦未通过相关协议约定或其他安排对发行人形成实际控制或实际支配发行人的行为。但其出具了《关于不谋求公司控制权的声明》《股份锁定及先手承诺函》《持股及减持意向承诺函》,不存在规避发行条件和监管的情况。

案例 8:浙江大农实业股份有限公司(股票简称:浙江大农,股票代码:831855.BJ)

【关注问题】

1. 结合发行人股权变动情况,相关法律法规、业务规则及公司章程,发行人股东大会(股东大会出席会议情况、表决过程、审议结果、董事提名和任命等)、董事会(重大决策的提议和表决过程等)运行情况、发行人经营管理的实际情况、利欧股份对发行人经营管理和营收业绩的影响,说明认定王某和应某琴为公司实际控制人的理由;

2. 发行人实际控制人及第一大股东持股比例相近,是否存在出现公司治理僵局的风险,是否存在控制权变动的风险。

【披露信息】

自发行人挂牌以来,公司实际控制权共经历两次变化。发行人在新三板挂牌时,公司的控股股东为利欧股份,实际控制人为王某荣。2018 年 7 月大农机械实际控制人王某仁(应某琴配偶)及其子王某收购利欧股份 21% 的股份,王某仁、应某琴通过大农机械间接持有浙江大农 30% 的股份。王某仁、王某、应某琴合计控制浙江大农 51% 的股份,直至 2019 年 4 月,利欧股份提名董事数量缩减为两人,利欧股份不再将发行人纳入其合并报表范围,至此浙江大农的控制权转让事项彻底完成。王某仁去世后,所持股份由王某和应某琴继承,现王某及应某琴共控制发行人 49.75% 的股份,为公司实际控制人;利欧股份持有发行人 43.72% 的股权,为公司第一大股东。

发行人自设立起,利欧股份虽曾在一定时期内控制发行人,但一直以持有发行人股份并获取投资回报为主要目的。发行人自设立起的日常经营管理均由其自身管理团队决策执行,利欧股份充分尊重考虑发行人自身管理团队的经营决策意见。利欧股份转让发行人的控制权后,已更大程度上体现了其为财务投资人的角色,将进一步确保发行人在业务、资产、财务、人员、机构等方面的独立性。

总结:

认定发行人第一大股东是否为实际控制人,要以实质重于形式的标准去界定,结合公司章程,发行人股东大会(股东大会出席会议情况、表决过程、审议结果、董事提名和任命等)、董事会(重大决策的提议和表决过程等)运行情况,发行人经营管理的实际情况,对发行人经营管理和营收业绩的影响等方面予以判断。若发行人第一大股东未被认定为实际控制人,除需说明其合理性外,还需说明公司治理、经营管理的稳定性和规范性,同时建议比照实际控制人的锁定期进行操作。但建议仍应比照实际控制人的锁定期及各项承诺予以合规化运作。

五 共同实际控制人

一般情况下,法定或约定形成的一致行动关系并不必然导致多人共同控制公司。根据《证券期货法律适用意见第 17 号》第 2 条的规定,发行人主张多人共同拥有公司控制权的，应当符合：

1. 每人都必须直接持有公司股份或者间接支配公司股份的表决权。

2. 发行人公司治理结构健全、运行良好，多人共同拥有公司控制权的情况不影响发行人的规范运作。

3. 多人共同拥有公司控制权的情况，一般应当通过公司章程、协议或者其他安排予以明确。公司章程、协议或者其他安排必须合法有效、权利义务清晰、责任明确，并对发生意见分歧或者纠纷时的解决机制作出安排。该情况在最近三十六个月（主板）或者二十四个月（科创板、创业板）内且在首发后的可预期期限内是稳定、有效存在的，共同拥有公司控制权的多人没有出现重大变更。

4. 根据发行人的具体情况认为发行人应当符合的其他条件。

因此，如认定非直系亲属的多人为共同实际控制人，主要应结合发行人的历史沿革，多人分别在发行人中担任的具体职务、管理事实、三会决策及公司章程、协议或其他安排等进行综合认定。主张通过一致行动协议共同拥有公司控制权但无第一大股东为纯财务投资人等合理理由的，一般不能排除第一大股东为共同控制人。共同控制人签署一致行动协议的，应当在协议中明确发生意见分歧或者纠纷时的解决机制。

案例9：上海丛麟环保科技股份有限公司（股票简称：丛麟科技，股票代码：688370.SH）

【关注问题】

宋某平、朱某德和邢某南为上海丛麟环保科技股份有限公司（以下简称丛麟环保）的共同实际控制人的理由。

【披露信息】

1. 根据公司现有股权结构，发行人不存在《公司法》规定的存在控股股东的情形。宋某平、朱某德和邢某南为公司的共同实际控制人，其通过各自持股平台共同控制丛麟环保，三人合计持有发行人60.5115%的表决权。

2. 自丛麟环保设立之初，宋某平、朱某德、邢某南即秉承着保持沟通、合作共赢的原则，以三方协商一致的方式，共同控制丛麟有限，共同对经营决策相关事项作出决定。目的是确保丛麟有限与上海天汉重组后，宋某平、朱某德、邢某南仍能够共同对丛麟有限的日常经营和决策层面形成绝对控制。2018年12月1日，宋某平、朱某德、邢某南签订《一致行动协议》，并于2020年11月26日丛麟有限整体变更为股份有限公司，为延续一致行动关系，明确在新的组织结构下采取一致行动的方式及其期限，宋某平、朱某德、邢某南签订《一致行动协议之补充协议》，约定宋某平、朱某德、邢某南在公司决策、公司经营层面，对各项事项的表决意见均保持一致，达成一致行动关系。若各方无法达成一致意见，则应当以“少数服从多数”的原则（以宋某平、朱某德、邢某南三方中，任意两方达成的一致意见）为准；如无法得出多数意见的，则以宋某平的意见为准。因此，宋某平、朱某德和邢某南在报告期内一直为公司的共同实际控制人。

3. 邢某南与邢某阳系父子关系，邢某阳系上海建阳的有限合伙人，持有上海建阳30%的财产份额，并间接持有发行人5.6396%的股份；朱某德与JMJ的股东朱某彬系父女关系，朱某彬在澳大利亚设立的独资公司JMJ系上海万颛的有限合伙人，持有上海万颛40%的财产份额，并间接持有发行人9.1064%的股份。但根据上海建阳、上海万颛的《合伙协议》、丛麟有限和发行人历次三会文件、发行人员工花名册、实际控制人、邢某阳及朱某彬的书面确认，邢某阳、朱某彬自始未在丛麟有限、发行人及其子公司任职，亦未担任过发行人的董事、监事、高级管理人员，未参与过丛麟有限、发行人及其子公司的决策。综上，邢某阳、朱某彬非发行人的共同实际控制人。

案例10：北京青云科技股份有限公司（股票简称：青云科技，股票代码：688316.SH）

【关注问题】

结合黄某松、甘某和林某的具体创业过程、加入时间、负责的业务及其对发行人经营管理所起到的作用，发行人最近两年内公司章程、协议或其他安排以及发行人历次股东大会（股东出席会议情况、表决权过程、审议结果、董事会提名和任命等）、董事会（重大决策的提议和表决过程等）、监事会及发行人经营管理的实际运作情况等，说明发行人是否由三人共同控制。

【披露信息】

黄某松、甘某和林某共同创立优帆科技，作为公司的联合创始人，该三人对发行人经营管理具有重大贡献及作用。最近两年内，黄某松、甘某和林某在发行人的合计持股比例最高，且一直处于相对控股地位；黄某松、甘某和林某能够在发行人层面共同决定董事会半数以上的非独立董事成员，并在历次董事选举上保持一致决策；黄某松、甘某和林某在历届股东会或股东大会、董事会中均表决一致；黄某松、甘某和林某一直共同对发行人的业务经营及发展起到决定性的作用。黄某松、甘某、林某于2019年7月15日签署《一致行动协议》,约定作为本公司股东或作为本公司董事行使权利、履行义务而对本公司的生产经营产生影响的事项进行决策或予以执行中应保持一致行动;如果经各方充分协商仍无法达成一致意见的,则各方均同意以各方中对公司持股比例最高者的意见为准保持一致行动。截至2021年2月7日,黄某松直接持有本公司18.92%的股份,并通过颖悟科技和冠绝网络间接持有本公司0.71%的股份;甘某直接持有本公司6.20%的股份;林某直接持有本公司3.10%的股份,并通过作为颖悟科技和冠绝网络的执行事务合伙人间接控制本公司5.20%的股份。三人合计直接持有本公司28.22%的股份,间接控制本公司5.20%的股份,共同控制本公司33.42%的股份,系本公司的共同控股股东及实际控制人。

总结:

认定发行人存在共同实际控制人情形时,应综合各方对发行人股东大会(股东大会出席会议情况、表决过程、审议结果、董事提名和任命等)、董事会(重大决策的提议和表决过程等)运行情况,发行人经营管理的实际情况,对发行人经营管理和营收业绩的影响等方面予以判断。如果不属于配偶、近亲属等天然存在共同控制关系的人员,建议通过签署《一致行动协议》确认共同控制状态。

六 报告期内实际控制人发生变动

由于实际控制人的变更对拟IPO企业的管理经营及持续盈利能力可能会产生重大不利影响,因此,IPO发行审核中实际控制人变更一直是一道警戒线。根据2023年2月17日施行的《首次公开发行股票注册管理办法》第12条的规定,首次公开发行股票并在主板上市的,最近三年实际控制人没有发生变更;首次公开发行股票并在科创板、创业板上市的,最近两年实际控制人没有发生变更。可知一般情况下,实际控制人发生变更会成为企业IPO过程中的实质障碍。且通常不应以股东间存在代持关系、表决权让与协议、一致行动协议等为由,认定公司控制权未发生变动。根据《证券期货法律适用意见第17号》第2条的规定,实际控制人为单名自然人或者有亲属关系的多名自然人,实际控制人去世导致股权变动,股份受让人为继承人的,通常不视为公司控制权发生变更。其他多名自然人为实际控制人,实际控制人之一去世的,保荐机构及发行人律师应当结合股权结构、去世自然人在股东大会或者董事会决策中的作用、对发行人持续经营的影响等因素综合判断公司控制权是否发生变更。

案例11:湖北中一科技股份有限公司(股票简称:中一股份,股票代码:301150.SZ)

【关注问题】

实际控制人变更对公司生产经营和内部管理是否构成重大不利影响。

【披露信息】

1.2021年发行人原控股股东、实际控制人汪某平去世,汪某依据汪某平生前与其配偶所订立协议书以及所立有效遗嘱继承汪某平原持有的发行人56.38%的股份,相关协议书及遗嘱真实、合法、有效,相关方对汪某继承上述56.38%的股份没有异议,不存在纠纷或潜在纠纷。虽然前述遗嘱未经公证机构公证,订立时无律师在场见证,但依据当时适用的《继承法》等法律法规的规定,公证遗嘱不是唯一有效的遗嘱形式,遗嘱的见证人中无须包含律师,因此,未经公证机构公证及无律师在场见证不影响遗嘱的法律效力。

2.汪某能对发行人股东大会决议施加决定性或重大影响,能对发行人董事会成员的选任施加决定性影响,能对发行人高级管理人员选聘施加重大影响。

3.发行人业务开展、订单获取和公司管理对汪某平个人不存在重大依赖,且在汪某平去世后,发行人在采购、生产、销售、管理、研发等主要运营环节的负责人员及其负责内容均保持稳定,实际控制人变更未对发行人生产经营和内部管理及持续经营构成重大不利影响。

案例12:潍柴雷沃智慧农业科技股份有限公司(创业板,已问询)

【关注问题】

结合《证券期货法律适用意见第17号》的相关规定,说明报告期内一次实际控制人变更(2020年12月实控人由王某玉变更为山东重工)、两次控股股东变更事项对控制权稳定性的影响。

【披露信息】

1.自2020年12月至2021年7月,潍柴集团为公司控股股东,持股比例超过50%,其他单一持股超过5%的股东天津雷沃与潍柴集团持股比例仍有较大差距。自2021年7月至2022年6月,潍柴集团为公司控股股东,其他单一持股超过5%的股东潍柴动力与潍柴集团属于同一实际控制人山东重工。自2022年6月至今，潍柴动力为公司控股股东，其他单一持股超过5%的股东潍柴集团与潍柴动力属于同一实际控制人山东重工。

2. 2020年12月至今，公司实际控制人山东重工通过其控股地位能对发行人股东大会决议产生重大影响，能实际控制发行人股东大会的决策。根据《证券期货法律适用意见第17号》第2条的相关规定，发行人最近二十四个月内持有、实际支配公司股份表决权比例最高的主体发生变化，但变化前后的主体属于同一实际控制人，不视为公司控制权发生变更。

3. 发行人现有6名非独立董事、2名非职工监事，均由实际控制人山东重工控制的下属企业提名，实际控制人能够对发行人董事会、监事会决策及高级管理人员的任免产生重大影响。

4. 报告期内，发行人整体的经营规模和盈利水平呈现稳步增长态势。自2020年12月山东重工取得发行人控制权以来，发行人农业装备板块的营业收入和净利润水平呈现上升趋势，盈利能力明显增强。

因此，报告期内发行人实际控制人从王某玉变更为山东重工，对公司生产经营产生了重要积极影响，发行人农业装备板块收入与净利润规模呈现上升趋势。未出现可能对发行人控制权稳定性产生不利影响的情形，不存在影响发行人持续经营能力的情形。

总结：

虽然实际控制人发生变更会成为企业IPO过程中的实质障碍，且通常不应以股东间存在代持关系、表决权让与协议、一致行动协议等为由，认定公司控制权未发生变动。但如实际控制人为单名自然人或者有亲属关系的多名自然人，实际控制人去世导致股权变动，股份受让人为继承人的，通常不视为公司控制权发生变更。另外，如果发行人最近三十六个月（主板）或者二十四个月（科创板、创业板）内持有、实际支配公司股份表决权比例最高的主体发生变化，但变化前后的主体属于同一实际控制人，亦不被视为公司控制权发生变更。

第六章

发行人的股本及其演变

第一节　查验程序

一　查验文件

1. 发行人的工商内档；

2. 发行人历次换发的营业执照；

3. 发行人历次修订的公司章程或公司章程修正案；

4. 发行人设立时的股东协议、出资合同、发起人协议（如有）；

5. 发行人设立及历次变更的核准文件、批复（如有）；

6. 发行人历次股本变更的股东决定或股东（大）会决议、增资协议、股东协议、股权转让协议；

7. 股东出资的出资凭证、验资报告；

8. 股东以非货币资产出资的，对非货币资产的评估报告；

9. 以非货币资产出资的，该等非货币资产交付及过户到发行人名下的证明文件；

10. 以非货币资产出资的，股东为该等资产所有权人的证明文件，如原权属证书、购买该等资产的合同、发票等；

11. 股权转让支付凭证及个税缴纳凭证（如有）；

12. 国有股东历次股权变动的审批文件、评估报告等（如有）；

13. 外资股东历次股权变动的审批文件等（如有）。

二 查验要点

1. 发行人设立以来历次股权变动过程是否曾经存在瑕疵或者纠纷，主要如下：

(1)是否按照当时法律法规及公司章程的规定履行内部决策程序，股权变动的内容、方式是否符合内部决策批准的方案；

(2)是否签署相关协议，相关协议是否违反法律法规规定；

(3)发行人设立以来是否涉及国有资产、集体资产、外商投资管理事项，是否需要取得国有资产管理部门、集体资产管理部门、外商投资管理部门等有权部门的批准或者备案；

(4)是否履行了必要的审计、验资等程序，或者存在虚假出资、抽逃出资等情况；

(5)发起人或者股东的出资方式、比例、时间是否符合法律法规规定；

(6)发起人或者股东以非货币财产出资的，用于出资的财产产权关系是否清晰，是否存在设置抵押、质押等财产担保权益或者其他第三方权益，被司法冻结等权利转移或者行使受到限制的情形，或存在重大权属瑕疵、重大法律风险；

(7)发起人或者股东以非货币财产出资的，是否履行出资财产的评估作价程序，或者办理出资财产的权属转移手续；

(8)发起人或者股东以权属不明确或者其他需要有权部门进行产权确认的资产出资的，是否得到相关方的确认或者经有关部门进行权属界定；

(9)股权变动需要得到发行人、其他股东、债权人或者其他利益相关方的同意的，是否取得相关同意，需要通知债权人或者予以公告的，是否履行相关程序；

(10)股权变动定价依据是否合理、资金来源是否合法、价款是否支付、相关税费是否缴纳；

(11)是否存在股权代持、信托持股等情形；

(12)发起人或者股东之间就股权变动事宜是否存在纠纷或潜在纠纷。

2. 发行人设立以来是否存在工会及职工持股会持股或者自然人股东人数较多情形。

3. 对于历史沿革涉及较多自然人股东的发行人，历次股权变动是否真实、所履行的程序是否合法，是否存在委托持股或信托持股情形，是否存在纠纷或潜在纠纷等。

4. 发行人申报时是否存在已解除或正在执行的对赌协议。

第二节　股本及演变相关案例

一　涉嫌虚假出资或抽逃出资

《公司法》第49条规定,股东应当按期足额缴纳公司章程中规定的各自所认缴的出资额。股东以货币出资的,应当将货币出资足额存入有限责任公司在银行开设的账户;以非货币财产出资的,应当依法办理其财产权的转移手续。股东未按期足额缴纳出资的,除应当向公司足额缴纳外,还应当对给公司造成的损失承担赔偿责任。第53条第1款规定,公司成立后,股东不得抽逃出资。第252条规定,公司的发起人、股东虚假出资,未交付或者未按期交付作为出资的货币或者非货币财产的,由公司登记机关责令改正,处以5万元以上20万元以下的罚款。第253条规定,公司的发起人、股东在公司成立后,抽逃其出资的,由公司登记机关责令改正,处以所抽逃出资金额5%以上15%以下的罚款。

据此,股东是否根据公司法及公司章程的规定按期足额向公司缴纳认缴的出资额、是否存在虚假出资、抽逃出资行为,不仅关系到公司注册资本是否充实,还可能涉及民事纠纷、行政处罚乃至刑事责任,对于是否能成功上市至关重要。

案例1:三未信安科技股份有限公司(股票简称:三未信安,股票代码:688489.SH)

【关注问题】

股东借款完成出资验资再归还相关款项是否构成抽逃出资,是否构成重大违法违规行为,对本次发行上市的影响。

【披露信息】

1.有限公司设立涉及的资金流转过程

发行人前身为三未有限,成立于2008年8月18日,设立时注册资本为1000万元,其中徐某锋以货币出资600万元,乔某以货币出资400万元,均为向代办中介借款出资。

出资完成后,2008年8月26日,由三未有限向代办中介指定的潘饰凯丝(北京)

商贸有限公司[现更名为世界通联(北京)科技有限公司,以下简称潘饰凯丝]汇款 1000 万元,以偿还前述向代办中介 1000 万元借款及银行存款利息。

公司、代办中介和潘饰凯丝已出具情况说明,确认三未有限向股东提供借款并支付给潘饰凯丝,归还了股东向代办中介的借款,相关债务已清偿,前述借款事宜不存在任何纠纷争议或潜在纠纷争议。

2. 张某公、罗某贤偿还股东对公司的借款

有限公司设立后,2008 年 8 月至 9 月,三未有限股东通过垫付公司装修、设备采购款项形式合计冲减借款 240.8 万元。此后,创始股东张某公、罗某贤以支付货币资金的方式向三未有限偿还前述借款剩余差额部分共 759.4 万元。

经核查确认,2008 年 8 月至 9 月三未有限股东垫付公司装修、设备采购款项相关的采购合同、发票齐备,但发行人及各创始股东均未留存相应付款凭证。发行人实际控制人张某公于 2021 年 6 月向发行人支付 240.6 万元和 0.2 万元,充实上述偿还借款行为。至此,张某公、罗某贤以货币资金形式合计偿还了创始股东对公司的 1000.2 万元全部借款。

3. 股东确认及专项复核

公司创始股东张某公、罗某贤、徐某锋、范某骏共同出具了《关于北京三未信安科技发展有限公司设立时出资及股权调整的说明》,确认张某公、罗某贤已通过货币资金方式偿还有限公司设立时三未有限借予创始股东的 1000.2 万元。

张某公、罗某贤自愿为其他创始股东承担还款义务,不会向其他创始股东主张还款权利。

2021 年 6 月 28 日,立信出具《三未信安科技股份有限公司还款复核专项报告》(信会师报字〔2021〕第 ZG11703 号),对股东偿还借款 759.4 万元及 240.8 万元专项出资事项进行复核,确认“已针对公司相关股东偿还借款及专项出资事项获取了充分适当的审计证据,未见重大异常”。

4. 是否构成抽逃出资,是否构成重大违法违规行为

上述设立出资款项由于系由代办中介借款给创始股东向公司出资,而相关股东在出资完成后所产生的股东借款系由公司支付给代办中介指定方,相关过程存在瑕疵,但不存在抽逃出资的情形。

当时有效的《国家工商行政管理总局关于股东借款是否属于抽逃出资行为问题的答复》的规定:“公司借款给股东,是公司依法享有其财产所有权的体现,股东与公

司之间的这种关系属于借贷关系，合法的借贷关系受法律保护，公司对合法借出的资金依法享有相应的债权，借款的股东依法承担相应的债务。因此，在没有充分证据的情况下，仅凭股东向公司借款就认定为股东抽逃出资缺乏法律依据。”

根据《最高人民法院关于适用〈中华人民共和国公司法〉若干问题的规定(三)》第12条的规定，公司成立后，公司、股东或者公司债权人以相关股东的行为符合下列情形之一且损害公司权益为由，请求认定该股东抽逃出资的，人民法院应予支持：(1)制作虚假财务会计报表虚增利润进行分配；(2)通过虚构债权债务关系将其出资转出；(3)利用关联交易将出资转出；(4)其他未经法定程序将出资抽回的行为。

经发行人律师核查，创始股东前述行为产生的原因系在设立资金缺乏的背景下，通过第三方借款取得资金来源，再通过向公司借款归还第三方的款项，形成了创始股东向三未有限的关联借款，创始股东张某公、罗某贤已经以支付货币资金的方式归还了上述关联借款，无对公司财产的故意侵害，不构成利用关联交易将出资转出的行为，不属于《最高人民法院关于适用〈中华人民共和国公司法〉若干问题的规定(三)》规定的抽逃出资的情形，不构成重大违法行为。自2008年至今，未发生公司其他股东、公司债权人以创始股东上述行为损害公司权益为由，请求人民法院认定其抽逃出资情形；公司亦未受到工商管理部门的相关处罚。

2021年12月1日，发行人召开2021年第三次临时股东大会，经全体股东一致同意，审议通过了《关于公司历史沿革相关事项确认的议案》，确认公司全体股东已知悉创始股东上述借款的形成情况，并确认上述借款已足额归还，未损害各股东权益，不会就上述借款事项追究创始股东的责任。

北京市朝阳区市场监督管理局已出具企业信息查询结果，确认公司近三年内(2018年7月10日至2021年7月9日)无违反市场监督管理法律、法规受到北京市朝阳区市场监督管理局行政处罚的案件记录。

此外，发行人实际控制人张某公出具承诺，如公司因设立涉及相关事宜受到任何公司登记机关、行政主管部门追诉、处罚的，或者受到任何民事主体提出经济赔偿要求的，均由张某公承担全部法律责任。

案例2：上海瑞晨环保科技股份有限公司(股票简称：瑞晨环保，股票代码：301273.SZ)

【关注问题】

1.2011年瑞晨有限增加公司注册资本至500万元的背景及原因，公司在收到出资款的第二天便将相关款项出借给股东陈某东、陈某锋的行为是否符合“由于公司业务发展的需要”的论述。

2. 补充说明陈某东、陈某锋与瑞晨有限签署借款合同的时间，第三方中介机构的具体情况，瑞晨有限未将借款直接转至陈某东、陈某锋而向第三方中介机构指定收款方转账的原因，发行人是否可能因上述行为面临法律风险。

3. 补充说明认定前述借款行为于 2014 年 7 月终止的依据，2014 年 7 月后陈某东、陈某锋是否存在向发行人借款的情形以及具体情况。

【披露信息】

1. 根据发行人律师访谈发行人实际控制人陈某东，2011 年瑞晨有限属于初创阶段，当时目标客户对于供应商的注册资本有一定的要求，瑞晨有限为了尽快进入风机、水泵的市场，公司通过增加注册资本的方式满足目标客户的要求，提升自身的信誉度，从而进一步开拓业务。

根据发行人律师访谈陈某东、陈某锋，根据当时适用的《公司法》（2005 年修订）第 29 条及《公司登记管理条例》（2005 年修订）第 31 条规定，瑞晨有限增资必须完成验资事宜，因当时陈某东、陈某锋资金缺乏，遂通过向第三方中介机构借款的方式完成本次增资的验资工作。瑞晨有限完成增资后，陈某东、陈某锋考虑到第三方中介机构的借款存在资金成本，因此第二天即以借款的方式委托瑞晨有限向第三方中介机构指定的收款方偿还全部借款。

结合上述，发行人律师认为，瑞晨有限当时增加注册资本主要目的是进一步开拓目标客户的业务，因股东资金缺乏且借款存在资金成本，因此第二天即通过股东借款方式归还第三方中介机构借款，增资行为符合“由于公司业务发展的需要”的论述。

2. 根据陈某东、陈某锋与瑞晨有限签署的借款协议，陈某东、陈某锋与瑞晨有限签署借款合同的时间为 2011 年 1 月 18 日。

根据发行人律师访谈上海雷铤（原名为上海雷铤投资有限公司，2015 年 6 月更名为上海雷铤金融信息服务有限公司）实际控制人刘某清；访谈发行人实际控制人陈某东、股东陈某锋；查阅上海雷铤出具的确认及上海雷铤 2011 年 1 月作为指定收款方的银行流水，确认 2011 年 1 月系由上海雷铤向陈某东、陈某锋合计提供借款 490 万元。

上海雷铤系于 2009 年 4 月 21 日成立的有限责任公司，统一社会信用代码为

91310115688705569K，法定代表人兼执行董事为刘某清，注册资本5000万元，注册地址为上海市浦东新区杨高北路528号14幢1A28室，经营范围为“金融信息服务（除金融业务），接受金融机构委托从事金融信息技术外包、金融业务流程外包、金融知识流程外包，实业投资，投资管理，投资咨询，商务咨询，企业兼并重组策划，资产管理”。截至本补充法律意见书出具日，刘某清持有上海雷铤90%的股权、刘某英持有上海雷铤10%的股权。

根据发行人确认，发行人首次申报前，因本次验资时间久远且验资报告所附银行凭证为现金存款单，陈某东、陈某锋回忆当时系第三方中介机构提供的借款，相关借款已归还至第三方中介机构的指定收款方，但具体公司名称无法回忆，发行人考虑到相关债权债务已消灭且已超过10年，因此首次申报出于真实性的考虑披露借款方为第三方中介机构；首轮问询时，发行人意识到第三方中介机构身份的重要程度，通过多方努力与指定收款方上海雷铤取得联系，上海雷铤当时表示因历史久远仅愿意对不存在债权债务的纠纷予以确认；本轮问询时，发行人再次与上海雷铤取得联系，通过多方努力调取了上海雷铤的银行流水，并与上海雷铤当时的实际控制人和具体经办人员刘某清进行了访谈，陈某东、陈某锋及刘某清基于上海雷铤流水的回忆均认定上海雷铤为第三方中介机构。

3. 根据发行人律师对陈某东、陈某锋的访谈确认，陈某东、陈某锋出于不熟悉个人与公司的转账业务、个人每日转账金额受限等因素，同时基于想简化资金周转程序和尽快归还借款的考虑，因此选择直接通过瑞晨有限将借款支付给上海雷铤及其指定收款方上海红乐化妆品有限公司（以下简称上海红乐）。补充核查获取的上海雷铤的银行流水显示，2011年1月18日，本次增资完成后，瑞晨有限向上海雷铤及上海红乐分别偿还借款资金300.00万元及190.00万元，同日，上海红乐又将190.00万元归还至上海雷铤，至此，陈某东及陈某锋与上海雷铤的债务已清偿完毕，双方不存在任何债权债务纠纷。

4. 发行人不会因上述行为面临法律风险。

（1）发行人不存在承担民事责任的法律风险。

根据发行人律师核查，股东陈某东、陈某锋本次出资来源系向上海雷铤的借款，完成股东出资后，以股东借款名义委托瑞晨有限向上海雷铤及其指定的收款方偿还借款资金，陈某东、陈某锋已于2014年7月底前向瑞晨有限偿还全部股东借款。因此，前述借款事宜的债权人系上海雷铤，债务人系陈某东、陈某锋，发行人当时仅对陈某东、陈某锋享有债权(后已于 2014 年 7 月结清)。

根据发行人律师访谈发行人实际控制人陈某东并经发行人律师检索公开信息,自 2011 年 1 月至今,发行人客户、供应商及债权人不存在因本次股东借款事项主张发行人违约的情形,本次股东借款已于 2014 年 7 月底前全部归还,不存在客户、供应商及债权人主张发行人违约的风险。

结合上述,发行人律师认为,发行人不存在承担民事责任的法律风险。

(2)发行人不存在承担行政、刑事责任的法律风险。

根据发行人律师核查,发行人与陈某东、陈某锋之间的资金拆借行为系自然人向企业借款,不适用《贷款通则》第 61 条“企业之间不得违反国家规定办理借贷或者变相借贷融资业务”的情形;《刑法》第 159 条规定,“公司发起人、股东违反公司法的规定未交付货币、实物或者未转移财产权,虚假出资,或者在公司成立后又抽逃其出资,数额巨大、后果严重或者有其他严重情节的,处五年以下有期徒刑或者拘役,并处或者单处虚假出资金额或者抽逃出资金额百分之二以上百分之十以下罚金”。发行人也不属于《刑法》第 159 条规定的犯罪主体。

根据当时适用的《公司注册资本登记管理规定》(2014 年修订)及《最高人民检察院、公安部关于严格依法办理虚报注册资本和虚假出资抽逃出资刑事案件的通知》,发行人不属于应当实行注册资本实缴登记制的公司,发行人及股东陈某东、陈某锋的资金拆借行为不存在被处以行政或刑事处罚的可能性。即便发行人股东陈某东、陈某锋被认定为抽逃出资,根据《行政处罚法》(2021 年修订)、《刑法》(2020 年修订)的相关规定,该等股东的相关行为已经超过行政处罚时效及刑事追诉时效,不存在导致发行人需要承担行政或者刑事责任的可能。

因此,发行人律师认为,发行人向自然人提供借款事项不存在行政或刑事处罚的法律风险。

(3)发行人实际控制人已出具承诺。

发行人的控股股东、实际控制人陈某东已于 2021 年 12 月就上述事项及行为出具专项《确认暨承诺函》:“如公司因本次增资事宜或股东向公司拆借资金受到公司登记机关、行政主管部门追诉、处罚的,或者存在任何民事主体主张任何权益的,均由本人承担全部法律责任并赔偿因此给公司造成的全部损失,保证不影响公司正常生产经营与持续发展。”

综上,发行人律师认为,发行人不存在因上述行为面临法律风险的情形。

5.根据陈某东、陈某锋的确认并经发行人律师核查,自2011年1月陈某东、陈某锋向瑞晨有限借款490万元之后,陈某东、陈某锋陆续向瑞晨有限归还借款,至2014年7月已经全部归还完毕,资金来源均为个人自筹资金,具体情况如表6所示:

表6 2012年7月至2014年7月陈某锋与陈某东向瑞晨有限还款明细

序号	还款时间	还款金额(万元)	还款方
1	2012年7月	100.00	陈某东
2	2013年11月	5.50	陈某东
3	2013年11月	24.50	陈某锋
4	2014年6月	20.00	陈某东
5	2014年7月	340.00	陈某东
合计		490.00	—

根据立信针对2011年1月瑞晨有限增资事项出具的《复核报告》,“经复核:股东完成上述出资后即以借款方式将人民币4,900,000元借出,其中包括本次增资到位的人民币4,500,000元以及本期到位的前次注册资本人民币400,000元。公司相关股东已于2014年7月前将上述借款归还。上述新增资本合计人民币4,900,000元已出资到位”。

综上所述,发行人律师认为,认定陈某东、陈某锋2011年的借款行为于2014年7月终止的依据充分。

6.根据发行人的确认并经发行人律师核查,2014年7月至报告期末,除正常经营所需的备用金外,陈某锋不存在向发行人借款的情形。2014年7月至2017年11月,除正常经营所需的备用金外,陈某东不存在向发行人借款的情形,但存在因发行人日常经营所需由陈某东向发行人提供资金的情形。

2017年12月及2019年1月,陈某东因购置房产及个人理财等原因存在向发行人拆借资金的情形,相关借款已经按照同期银行一年期贷款基准利率计提资金占用费,其中2017年12月的借款于2018年归还完毕,2019年1月的借款于当年归还完毕。相关情况详见《补充法律意见书一》第6.4部分“说明陈万东向发行人借款的原因,资金用途及实际流向,资金占用费计提的标准”所述。2014年至2017年各年年末,陈某东与发行人的资金往来金额情况如表7所示:

表7　2014～2017年陈某东与发行人资金往来明细

单位:万元

资金拆借方	日期	金额		借款具体情况
		应付发行人	应收发行人	
陈某东	2014年12月31日	6.42	—	2014年7月至期末不存在借款情形,该等余额为尚未归还的备用金,金额较小
	2015年12月31日	—	50.03	发行人向陈某东借入资金用于日常生产经营周转
	2016年12月31日	—	55.59	发行人向陈某东借入资金用于日常生产经营周转
	2017年12月31日	411.13	—	陈某东向发行人借入资金用于个人理财及近亲属购房

注:2018年年末至报告期末,陈某东不存在与发行人资金往来余额。

综上所述,发行人律师认为,2014年7月至报告期末,除正常经营所需的备用金外,陈某锋不存在向发行人借款的情形;2014年7月至2017年11月,除正常经营所需的备用金外,陈某东不存在向发行人借款的情形;2017年12月及2019年1月,陈某东存在向发行人借款的行为,相关借款已清偿完毕;2019年2月至报告期末,陈某东不存在向发行人借款的情形。

7.经发行人律师访谈上海市嘉定区市场监督管理局相关工作人员,同时查询国家企业信用信息公示系统、中国裁判文书网、中国法院网、中国执行信息公开网等公开网站,发行人及陈某东、陈某锋自瑞晨有限设立至今不存在因违反有关市场监督管理法律法规而受到处罚的记录,不存在违法违规情形。

2021年12月22日,上海市嘉定区市场监督管理局出具情况说明,确认2011年1月,上海瑞晨环保科技股份有限公司注册资本由50万元增加至500万元,实收资本由10万元增加至500万元,其中股东陈某东、陈某锋增资款490万元系借款。公司在收到出资款的第二天将上述款项转出。股东陈某东、陈某锋已于2014年7月通过自有资金将上述490万元归还。依据《行政处罚法》(2021年修订)第36条的规定,该局不会因上述事项对公司及股东陈某东、陈某锋予以行政处罚。

总结:

若股东向公司借款,完成出资验资再归还款项,通常来说,需关注该等款项往来的性质,是否属于抽逃出资行为,公司是否因此受到过主管部门的处罚。在确认不属于抽逃出资的情况下，需由公司全体股东出具书面文件确认该事项，且承诺不追究该等股东的责任；必要时可向行政监督管理部门申请开具关于事实确认及不会予以行政处罚的证明，以此来说明上述事项不会对本次发行上市构成重大法律障碍。

二 发行人股东以非货币财产出资

《公司法》第27条第2款规定，对作为出资的非货币财产应当评估作价，核实财产，不得高估或者低估作价。在IPO审核中，股东以非货币财产出资的，非货币财产的权属是否清晰、作价是否公允、是否完成过户或交付手续是重点关注的问题。

案例3：西域旅游开发股份有限公司（股票简称：西域旅游、ST西域，股票代码：300859.SZ）

【关注问题】

股东以非货币财产出资是否经评估机构评估，是否合法合规。

【披露信息】

1.阜康国投以实物出资

阜康市国有资产管理局于2000年11月2日出具《关于授权经营新疆天山天池旅游股份有限公司股权的通知》[国资字(2000)40号]，同意以阜康市天池综合开发有限公司（以下简称天池综合公司）经评估后的净资产发起设立新疆天山天池旅游股份有限公司，并授权阜康国投经营。

天池综合公司净资产经具有证券从业资质的新疆华夏资产评估有限责任公司（以下简称华夏评估公司）评估，并于2000年12月10日出具评估报告《阜康市天池综合开发有限公司整体资产评估报告书》（华评评报字〔2000〕041号），资产评估结果为净资产2652.52万元，该评估结果已经自治区国有资产管理局以《关于对阜康天池综合开发有限公司发起设立股份有限公司资产评估项目审核意见的批复》（新国评字〔2000〕335号）确认。

阜康市国有资产管理局于2001年1月13日出具《关于对新疆天山天池旅游股份有限公司投资的通知》（阜国资字〔2001〕4号），同意阜康国投以评估确认后的天池综合公司净资产2652.52万元投资新疆天山天池旅游股份有限公司，同时注销天池综合公司。

2. 新天国际以股权出资

新天国际出资资产已经华夏评估公司评估，并于 2000 年 12 月 10 日出具评估报告《新疆西域国际旅行社整体资产评估报告书》（华评评报字〔2000〕042 号），资产评估结果为净资产 2526.21 万元，其中新天国际的股东权益为 90%，对应权益为 2273.59万元。

2000 年 12 月 15 日，新疆生产建设兵团国有资产管理局出具《关于对新天国际经济技术合作（集团）有限公司将所属新疆西域国际旅行社资产投资发起设立"新疆天山天池旅游股份有限公司"（筹）项目资产评估报告合规性审核的批复》（兵国资（评）发〔2000〕46 号），对新天国际的出资予以确认。

案例 4：思进智能成形装备股份有限公司（股票简称：思进智能，股票代码：003025.SZ）

【关注问题】

股东以非货币财产出资是否经评估机构评估，是否合法合规。

【披露信息】

思进有限设立过程中已经审计机构出具《审计报告》和《验资报告》。2000 年 5 月 30 日，鄞县恒业联合会计师事务所出具恒会所审〔2000〕第 93 号《审计报告》，显示截至 2000 年 4 月 30 日，宝石机械厂的净资产为 1,638,459.98 元。2000 年 6 月 13 日，鄞县恒业联合会计师事务所对思进有限截至 2000 年 6 月 13 日的注册资本进行了审验，并出具了恒会所验（2000）第 212 号《验资报告》。根据该验资报告，截至 2000 年 6 月 13 日，实收资本 300 万元，其中李某明出资 270 万元，李某五出资 30 万元。具体出资情况如表 8 所示：

表 8　思进有限设立时股权结构

股东名称	出资额（万元）	出资比例（%）	出资方式
李某明	270	90	以宝石机械厂净资产出资 144.915 万元，以货币资金出资 125.085 万元
李某五	30	10	以货币资金出资 30 万元
合计	300	100	—

上述净资产出资部分未经资产评估机构评估，改制过程存在瑕疵，针对这一程序瑕疵，发行人及李某明采取了以下措施：

1.2016年7月20日,坤元资产评估有限公司出具《鄞县宝石化工机械配件厂拟变更设立为有限责任公司涉及的该公司相关资产及负债价值分析项目价值分析报告》(坤元评咨〔2016〕35号),宝石机械厂相关资产及负债在2000年4月30日的估算价值为:资产4,689,882.71元,负债2,378,425.87元,资产净额2,311,456.84元;宝石机械厂资产净额账面价值为1,638,459.98元,估算增值672,996.86元,增值率为41.07%。上述价值分析报告显示思进有限设立时李某明以宝石机械厂净资产出资的部分不存在出资不实的情形。

2.李某明基于谨慎原则,本着对公司及投资者负责的态度,于2020年3月26日向公司划入思进有限设立时非货币出资部分等值的货币资金144.915万元,该款项进入公司银行账户后,按资本公积入账,权益由公司的全体股东共同享有,不增加李某明在本公司的股份,不影响思进有限设立时与思进智能目前的股权结构。上述资产划入行为消除了有限公司设立过程中宝石机械厂净资产未经评估这一程序瑕疵对公司可能造成的影响。

总结:

若股东以非货币资产进行出资,需经评估机构评估作价,并应当依法办理其财产权的转移手续。若存在未经评估的瑕疵,建议对资产及负债进行价值追溯分析,确认不存在出资不实的情形,如有必要,需由相关股东向公司汇入非货币出资部分等值的货币资金,尽可能消除相关程序瑕疵对公司造成的影响。

三 历史沿革中存在股权代持

根据《监管规则适用指引——关于申请首发上市企业股东信息披露》的规定,发行人应当真实、准确、完整地披露股东信息,发行人历史沿革中存在股份代持等情形的,应当在提交申请前依法解除,并在招股说明书中披露形成原因、演变情况、解除过程、是否存在纠纷或潜在纠纷等。

案例5:深圳市智立方自动化设备股份有限公司(股票简称:智立方,股票代码:301312.SZ)

【关注问题】

若公司股权存在代持,代持的形成原因、演变情况如何,是否清理完毕,是否存在纠纷。

【披露信息】

2011年7月7日智立方有限设立，由自然人李某春、朱某德、刘某东、黄某生共同出资设立，注册资本1000.00万元，实收资本500.00万元，出资形式均为货币出资。2013年7月9日，上述股东缴清剩余代缴注册资本。智立方有限设立时的股东均为名义股东，以上实缴出资均系被代持人实际出资。实际股东及股权代持情况为：朱某德（邱某母亲）、黄某生（邱某哥哥的配偶）代邱某持有智立方有限50%的股权，刘某东（关某姐姐的配偶）代关某持有智立方有限35%的股权，李某春（黄某锋岳母）代黄某锋持有智立方有限15%的股权。被代持人均为发行人报告期内的实际控制人。2015年6月，代持人将股份全部还原给被代持人，股权转让完成后，股权代持情形解除。发行人就历史沿革中的股权代持情形具体披露如下。

公司于2011年至2015年曾涉及股权代持事项，形成原因、演变情况、解除过程如下。

1. 2011年7月，公司设立暨股权代持形成及原因

2011年7月，智立方有限设立。公司设立时，实际股东邱某、关某、黄某锋已经决定离职创业，但因原任职单位尚有部分工作需要处理和交接，离职周期相对较长，又因各实际股东近亲属个人时间较为充裕，为尽快完成工商登记程序并为下一阶段创业做好准备，实际股东邱某、关某、黄某锋分别委托各自近亲属朱某德、黄某生、刘某东、李某春代为持有公司股权。

2. 2013年7月，股权代持实缴出资额发生变化

2013年7月9日，朱某德、黄某生、李某春及刘某东分别向智立方有限缴付了175.00万元、75.00万元、75.00万元及175.00万元的出资款项，以上实缴出资均系被代持人实缴出资。当月，智立方有限就前述实收资本变更事项办理了工商备案手续。

3. 2015年6月，股权代持解除

2015年5月，刘某东与关某签署《股权转让协议书》，约定刘某东将其持有的智立方有限35%的股权以350.00万元的价格转让给关某；李某春与黄某锋签署《股权转让协议书》，约定李某春将其持有的智立方有限15%的股权以150.00万元的价格转让给黄某锋；朱某德与邱某签署《股权转让协议书》，约定朱某德将其持有的智立方有限35%的股权以350.00万元的价格转让给邱某；黄某生与邱某签署《股权转让协议书》，约定黄某生将其持有的智立方有限15%的股权以150.00万元的价格转让

给邱某。因代持人历次实缴出资均系被代持人实际出资，本次解除代持时被代持人无须支付转让对价。

2015年5月21日，智立方有限通过股东会决议，同意刘某东与关某、李某春与黄某锋、朱某德与邱某、黄某生与邱某的股权转让，智立方有限其他股东放弃优先购买权。

2015年6月10日，深圳市市场监督管理局核发了变更（备案）通知书，就前述变更予以核准，并向智立方有限换发企业法人营业执照。

本次股权转让完成后，股权代持情形解除，智立方有限股东及出资情况如表9所示：

表9 智立方股权结构

序号	股东姓名	认缴出资额（万元）	实缴出资额（万元）	持股比例（%）	出资形式
1	邱某	500.00	500.00	50	货币
2	关某	350.00	350.00	35	货币
3	黄某锋	150.00	150.00	15	货币
合计		1000.00	1000.00	100	—

以上代持情况已清理完毕，发行人清理代持的过程已履行相应的审批程序和工商变更登记手续，符合当时法律法规的规定，解除代持是代持双方的真实意思表示，不存在任何纠纷或争议。发行人及相关股东未因上述股权代持事项受到过行政处罚，上述股权代持事项不构成重大违法行为，不存在纠纷或者被处罚的风险，不构成发行人本次发行上市的法律障碍。

除上述股权代持外，截至本招股说明书签署日，发行人不存在其他股权代持、委托持股情形，关联关系或潜在利益关系。

案例6：中汽研汽车试验场股份有限公司（股票简称：中汽股份，股票代码：301215.SZ）

【关注问题】

若公司股权存在代持，代持的形成原因、演变情况如何，是否清理完毕，是否存在纠纷，是否违反国资监管法律法规的相关要求。

【披露信息】

1.股权代持的背景和原因

2016年年底，由于公司尚处于运营初期阶段，经营前景尚不明朗，与东方投资的产业协同度亦不高,因此原中汽有限股东东方投资拟在盐城市国资体系内转让其所持中汽有限19,500万元股权(占公司注册资本的39%),盐城市国有企业悦达集团因看好中汽有限的发展前景,而有意受让上述股权。

悦达集团根据投资需要,决定与中韩产业园开展合作,由中韩产业园承接东方投资转让的股权,并约定三年期满后实施回购。2017年2月28日,中汽中心、悦达集团、中韩产业园、大丰港集团四方签署《四方协议》,东方投资将所持有的中汽有限39%的股权以2.05亿元的价格转让给中韩产业园及子基金,其他两方股东放弃优先购买权。2017年4月7日,悦达集团、中韩产业园、中韩一号签署《关于〈四方协议〉的备忘录》,确认中韩一号作为中韩产业园公司的子基金,以2.05亿元的价格受让东方投资所持有的中汽有限39%的股权。2017年4月8日,中汽有限召开股东会,同意增加注册资本49,180万元,其中中韩一号新增出资19,180万元。

中韩一号受托为悦达集团持有公司股权的原因如下:(1)因当时对公司的经营前景尚无法明确判断,如短时期内悦达集团对公司的投资出现亏损,可能会对悦达集团自身经营造成负面影响;(2)悦达集团选择基金公司实施代持,主要目的是实现借助社会资本实施对公司股权的收购,避免自有资金收购带来自身短期内资金压力较大的情况。选择中韩一号,主要是因为中韩一号合伙人中的中韩产业园、悦达金泰基金或者悦达集团下属企业的投资;或者属于国资控股的投资主体,中韩一号属于国有企业主导的基金,各方协商更为顺畅,实施代持安排更为可靠,与中韩一号合作开展业务具备合理性。

根据2017年各方签署的《四方协议》及《关于〈四方协议〉的备忘录》的约定,2020年4月12日,中韩一号与悦达集团签署了《股权转让协议》,约定将其持有的中汽有限38,680万元股权(占公司注册资本的39%)以46,493.67万元的价格转让给悦达集团。同日,中汽有限召开股东会,同意上述股权转让事项。

2. 中韩一号相关社会资本情况

中韩一号是由华泰证券(上海)资产管理有限公司(以下简称华泰资管)、中韩产业园及悦达金泰基金在2017年3月13日成立的有限合伙企业,中韩一号持有公司39%股权期间的合伙人及出资情况如表10所示:

表 10 中韩一号股权结构

合伙人名称	合伙人类型	认缴出资额(万元)	实缴出资额(万元)	份额比例(%)	备注
悦达金泰基金	普通合伙人/执行事务合伙人	40	40	0.10	悦达金泰基金三位股东中江苏黄海金融控股集团有限公司(持股20%)为盐城市人民政府下属全资企业,江苏金财厚积投资管理有限公司(持股35%)为国有资金及社会资本合资的企业,江苏悦达善达股权投资基金管理有限公司(持股45%)为悦达集团参与投资的国有参股企业
华泰资管	有限合伙人	35,500	35,500	89.42	华泰资管由华泰证券股份有限公司100%持股,实际控制人为江苏省国有资产监督管理委员会。华泰资管作为管理人代表浦发银行盐城分行设立的华泰证券浦华5号集合资产管理计划(编号:SV5892)参与中韩一号的投资
中韩产业园	有限合伙人	4160	4160	10.48	国有控股企业
合计		39,700	39,700	100.00	—

其中,悦达金泰基金是悦达集团下属企业间接参与投资的基金管理公司(私募基金管理人登记编号:P1060611),作为中韩一号的普通合伙人,负责中韩一号的基金管理运作,以自有资金出资;中韩产业园属于国资控股的投资主体,系悦达金泰基金管理在中国证券投资基金业协会备案的股权投资基金(基金编号:SR9488),系中韩一号的有限合伙人,以自有资金出资;华泰资管系中韩一号的有限合伙人,作为管理人代表浦发银行盐城分行设立的华泰证券浦华5号集合资产管理计划(编号:SV5892)参与中韩一号的投资。

3. 中韩一号与悦达集团之间的股权代持行为符合国资监管法律法规要求

(1)股权代持及解除事宜的具体情况

①中韩一号通过股权转让及增资实现股权代持的相关情况。2016年年底,原中汽有限股东东方投资拟在盐城市国资体系内转让其所持中汽有限19,500万元股权

（占公司注册资本的39%），盐城市国有企业悦达集团拟实施受让。

悦达集团根据投资需要，决定与中韩产业园开展合作，由中韩产业园承接东方投资转让的股权，并约定三年期满后实施回购。据此，2017年2月28日，中汽中心、悦达集团、中韩产业园、大丰港集团签署了《四方协议》，东方投资同意转让且中韩产业园及子基金同意受让东方投资所持中汽有限39%的股权，中韩产业园及子基金同意自首次股权转让交割日起满三年后转让，且悦达集团承诺届时受让中韩产业园及子基金所持有的中汽有限全部股权。2017年4月7日，悦达集团、中韩产业园、中韩一号签署了《关于〈四方协议〉的备忘录》，进一步明确由中韩产业园的子基金中韩一号承担《四方协议》中中韩产业园的所有权利和义务，以及《四方协议》中约定的子基金的权利和义务。

针对本次股权转让及增资事项，2017年1月10日，中汽中心办公会出具《关于"中汽中心盐城汽车试验场有限公司股权转让及增资"的决议》，同意将中汽有限39%的股权转让及实施增资。

针对本次股权转让事项，2017年1月15日，万隆（上海）资产评估有限公司出具万隆评报字（2017）第1033号资产评估报告，按照资产基础法评估，中汽有限于评估基准日（2016年9月30日）的股东全部权益价值的评估值为人民币50,056.75万元。上述资产评估结果于2017年1月31日履行了国有资产评估备案程序（备案编号：2017003）。

2017年3月16日，中汽有限召开股东会，同意东方投资将持有的中汽有限39%的股权转让给中韩一号，同意吸收中韩一号为公司新股东，其他股东放弃优先认购权。同日，东方投资与中韩一号签署了《股权转让协议》，约定东方投资将其持有的中汽有限19,500万元股权（占公司注册资本的39%）以20,500万元的价格转让给中韩一号。2017年3月27日，中汽有限召开股东会，同意通过新修改的公司章程。

针对本次增资事项，2017年3月18日，万隆（上海）资产评估有限公司出具万隆评报字（2017）第1032号资产评估报告，按照资产基础法评估，中汽有限于评估基准日（2016年9月30日）的股东全部权益价值的评估值为人民币50,056.75万元。公司本次增资价格为1元每份注册资本。上述资产评估结果于2017年4月17日履行了国有资产评估备案程序（备案编号：Z92120170031293）。

2017年4月8日，中汽有限召开股东会，同意增加注册资本49,180万元，其中中韩一号新增现金出资19,180万元，中汽中心将其针对中汽有限的30,000万元借款转为对中汽有限的增资资本，大丰港集团放弃本次增资，并通过新修改的公司章程。

2017 年 4 月 20 日，盐城天方会计师事务所出具盐天方验字〔2017〕第 018 号《验资报告》，验明截至 2017 年 4 月 14 日，中汽有限已收到股东缴纳的新增注册资本合计 49,180 万元，其中中韩一号缴纳现金出资额人民币 19,180 万元，中汽中心以债转股出资人民币 30,000 万元。

2017 年 5 月 2 日，盐城市大丰区行政审批局向中汽有限换发了本次股权转让后的《营业执照》（统一社会信用代码：91320982571427139M）。

2017 年 5 月 10 日，盐城市大丰区行政审批局向中汽有限换发了本次增资后的《营业执照》（统一社会信用代码：91320982571427139M）。

此次股权转让及增资后，中汽有限股东出资情况如表 11 所示：

表 11 2017 年中汽有限股权结构

股东名称	出资额（万元）	持股比例（%）
中汽中心	55,500	55.96
中韩一号	38,680	39.00
大丰港集团	5000	5.04
合计	99,180	100.00

2017 年 5 月 10 日完成上述工商登记变更后，至 2020 年 4 月 12 日各方签署股权转让协议期间，公司股权未发生变化。

2020 年 7 月 20 日，中汽中心出具《关于确认中汽研汽车试验场股份有限公司历史沿革有关事项合规性的函》，确认中汽有限本次增资已根据《企业国有资产交易监督管理办法》《企业国有资产评估管理暂行办法》的规定履行了评估、审批等程序，相关程序已取得了必要的批准与授权，符合国家法律、行政法规、地方性规章及其他规范性文件之规定，不存在损害国有资产权益的行为，其增资的程序及结果真实、合法、有效。

②股权代持解除情况。根据 2017 年各方签署的《四方协议》及《关于〈四方协议〉的备忘录》的约定，2020 年 4 月 12 日，中韩一号与悦达集团签署了《股权转让协议》，约定将其持有的中汽有限 38,680 万元股权（占公司注册资本的 39%）以 46,493.67 万元的价格转让给悦达集团。同日，中汽有限召开股东会，同意上述股权转让事项，同意吸收悦达集团为中汽有限新股东，其他股东放弃优先认购权。

2020 年 4 月 13 日，中汽有限召开股东会，同意通过公司章程修正案。

2020 年 4 月 28 日，盐城市大丰区行政审批局向中汽有限换发了本次股权转让后的《营业执照》（统一社会信用代码:91320982571427139M）。

此次股权转让后，中汽有限的股权结构如表 12 所示：

表 12　2020 年中汽有限股权结构

股东名称	出资额（万元）	持股比例（%）
中汽中心	55,500	55.96
悦达集团	38,680	39.00
大丰港集团	5000	5.04
合计	99,180	100.00

2020 年 6 月 12 日，盐城市国资委出具了《关于中汽中心盐城汽车试验场有限公司股权变动相关事项的确认函》（盐国资函〔2020〕20 号），确认上述股权变动系于国有全资企业（含国有基金）之间流转，相关行政主管部门（或授权单位）均进行了审批，相关审批文件、资产评估报告、出资文件和协议文本等资料齐全，该等股权收购行为符合国有股权协议转让等有关规定，且不存在国有资产流失等情况。

（2）股权代持及解除事项符合国资监管法律法规要求的情况

鉴于：①公司分别就中韩一号受让东方投资持有的公司 39% 的股权、实施增资以及悦达集团的股权收购行为履行了股东会决策程序；②万隆（上海）资产评估有限公司于 2017 年 1 月 15 日出具万隆评报字（2017）第 1033 号《评估报告》：“中汽中心盐城汽车试验场有限公司于评估基准日 2016 年 9 月 30 日的股东全部权益价值评估值为 50,056.75 万元。”上述评估报告已于 2017 年 1 月 31 日办理有关国有资产评估备案手续（备案编号:2017003）。根据上述评估报告，东方投资向中韩一号转让其持有的公司 39% 的股权的协议价格（20,500 万元）不低于基于上述评估净资产值计算的价格（19,522.13 万元），符合《企业国有资产交易监督管理办法》的相关规定。

根据《四方协议》《关于〈四方协议〉的备忘录》的约定，悦达集团受让中韩一号持有的公司 39% 股权的再次转让的价格为首次股权转让价款（20,500 万元）+ 中韩产业园及子基金增资金额（19,180 万元）+ 首次股权转让款 × 5.635% ÷ 360 × 自首次股权转让交割日起再次股权转让交割日止的天数 + 中韩产业园及子基金增资金额 × 5.635% ÷ 360 × 自增资金额缴纳之日起至再次股权转让交割日止的天数。中韩一号代悦达集团持有公司股权期间的资金利息成本按照年化 5.635% 的利率计算，具有合理性。

本次收购对价46，493.67万元系以上述评估净资产值为原则，在中韩一号承接股权转让过程中支付对价20，500万元及2017年向公司增资金额19，180万元的基础上，考虑合理的资金利息成本后核算得出的。

（3）公司之股权代持系悦达集团委托中韩一号收购东方投资持有的公司39%股权并参与公司的后续增资，该项目属于悦达集团主业投资项目，根据盐城市国资委于2017年1月19日向悦达集团出具的《关于在悦达集团开展投资决策等事项审批授权试点的通知》（盐国资〔2017〕6号）文件精神，该等事项由悦达集团自主决策。2017年1月25日，悦达集团董事局审议通过了“关于收购中汽中心盐城汽车试验场有限公司部分股权及增资项目可研报告”的议案。

东方投资2017年向中韩一号转让其持有的公司39%的股权与悦达集团2020年的股权收购安排系盐城市下属国有企业与地方国有资本主导的基金公司等相关方之间针对公司39%股权转让的系列行为，属于“一揽子”交易安排，各方在2017年签署的《四方协议》中也已明确约定悦达集团三年后的收购义务，同时2017年至2020年，悦达集团实质享有股东权利，履行股东义务，且该等股权转让及回购交易安排系悦达集团投资事项，符合悦达集团发展主责主业，在政策上属于悦达集团自主决策行为，因此无须重新履行国有资产转让的法定程序。

悦达集团按照《四方协议》的约定向中韩一号支付相关股权收购对价，相关操作流程符合国有资产监督管理的规定，履行了必要决策程序，不存在利益输送等情况。该等股权代持及股权收购相关方均知晓股权代持及股权收购的背景、原因、流程等全部情况，且不存在争议和纠纷或潜在的争议和纠纷。

（4）2017年5月2日及5月10日，中韩一号受让东方投资持有的公司39%的股权及增资事宜，分别完成在盐城市大丰区行政审批局的工商登记备案；2020年4月28日，悦达集团的股权收购完成在盐城市大丰区行政审批局的工商登记备案。

2020年6月12日，盐城市国资委出具《盐城市国资委确认函》（盐国资函〔2020〕20号），确认东方投资向中韩一号转让公司股权以及悦达集团收购中韩一号持有的公司股权，这系于国有全资企业（含国有基金）之间流转。相关行政主管部门（或授权单位）均进行了审批，相关审批文件、资产评估报告、出资文件和协议文本等相关资料齐全，符合国有股权协议转让等有关规定，不存在国有资产流失等情况。

2021 年 3 月 12 日，盐城市国资委出具《关于中汽研汽车试验场股份有限公司相关事项的确认函》（盐国资函〔2021〕5 号），确认公司上述股权代持事宜涉及的资产评估报告、出资文件和协议文本等相关资料齐全，中韩一号对公司股权的受让和转让已分别履行了公司股东会审议决策和悦达集团内部决策程序。相关股权交易安排属于悦达集团经盐城市国资委授权的自主决策事项，不违反《企业国有资产交易监督管理办法》等国资监管法律法规的要求。

综上所述，中韩一号与悦达集团之间的股权代持行为不违反《企业国有资产交易监督管理办法》等国资监管法律法规的相关要求。

总结：

若发行人历史上存在股权代持情形，需对代持双方进行访谈，确认代持的形成原因、演变情况，确保代持关系已解除，股权代持已清理完毕，发行人股权权属清晰，不存在任何纠纷或潜在纠纷。

四 历次股权变动的合法性、合理性和真实性

拟 IPO 企业申报前存在股权转让行为的，监管部门要求公司在股权转让过程中，不能刻意规避法律的强制性规定、不能通过股权转让进行股权代持等利益输送、不能通过股权转让影响股权的稳定性等。因此，股权转让不仅涉及合法性问题，还涉及是否真实和合理的问题，证监会的审核要求也主要集中在真实性、合法性和合理性三个方面。

1. 真实性：要求拟 IPO 企业股权转让为转让双方真实意思表示，已办理工商变更手续，不存在股份代持、信托持股或其他利益输送安排，不存在法律争议或潜在纠纷。

2. 合法性：拟 IPO 企业转让公司股权履行了相应的程序，受让款的来源合法等；如果股权转让涉及国有股东的，已经履行了相应的审批、评估、备案等法定程序，不存在瑕疵、纠纷或国有资产流失的情形；符合境内外法律规定，不存在违反外汇、税收相关规定的情况。

3. 合理性：拟 IPO 企业股权转让的原因具有合理性、价格及确定依据具有公允性、款项已经实际支付等。

拟 IPO 企业在申报文件中应从以上三个原则出发,阐述和解释拟 IPO 企业已经发生的股权转让以及将要发生的股权转让方案,消除股权转让过程中可能存在的法律风险和上市障碍。

案例 7:上海和辉光电股份有限公司(股票简称:和辉光电,股票代码:688538.SH)

【关注问题】

发行人是否存在股权变动被认定无效或受到行政处罚的风险,是否存在国有资产流失情形。

【披露信息】

根据公开披露的资料,发行人 3 名股东均为国有股东,历次国有股权变动中存在未履行资产评估的情形。发行人就历史沿革中未进行资产评估备案的原因、发行人申请国有股东标识时就未履行资产评估程序的情况进行相应披露和说明的具体情况、发行人是否存在股权变动被认定无效或受到行政处罚的风险、是否存在国有资产流失情形披露如下。

1. 未进行资产评估备案的原因,发行人申请国有股东标识时就未履行资产评估程序的情况进行相应披露和说明的具体情况

如上所述,发行人历史沿革中存在未履行资产评估备案的情况,发行人通过联和投资向上海市国资委申请国有股东标识时,已就和辉光电历史沿革内容(包括上述评估事宜)在用于办理国有股东标识的法律意见书及联和投资有关资产评估事宜的说明中向上海市国资委进行详尽披露和说明,并在此基础上取得了上海市国资委出具的《国有股东标识管理的批复》。前述评估瑕疵分别如下。

(1)上海金联非货币出资未经评估

2012 年 10 月,和辉有限设立,注册资本金为人民币 310,000 万元,联和投资出资额为 250,000 万元,占公司注册资本的 80.65%;上海金联出资额为 60,000 万元,占公司注册资本的 19.35%。根据《上海和辉光电有限公司章程》,联和投资以货币出资投入,上海金联以土地厂房作价投入。

2015 年 10 月 18 日,中国建设银行上海市分行出具《上海金联投资发展有限公司年产 18 万大片第 4.5 代低温多晶硅有机电致发光显示器(LTPS-AMOLED)投资建设项目(厂房建设部分)财务监理报告》,根据该报告,至 2015 年 9 月 30 日,该公司工程陆续竣工交付使用。项目实际完成总投资为 86,311,73 万元,其中建安工程

投资完成54,695,21万元,设备投资完成数为13,785,15万元,待排投资完成数为11,623,06万元,其他投资(无形资产－土地)6,208,30万元。

2015年10月21日,上海国金嘉德会计师事务所出具《关于上海金联投资发展有限公司年产18万大片第4.5代低温多晶硅有机电致发光显示器(LTPS-AMOLED)投资建设项目(厂房建设部分)工程竣工财务决算审计报告》[国金会专审(2015)第051号],审计确认,年产18万大片第4.5代低温多晶硅有机电致发光显示器(LTPS-AMOLED)投资建设项目(厂房建设部分)建设投资决算为863,117,268,75元;形成交付使用资产为863.117.268.75元。其中,建设安装工程投资546,952,111,38元,设备投资137,851,496,78元,待摊投资116,230,640,59元,其他投资(土地使用权)62,083,020,00元。

在该审计报告的其他需要说明事项中注明:按照《入区协议》及《入区补充协议》的约定,上海金联为4.5代AMOLED生产线项目所提供的一期土地及建设的厂房、装修及相关配套设施以6亿元人民币对和辉有限进行出资。届时土地、厂房建设的成本以审计决算值为准,如果审计决算价高于6亿元人民币,则超出部分由和辉有限向上海金联收购。

其他需要说明事项中还注明:上海金联投资建设的年产18万大片第4.5代低温多晶硅有机电致发光显示器(LTPS-AMOLED)投资建设项目(厂房建设部分)审计决算的建设费用投资入股金额为610,420,899,49元,由上海金联自行承担的金额为252,696,369,26元,其中包括110KV变电站及外线配套费用162,177,101,47元、贷款利息净支出费用75,243,420,60元和与本项目相关的配套及其他费用15,275,847,19元。按照协议约定,由和辉有限支付上海金联审计决算价中超出6亿元人民币的部分10,420,899,49元。

2015年12月7日,金山工业区管委会向上海金联出具《关于上海金联投资发展有限公司土地厂房入股和辉光电的批复》(金工管委〔2015〕72号),同意上海金联以建成后的一期项目厂房向和辉有限入股,总价值610,420,899,49元,其中6亿元入股,10,420,899,49元由和辉有限以现金形式支付给上海金联。

和辉有限召开2015年第三次股东会会议并作出决议,上海金联为和辉有限提供的土地厂房审计决算价值为人民币610,420,899,49元,根据《入区补充协议》,和辉有限应向上海金联支付人民币10,420,899,49元。其中6亿元作为出资,计入和辉有限实收资本。同时,会议通过《上海和辉光电有限公司章程修订案》。

2015 年 12 月 29 日,上会会计师事务所出具《验资报告》(上会师报字〔2015〕第 4070 号):截至 2015 年 12 月 28 日,和辉有限已收到上海金联缴纳的公司第五期出资,以第 4.5 代 AMOLED 生产线项目所提供的一期土地及建设的厂房、装修及相关配套设施以人民币 6 亿元作价进行出资,累计实缴注册资本人民币 364,300 万元,占已登记注册资本总额的 100%。

上海金联用于本次向和辉有限实缴出资的土地厂房系为和辉有限新建的厂房,根据各方签署《入区协议》及《入区补充协议》约定并经金山工业区管委会批复,该等土地厂房的成本以审计决算值为准,审计决算价高于 6 亿元人民币的部分由和辉有限向上海金联收购。因此,上海金联以新建完成的上述土地厂房实缴出资时未履行资产评估及备案程序。

发行人已就该事项进行追评估,上海东洲资产评估有限公司以 2015 年 11 月 30 日为基准日进行了追测评估并于 2020 年 6 月 17 日出具了《上海金联投资发展有限公司以"4.5 代 AMOLED 生产线项目"一期房地产对上海和辉光电有限公司进行增资所涉及的部分资产追测资产评估报告》(东洲评报字〔2020〕第 0842 号)。经追溯评估确认的一期房地产价值高于和辉有限设立时上海金联以土地厂房作价的出资金额。

(2)2013 年 12 月股权转让未经评估

2013 年 12 月,联和投资将所持有的和辉有限 6.45% 股权(2 亿元未缴出资份额)转让给国开精诚,3.23% 股权(1 亿元未缴出资份额)转让给国开创新,6.45% 股权(2 亿元未缴出资份额)转让给国开装备。

受让方之一国开精诚成立于 2012 年 12 月,共 46 家股东,股东中国有独资企业及国有全资企业合计持股比例超过 50%,且第一大股东为苏州工业园区管委会间接持股 100% 的中新苏州工业园区城市投资运营有限公司,属于国有控股企业;受让方之二国开创新成立于 2011 年 8 月,系国开金融有限责任公司的全资子公司,属于国有全资企业;受让方之三国开装备第一大股东系国家开发银行间接持股 100% 的国开金融有限责任公司,持有国开装备 71.77% 的股权,属于国有控股企业。

根据公司说明,本次股权转让系联和投资转让其对和辉有限的出资权,国开精诚、国开创新及国开装备受让的系未实缴出资部分,因此未进行资产评估。发行人已对该事项进行追溯评估,东洲评估以 2012 年 12 月 31 日作为基准日进行了追溯评估并于 2020 年 7 月 13 日出具了《上海联和投资有限公司转让所持有的上海和辉光电有限公司股权所涉及的股东全部权益价值追溯资产评估报告》(东洲评报字〔2020〕第0993号),经评估,股东全部权益价值为1,966,998,862.96元。

(3)2015年3月增资未经评估

2015年3月,和辉有限注册资本由310,000万元增至364,300万元,其中联和投资增资43,800万元,上海金联增资10,500万元。

本次系原股东增资,由于项目的特殊性和资金需求的紧迫性,未按照规定履行资产评估手续,和辉有限已于2016年11月25日就本次未评估事宜向联和投资作出《关于上海和辉光电有限公司增资未经资产评估的情况说明》。发行人已对该事项进行追溯评估,东洲评估以2014年12月31日作为基准日进行了追溯评估并于2016年11月30日出具了《企业价值评估报告书》(沪东洲资评报字〔2016〕第1040243号),经评估,股东全部权益价值为2,500,000,000元。

2.发行人是否存在股权变动被认定无效或受到行政处罚的风险,是否存在国有资产流失情形

根据联和投资出具的《有关上海和辉光电股份有限公司历史沿革事宜的确认函》并与联和投资相关人员访谈确认,发行人历史上存在的上述应评未评事宜已根据当时国有资产监管的相关规定履行了必要的国资审批程序,且发行人股东一直都是国有股东,未造成国有资产流失,未损害国有资产及国有股东的利益,不存在产权争议或潜在纠纷,相关行为合法、有效。除前述事项外,发行人及其前身和辉有限的设立及历次股权变动事项符合当时国有资产监管的相关规定,相关行为合法、有效,不存在股权变动被认定无效或受到行政处罚的风险,不存在国有资产流失情形。

经发行人律师登录中国裁判文书网、人民法院公告网、中国执行信息公开网等网站进行的查询,发行人未因股份权属事项发生过任何争议。

发行人通过联和投资向上海市国资委申请国有股东标识时,已就和辉光电历史沿革内容(包括上述评估事宜)向上海市国资委进行详尽披露和说明,并在此基础上取得了上海市国资委出具的《国有股东标识管理的批复》。

案例8:苏州宇邦新型材料股份有限公司(股票简称:宇邦新材,股票代码:301266.SZ)

【关注问题】

发行人历次增资及转让的背景及合理性,增资及转让价格的确定依据及其公允性,相关价款支付、资金来源等情况,是否已实际支付,是否来源于发行人或实际控

制人借款或者担保，是否履行相关程序；相关股权变动是否双方真实意思表示，是否存在委托持股、信托持股、利益输送或其他利益安排，是否存在纠纷或潜在争议；历次增资、股权转让的原因、背景，价格、定价依据及其合公允性，参与各方是否履行了必要的内外部决策、审批程序，是否存在争议或潜在纠纷等。

【披露信息】

1. 发行人及其前身园区宇邦、宇邦有限共有5次增资、3次股权转让，股权变动背景、增资及转让定价、资金来源与价款支付，以及所履行程序的具体情况如下。

（1）股权转让如表13所示：

表13　宇邦新材历次股权转让情况汇总

序号	时间	事项	背景	价格及定价依据	受让股东	出资形式	出资来源	履行的程序
1	2007年9月	第一次股权转让（王某素和秦某芳退出）	肖某、林某受让公司股权，负责光伏焊带的研发、生产和销售	1元/份出资，根据注册资本协商确定	肖某、林某	货币	自有资金	①2007年9月，园区宇邦召开股东会，同意本次股权转让；同日，王某素、秦某芳分别与肖某、林某签署《股权转让协议》；②2007年9月，宇邦有限取得了苏州市吴中工商行政管理局核发的《营业执照》
2	2014年12月	第二次股权转让（原股东部分转让，增加新股东聚信源）	优化公司股权结构，且为同一控制下股权转让	1元/份出资，根据注册资本协商确定	聚信源	货币	自有资金	①2014年12月，宇邦有限召开股东会会议，同意本次股权转让；同日，肖某、林某分别与聚信源签署了《股权转让协议书》；②2014年12月，宇邦有限取得了苏州市吴中工商行政管理局核发的《营业执照》

续表

序号	时间	事项	背景	价格及定价依据	受让股东	出资形式	出资来源	履行的程序
3	2018 年 9 月	股改后第一次股份转让(巨元投资、何某豪和李某武退出)	新三板摘牌后,实际控制人大股东回购股份	7.22 元/股,根据认购价加计每年 8% 单利为基础,协商确定 12 月 31 日的每股净资产	肖某、林某、聚信源	货币	自有资金	①2018 年 7 月,宇邦新材召开股东大会,审议通过股权转让相关议案;同日,李某武和肖某、林某,巨元投资和聚信源,何某豪和聚信源分别签署《股权转让协议》;②2018 年 9 月,公司就本次股权转让完成了公司章程修正案工商备案

(2)增资扩股如表 14 所示:

表 14 宇邦新材历次增资扩股情况汇总

序号	时间	事项	背景	价格及定价依据	增资股东	出资形式	出资来源	履行的程序
1	2010 年 12 月	第一次增资(注册资本增加至 2000 万元)	公司经营发展需要	1 元/份出资,根据注册资本协商确定	肖某、林某	货币	自有资金	①2010 年 12 月,宇邦有限召开股东会会议,同意增资;②2010 年 12 月,苏州万隆永鼎会计师事务所有限公司对本次增资情况进行审验并出具《验资报告》;③2012 年 11 月,苏州俊成会计师事务所有限公司对本次增资情况进行审验并出具《验资报告》;④2012 年 12 月,宇邦有限取得了苏州市吴中工商行政管理局核发的《营业执照》

续表

序号	时间	事项	背景	价格及定价依据	增资股东	出资形式	出资来源	履行的程序
2	2015年2月	公司整体变更为股份有限公司（注册资本增加至5500万元）	公司拟在新三板挂牌，进行股改并增资	1元/股，以经审计净资产为定价依据	肖某、林某、聚信源	净资产折股	—	①2015年1月，亚太（集团）会计师事务所（特殊普通合伙）上海分所出具了《专项审计报告》；②2015年1月，上海申威资产评估有限公司出具了《评估报告》；③2015年1月，宇邦有限召开股东会，决议变更为股份公司并折股；④2015年2月，亚太（集团）会计师事务所（特殊普通合伙）对本次增资情况进行审验并出具《验资报告》；⑤2015年2月，公司领取了江苏省苏州工商行政管理局核发的《营业执照》
3	2015年6月	新三板挂牌并同时定增（注册资本增加至5750万元）	引入员工持股	5.54元/股，参照2014年12月31日的每股净资产	苏州宇智伴	货币	自有资金	①2015年3月，公司股东大会审议通过定向增资相关议案；②2015年5月，亚太（集团）会计师事务所（特殊普通合伙）对本次增资情况进行审验并出具了《验资报告》；③2015年6月，公司取得了苏州市工商行政管理局核发的《营业执照》

续表

序号	时间	事项	背景	价格及定价依据	增资股东	出资形式	出资来源	履行的程序
4	2015 年 11 月	股改后第二次增资(注册资本增加至 6950 万元)	新三板挂牌后,外部股东看好公司增长潜力,参与新三板定增	5.9 元/股,按2015 年中期分红后2015 年上半年年末的每股净资产价格上浮 10% 作为定价依据	巨元投资、何某豪、李某武、季某、顾某	货币	自有或自筹资金	①2015 年 9 月,公司股东大会审议通过增资相关议案;②2015 年 10 月,亚太(集团)会计师事务所(特殊普通合伙)对本次增资情况进行审验并出具了《验资报告》;③2015 年 11 月,公司取得了苏州市工商行政管理局核发的《营业执照》
5	2020 年 6 月	股改后第三次增资(注册资本增加至 7800 万元)	外部股东看好公司成长潜力	8.633 元/股,参考 2019 年年底每股净资产,经协商确定(对应的归属于母公司所有者净利润口径 PE 倍数为 13.73)	全某、刘某、刘某茂、无锡中元、浙创好雨、天合智慧	货币	自有或自筹资金	①2020 年 5 月,公司股东大会审议通过本次增资扩股相关议案;②2020 年 6 月,浙创好雨投资决策委员会决议同意入股宇邦新材;③2020 年 6 月,天合光能投委会决议入股宇邦新材;④2020 年 6 月,公证天业对本次增资情况进行审验并出具了《验资报告》;⑤2020 年 6 月,公司取得了苏州市工商行政管理局核发的《营业执照》

发行人及其前身园区宇邦、宇邦有限的历次增资及股权转让，系相关股东在综合考虑入股成本、投资回报、公司发展等因素后独立作出决定后进行的交易安排，相关价格由各方基于独立意志综合判断，并经具体协商后确定，具有公允性和合理性。

相关股东已实际足额支付增资款或股权转让价款，资金来源为相关股东依法自有或合法自筹的资金，除2018年7月林某受让李某武的股份的资金是来源于发行人资金拆借外，其他均非来源于发行人或实际控制人借款或担保。

历次增资及股权转让均已履行相关的内部决策和有权机关核准程序，是相关股东真实意思表示，不存在委托持股、信托持股、利益输送或其他利益安排，不存在纠纷或潜在争议。

2.股权转让、增资、转增股本、利润分配及整体变更等过程中涉及的控股股东及实际控制人缴纳所得税、发行人代扣代缴情况，是否存在违反税收法律法规等情形，是否构成重大违法行为。

发行人及其前身园区宇邦、宇邦有限的历次股权转让、增资转增、利润分配及整体变更过程中，涉及控股股东和实际控制人所得税缴纳事项，具体情况如下：

(1)股权转让的纳税义务履行情况如表15所示：

表15 宇邦新材历次股权转让纳税情况汇总

序号	时间	事项	转让股东	受让股东	转让价格	控股股东及实际控制人纳税义务履行情况
1	2007年9月	第一次股权转让(王某素和秦某芳退出)	王某素、秦某芳	肖某、林某	1元/份出资	实际控制人平价受让，不涉及个税缴纳
2	2014年12月	第二次股权转让(原股东部分转让，增加新股东聚信源)	肖某、林某	聚信源	1元/份出资	实际控制人平价转出，控股股东平价受让，不涉及所得税缴纳
3	2018年9月	股改后第一次股份转让(巨元投资、何某豪和李某武退出)	巨元投资、何某豪、李某武	肖某、林某、聚信源	7.22元/股	实际控制人及控股股东受让股权，不涉及所得税缴纳

（2）增资及转增股本的纳税义务履行情况如表 16 所示：

表 16　宇邦新材历次增资及转增股本纳税情况汇总

序号	时间	事项	增资股东	出资方式	增资价格	控股股东及实际控制人纳税义务履行情况
1	2010 年 12 月	第一次增资（注册资本增加至 2000 万元）	肖某、林某	货币	1 元/份出资	实际控制人货币出资，不涉及个税缴纳
2	2015 年 2 月	公司整体变更为股份有限公司（注册资本增加至 5500 万元）	肖某、林某、聚信源	净资产折股，其中未分配利润转增 3500 万元（聚信源 3150 万元、肖某 192.5 万元、林某 157.5 万元）	1 元/股	①实际控制人肖某、林某按照股权比例对应的未分配利润转增注册资本金额缴纳了 20% 的个人所得税，其中，肖某 38.5 万元，林某 31.5 万元；②控股股东聚信源无须缴税
3	2015 年 6 月	新三板挂牌并同时定增（注册资本增加至 5750 万元）	苏州宇智伴	货币	5.54 元/股	新股东货币出资，实际控制人不涉及个税缴纳
4	2015 年 11 月	股改后第二次增资（注册资本增加至 6950 万元）	巨元投资、何某豪、李某武、季某、顾某	货币	5.9 元/股	不涉及控股股东、实际控制人

续表

序号	时间	事项	增资股东	出资方式	增资价格	控股股东及实际控制人纳税义务履行情况
5	2020年6月	股改后第三次增资(注册资本增加至7800万元)	全某、刘某、刘某茂、无锡中元、浙创好雨、天合智慧	货币	8.633元/股	不涉及控股股东、实际控制人

注:根据《企业所得税法》第26条第2项,“符合条件的居民企业之间的股息、红利等权益性投资收益”为企业的“免税收入”;根据《企业所得税法实施条例》第83条的规定,“企业所得税法第二十六条第(二)项所称符合条件的居民企业之间的股息、红利等权益性投资收益,是指居民企业直接投资于其他居民企业取得的投资收益”。公司与控股股东聚信源均为居民企业,因此,公司向控股股东聚信源分配的股利为免税收入。

总结:

需关注发行人历史沿革中各股东入股背景和原因,确认历次变动及定价均具有合理性,出资来源合法,相关款项已支付,且已履行了必要的内部决策程序并办理了工商变更登记,入股程序合法合规。同时,需关注历次股权转让、增资、转增股本、利润分配及整体变更等过程中涉及的自然人纳税义务是否已履行,是否存在违反相关税收法律法规等情形。

第七章 发行人的业务

发行人的业务是对发行人所处行业情况、具体从事的业务、行业竞争情况、研发与技术情况的总体情况的说明，具体到法律尽职调查而言，发行人的业务层面应主要关注发行人的经营范围、经营方式是否符合有关规定，还应关注与经营相关的资质证明，许可、批准文件等是否齐备。同时，发行人所处行业、主营业务变化情况、境外经营情况也须着重调查与说明。

第一节 查验程序

一 查验文件

1. 查阅发行人营业执照和年检记录，调查其经营范围和经营方式是否符合法律、法规的有关规定；若涉及特许经营的，取得的特许经营证书、批文等，检查是否齐备、有效。

2. 取得发行人及其子公司正常开展业务所需的生产经营资质和许可证书，以及排污证、取水证、安全生产、质量控制等。

3. 收集所有境外经营所需文件、资料，会同发行人律师进行调查，以确定其是否合法、合规、真实、有效。

4. 取得发行人业务收入（分类）的有关数据，分析近三年主营业务的构成及其变化情况，判断发行人主营业务是否突出，近三年主营业务是否发生过变化；若有，要求发行人说明其发生变化的原因，及发生变化的具体情况，并提供相关文件和资料，检查该变化的合法、合规性。

5. 若发行人最近一年一期非经常性损益占利润总额的比重超过20%的，取得独立董事对发行人获取经常性收益的能力以及是否具备持续经营能力的书面意见，并检查其依据。

6. 取得发行人的书面说明，调查发行人发行前是否进行过重大资产和业务重组以及收购兼并，若有，应提供取得发行人出具的关于重组、购并经过和内容的说明，并提供批准文件、协议、评估报告和审计报告、产权权属证明等所有相关文件，会同发行人律师对其真实性、合法合规性进行调查；与发行人及律师进行会谈，分析重组对发行人业务连续性、管理层稳定、财务状况和经营成果的影响。

7. 取得发行人前次重组资产过户、业绩承诺实现以及其他承诺后续落实事项进展情况等说明文件，核查是否存在有关承诺未履行或未按期落实等情形。

8. 通过访谈发行人管理层、前次重组标的公司管理层，核查是否存在管控问题等情形。

9. 若发行人拥有特许经营权，取得特许经营权的批准文件或相关协议，确定特许经营权的期限、费用标准及其确定依据；取得特许经营权申请、批准的有关规定，分析判断其对发行人持续生产经营的影响。

10. 根据上述调查结果，对发行人经营方式、主营业务变更、境外经营和特许经营的风险进行分析，分析发行人持续经营是否存在法律、技术、市场等风险和障碍。

11. 就发行人的经营范围和经营方式、业务变更情况、主营业务突出性、持续经营能力等向公司和会计师发询证函，取得其明确意见，并与公司和会计师进行沟通。

二 查验要点

1. 发行人的经营范围和经营方式是否符合法律、法规的有关规定。

2. 发行人是否取得与从事业务相关的所有资质证明、许可、批准文件。

3. 是否披露了发行人拥有的特许经营权的有关情况及其对持续生产经营的影响。

4. 发行人是否拥有与主营业务密切相关的专利技术的所有权。

5. 发行人是否在中国大陆以外经营，如存在，主要境外经营情况。

6. 境外经营是否合法、合规、真实、有效。

7. 发行人主营业务是否突出,主营业务是什么。

8. 发行人的主营业务在最近三年(不足三年的,应追溯原企业)是否变更过,如变更过,应说明具体情况。

9. 发行人持续经营是否存在法律障碍。

10. 是否披露了发行人发行前进行过的重大业务和资产重组情况。主要重大业务和资产重组是什么。

11. 发行人是否拥有主营业务的核心技术,是否拥有所有权。

12. 发行人是否存在与技术相关的重大纠纷。

13. 发行人开发的相关项目是否需要取得发改部门的核准或备案,如需要,是否已取得。

14. 发行人就相关项目的开发是否已取得用地、环评、水土保持、林业、矿产压覆等方面相关部门的批准文件(如需要)。

第二节 发行人业务相关案例

一 行业存在限制性

根据《上海证券交易所科创板企业发行上市申报及推荐暂行规定》(2022 年修订)、《深圳证券交易所创业板企业发行上市申报及推荐暂行规定》(2022 年修订)、《北京证券交易所向不特定合格投资者公开发行股票并上市业务规则适用指引第 1 号——申报与审核》(2023 年修订)等的规定,对于不适合不鼓励上市的行业,科创板、创业板、北交所均设有行业“负面清单”。当前我国证券市场不同板块服务的企业类型各有侧重,更鼓励传统行业上主板,新兴行业上科创板、创业板或北交所,最终达到多层次资本市场协同发展的目的。此外,发行人经营特殊业务,如涉及特殊行业如军工、房地产等,往往需要特殊的资质或审批等;发行人如涉及外商投资情形等,则根据《外商投资准入特别管理措施(负面清单)》,存在相应的限制或禁止的外商投资的产业。

案例1：中航上大高温合金材料股份有限公司（股票简称：中航上大，已问询）

【关注问题】

说明军工业务资质和许可是否能覆盖生产经营范围，是否已取得生产经营应当具备的全部资质和许可，相关军工业务资质和许可是否存在短期内到期的情形。

【披露信息】

1. 发行人为从事武器装备科研生产活动的军工企业，截至本问询函回复出具日，发行人已取得的军工业务资质和许可具体如表17所示：

表17　中航上大军工资质及许可汇总

序号	军工资质名称	有效期
1	军工资质证书1	三年以上
2	军工资质证书2	三年以上
3	军工资质证书3	一年以内
4	军工资质证书4	一年以内

注：(1)截至本问询函回复出具日，表17中军工资质证书3、军工资质证书4已提交资质续期手续，预计不存在实质性障碍；(2)上述军工业务资质和许可证书属于信息豁免披露批复的范围。

发行人已取得了军工企业主管部门关于本次上市相关的审批批复及复函，包括：(1)国防科工局同意本次上市涉及军工事项审查的相关批复；(2)国防科工局同意本次上市特殊财务信息豁免披露的相关批复；(3)河北省国防科技工业办公室出具的《河北省国防科技工业办公室关于中航上大高温合金材料股份有限公司上市军工事项审查和涉密信息披露有关事宜的复函》。

截至本问询函回复出具日，发行人已取得生产经营应当具备的全部军工业务资质和许可，相关军工业务资质和许可已覆盖发行人生产经营范围。

2. 发行人的经营范围不涉及房地产业务，无须办理房地产开发资质和预售许可证。

根据公司现行有效的营业执照，公司的经营范围为“航空、航天、核电、船舶、兵器、石化、高铁、电力及高端装备制造业所需的高温合金、耐蚀合金、精密合金、高强钢、特种不锈钢、工模具钢及特种合金研发、制造、加工、销售；废旧合金的回收、分类、清洗、纯净化再生、销售；特种合金再生利用领域内的技术开发、技术转让、技术咨询、技术服务；货物进出口、技术进出口（依法须经批准的项目，经相关部门批准后方可开展经营活动）”，不涉及房地产业务，公司实际经营业务亦不涉及房地产，因此，公司无须办理房地产开发资质和预售许可证。

案例 2：天下秀数字科技（集团）股份有限公司（股票简称：天下秀，股票代码：600556）

【关注问题】

发行人平台业务、文化传媒业务和教育培训业务是否符合《市场准入负面清单》（2022 年版）等相关法律法规、政策和监管要求；发行人是否已取得从事生产经营所需的全部业务资质、许可，已到期业务资质是否已续期完毕，即将到期业务资质的续期安排、是否存在不能续期的风险。

【披露信息】

2022 年 3 月，国家发展和改革委员会、商务部发布了《市场准入负面清单》（2022 年版）。发行人及其境内控股子公司是否涉及《市场准入负面清单》（2022 年版）中的相关情形，具体分析如下。

1.《市场准入负面清单》（2022 年版）第 5 项、第 6 项规定……根据发行人确认并经核查，截至本补充法律意见书出具之日，发行人及其控股子公司未从事上述业务，发行人平台业务、文化传媒业务和教育培训业务均不涉及《市场准入负面清单》（2022 年版）规定的禁止准入类事项。

经核查，发行人平台业务、文化传媒业务和教育培训业务涉及的《市场准入负面清单》（2022 年版）规定的许可准入类事项如下：（1）《市场准入负面清单》（2022 年版）第 56 项；（2）《市场准入负面清单》（2022 年版）第 89 项；（3）《市场准入负面清单》（2022 年版）第 99 项；（4）《市场准入负面清单》（2022 年版）第 111 项……

2. 根据发行人及其子公司的公司章程、营业执照、《天下秀集团审计报告》及发行人的说明，发行人的主营业务包括：红人营销平台业务及红人经济生态链创新业务，其中红人营销平台业务是基于大数据技术为红人（内容创业者）与企业提供在线红人营销服务的撮合与交易平台，是公司目前的业务核心；红人经济生态链创新业务具体包括红人职业教育、潮流内容街区“西五街”、电商、IMSOCIAL 加速器、TOPKLOUT 克劳锐等创新业务。

根据发行人确认，并经在信用中国、国家企业信用信息公示系统等公开渠道查询，报告期内，发行人不存在因超越资质经营违法违规行为受到处罚的情形。综上所述，发行人已根据相关法律法规取得从事实际生产经营所需的全部业务资质、许可。

总结：

发行人所处行业是律师尽职调查应当重点关注的方面，在当前注册制改革的大势之下,创新型、高新技术产业、新兴行业是国家当前鼓励、支持的方向。对于国家限制、禁止上市的行业,发行人律师应当审慎核查。

二 业务经营方式的合规性

发行人业务经营方式是否合乎法律法规的规定是律师尽职调查须核查的重点之一。律师应当审慎、全面核查发行人在生产经营全流程中应当获取到的相关资质证书,如对外贸易经营者备案登记表、排污许可证、海关报关单位注册登记证书、出入境检验检疫报检企业备案表等。如发行人存在境外经营,那么有关发行人境外投资项目的核准、备案手续、境外经营所需的全部资质以及境外主体注册、经营的真实性、合规性审查等都是审核会关注的问题。

案例3:埃索凯科技股份有限公司(股票简称:埃索凯,已获上市委通过)

【关注问题】

申报文件显示,北美埃索凯的注册地为俄亥俄州,发行人取得的是印第安纳州及加利福尼亚州的相关资质,发行人部分资质即将到期。

1. 说明北美埃索凯注册地与经营资质所属地存在差异的原因及合理性,发行人是否取得境外经营所需的全部资质,境外经营是否合法合规。

2. 结合即将到期的经营资质及其续期要求,披露发行人是否存在无法续期的障碍,评估对生产经营的影响并披露应对措施。

3. 说明发行人是否持续具备从事各类业务所必要的业务资质,尤其是安全生产方面的资质,是否取得生产经营各个环节必需的审批、备案、认证等事项。

请发行人、发行人律师发表明确意见,并说明对境外子公司注册、经营真实性、合规性的核查程序、核查证据及核查结论。

【披露信息】

1. 截至本补充法律意见出具之日,发行人拥有北美埃索凯和香港埃索凯两家境外子公司作为境外经营实体,该等境外子公司在报告期内的合规经营情况

(1)发行人及其子公司已取得业务经营所需资质

截至本补充法律意见出具之日,发行人及其子公司已取得出口备案登记手续及境外经营所需的全部资质,其中,发行人及境内子公司已取得出口备案登记手续等

全部资质;北美埃索凯根据印第安纳州和加利福尼亚州当地的要求已办理业务许可登记;中国香港特别行政区对香港埃索凯经营硫酸锌和硫酸锰进出口业务无资质要求。

(2)发行人境外经营合法合规

根据《北美法律意见书》并经承办律师核查,截至本补充法律意见出具之日,北美埃索凯根据当地法律依法注册并有效存续,不存在法律、法规、规范性文件及公司章程规定的终止情形;北美埃索凯主要从事硫酸锌、硫酸锰等微量元素产品的销售业务,拥有开展其业务所需的所有政府授权,没有被司法机构立案调查或起诉,也未受到任何行政或刑事处罚的情况;劳动用工合法合规,不存在未决的劳动争议;不存在任何重大未决诉讼、仲裁的案件,业务经营合法合规。

根据《香港法律意见书》并经承办律师核查,截至本补充法律意见出具之日,香港埃索凯根据香港特别行政区法律依法注册并有效存续,不存在法律或公司章程规定的终止情形;该公司主要从事硫酸锌、硫酸锰等产品的国际销售业务,并且其业务无须政府许可或授权,没有被司法机构起诉,也未受到任何行政或刑事处罚的情况,不存在任何重大未决诉讼、仲裁的案件,业务经营合法合规。

因此,承办律师认为,发行人境外经营合法合规。

2. 发行人境外子公司注册、经营真实性及合规性

经核查,胡某林于2013年1月投资1.5万美元设立北美埃索凯,于2017年7月将其所持北美埃索凯的100%股权转让给埃索凯有限。承办律师注意到,胡某林于2013年1月投资北美埃索凯时未办理外汇登记手续,具体情况如下:

根据《外汇管理条例》第48条及《个人外汇管理办法》第16条的规定,境内个人对外直接投资符合有关规定的,经外汇管理局核准可以购汇或以自有外汇汇出,并应当办理境外投资外汇登记;违反外汇登记管理规定的,外汇管理机关可以对个人处以5万元以下罚款。根据《行政处罚法》第36条第1款规定:"违法行为在二年内未被发现的,不再给予行政处罚;涉及公民生命健康安全、金融安全且有危害后果的,上述期限延长至五年。法律另有规定的除外。"

根据国家外汇管理局官网"外汇行政处罚信息查询"栏目的查询结果,发行人及胡某林、埃索凯于报告期内不存在因境外投资事宜而受外汇主管部门行政处罚的情形;并经承办律师于2022年9月9日与国家外汇管理局湖南省分局工作人员确认,截至目前,该局未因此对胡某林个人及埃索凯作出过行政处罚的决定,因为胡某林

设立北美埃索凯的出资金额较小且时间久远，不会构成重大违法违规的行为。

胡某林出具了书面承诺函，由于其对境外投资外汇登记的相关规定不熟悉，当时未办理外汇登记手续，若因上述外汇登记行为导致发行人面临外汇主管部门或其他有关部门所作出的行政处罚或承担任何诉讼、损失或遭受其他不利后果的，其本人将足额补偿发行人因上述各项不利后果所造成的任何直接或间接损失。

综上，截至本补充法律意见出具之日，胡某林及埃索凯未因此受到过行政处罚。胡某林设立北美埃索凯的出资金额较小且已过处罚时效，并经国家外汇管理局湖南省分局工作人员确认该行为不属于重大违法违规的行为。因此，承办律师认为，胡某林上述行为不构成重大违法违规的行为，亦不会构成对发行人本次上市的障碍。

3. 境外经营的真实性及合规性

经履行如下核查程序后，认定发行人境外销售收入真实、合法合规。

(1)对主要境外进口商、客户聘请当地律师进行走访，因新冠疫情影响，境内中介机构通过走访境内采购中心、视频访谈以及境外律师实地走访相结合的方式进行，确认境外进口商、客户的股东、实际控制人与发行人、发行人主要股东、董监高及其亲属是否存在关联关系等，确认境外进口商、客户与发行人的合作模式、合同主要条款、合同期限，获取进口商和客户的库存情况。

(2)将销售收入排名靠前的境外主要进口商、客户纳入核查范围，除核查准则规定的关联关系外，核查是否存在潜在关联关系、是否存在其股东、主要管理人员为发行人或子公司的员工或者前员工或者其亲属情况。

(3)因新冠疫情影响，对境外子公司进行视频走访，与境外人员进行沟通，通过视频查看境外仓库，查阅相应的销售单据(如销售发票、发运单等)；与境外子公司的管理人员、财务人员及实际业务人员进行沟通，查阅销售发票、发运单等原始单据，了解客户发货的业务模式。

(4)报告期内，公司境外客户大多为国外大型或知名生命营养企业等，其中部分境外上市公司或上市公司控股子公司；项目组通过互联网查询主要客户的公开信息(包括客户官方网站、上市公司财务报告、境外个别国家的工商信息网站)以及查阅中国出口信用保险公司出具的海外资信报告，核查客户的财务状况、股东信息、工商注册信息、业务规模等，并将公司对上述客户的销售规模与其业务规模进行对比分析。

(5)公司与客户联系及下订单一般通过电子邮箱方式，项目组亦通过 Whois 等网站查询邮箱后缀名,核实其邮箱域名拥有者情况以及所在地区,证实其客户的真实存在性。

(6)境内会计师的境外成员所对报告期末境外的存货进行了盘点,保荐机构及境内会计师参与了监盘和盘点工作。

根据《北美法律意见书》《香港法律意见书》,确认北美埃索凯、香港埃索凯依法注册并有效存续,不存在重大未决诉讼、仲裁案件,未受到行政或刑事处罚的情况,业务经营真实、合法合规。

因此,承办律师认为,发行人境外子公司业务经营真实、合法合规。

案例4:矽电半导体设备(深圳)股份有限公司(股票简称:矽电股份,已获上市委通过)

【关注问题】

请发行人:(1)结合境内外监管政策补充说明是否已获取生产经营所需的境内外资质,已获取资质是否均在存续期内、是否存在续签风险;(2)报告期内产品质量是否符合境内外国家和地区标准、行业标准,是否存在因产品质量与客户、消费者发生纠纷的情形,是否存在被境内外主管机构处罚的情形。

【披露信息】

1.发行人生产经营所需的境内外资质

公司主要从事半导体专用设备的研发、生产和销售,主要产品为探针台设备。根据《特种设备安全法》《特种设备安全监察条例》《工业产品生产许可证管理条例》《安全生产许可证条例》《强制性产品认证管理规定》等相关法律法规及规范性文件的规定,发行人生产的产品不属于特种设备产品,不属于实行生产许可制度及安全生产许可制度管理的产品,亦无须取得强制性认证。

截至本补充法律意见书出具之日,公司不存在在境外设立分子公司并以境外分子公司在境外从事经营活动的情形。报告期内,公司有少量的产品销往境外,主要为香港特别行政区和台湾地区,公司已取得与外销相关的外贸、报关等资质。报告期内,公司境外销售收入金额分别为100.33万元、158.38万元、0.00万元、0.00万元,占当年主营业务收入的比例分别为1.12%、0.86%、0和0。

经核查,公司已取得的与生产经营相关的资质如下:

(1)公司开展生产经营所必需的资质证书如表18所示

表18 矽电股份生产经营资质汇总

序号	主体	证书名称	编号	发证单位	发证日期	有效期
1	矽电股份	对外贸易经营者备案登记表	04978973	深圳龙岗对外贸易经营者备案登记机关	2022年3月28日	—
2		海关进出口货物收发货人备案	4403161RM4	中华人民共和国海关	2019年12月31日	长期

(2)公司开展生产经营自主取得的非强制性资质、认证如表19所示

表19 矽电股份生产经营所获非强制性资质、认证汇总

序号	主体	证书名称	编号	发证单位	发证日期	有效期
1	矽电股份	高新技术企业证书	GR202044205561	深圳市科技创新委员会、深圳市财政局、国家税务总局深圳市税务局	2020年12月11日	三年
2		企业知识产权管理体系认证证书	404IPL190210R1M	北京万坤认证服务有限公司	2022年1月24日	三年
3		质量管理体系认证证书	CN15/31631	通标标准技术服务有限公司	2021年12月25日	三年
4	矽旺科技	高新技术企业证书	GR202144202358	深圳市科技创新委员会、深圳市财政局、国家税务总局深圳市税务局	2021年12月23日	三年

(3)发行人已取得的资质、认证是否存在续期风险

①公司开展生产经营所必需的资质如表 20 所示

表 20 矽电股份生产经营所获必需资质续期情况汇总

序号	证书名称	是否在有效期内	是否存在续期风险
1	对外贸易经营者备案登记表	无有效期	无有效期、无须办理年审、不存在续期风险
2	海关进出口货物收发货人备案	是	长期有效、不存在续期风险

②公司开展生产经营自主取得的非强制性资质、认证如表 21 所示

表 21 矽电股份生产经营所获非强制性资质、认证情况续期情况汇总

序号	主体	证书名称	是否在有效期内	是否存在续期风险
1	矽电股份	高新技术企业证书	是	该项证书尚在有效期内,但将于 2022 年 12 月 11 日到期。公司各项研发活动正常进行,自 2008 年首次通过高新技术企业认定以来,公司已 4 次通过高新技术企业复审;公司目前各项指标均符合《高新技术企业认定管理办法》(国科发火〔2016〕32 号)和《高新技术企业认定管理工作指引》(国科发火〔2016〕195 号)的有关规定要求,续期不存在实质障碍
2		企业知识产权管理体系认证证书	是	该项证书尚在有效期内,近期内不存在到期的情形
3		质量管理体系认证证书	是	该项证书尚在有效期内,近期内不存在到期的情形
4	矽旺科技	高新技术企业证书	是	该项证书尚在有效期内,近期内不存在到期的情形

综上所述,发行人律师认为,公司具备生产经营所必需的资质,且该等资质目前不存在到期无法续期的风险。

公司目前已通过 ISO 9001 质量管理体系认证、企业知识产权管理体系认证,保障公司规范生产。

根据对报告期内公司主要客户的访谈及公司的确认，并经发行人律师的网络核查，公司报告期内不存在因产品质量问题与客户发生纠纷的情形。

根据深圳市市场监督管理局、东莞市市场监督管理局、无锡市梁溪区市场监督管理局出具的证明、公司及其子公司的《企业信用报告（无违法违规证明版）》，并经发行人律师的网络核查，报告期内公司及其子公司均不存在因产品质量问题被境内外主管机构处罚的情形。

总结：

发行人业务经营合规性的审查，需要律师全方位了解企业生产经营的过程，从而全面梳理企业经营须获得的备案、批准、核准、资质等。另外，相对境内业务的核查，境外业务的经营合规性的核查难度更大。一般情况下，涉及境外主体经营合规性的审查均需要境外律师出具明确的合规意见；此外，对境外客户、供应商的走访也是审查发行人境外业务经营真实性的重要手段。

第八章 关联交易和同业竞争

《公司法》第265条规定：关联关系，是指公司控股股东、实际控制人、董事、监事、高级管理人员与其直接或者间接控制的企业之间的关系，以及可能导致公司利益转移的其他关系。但是，国家控股的企业之间不仅因为同受国家控股而具有关联关系。

根据A股各板块股票上市规则，关联方包括关联自然人和关联法人（或者其他组织，下同）。

具有以下情形之一的为上市公司（或拟上市公司，下同）关联自然人：

1. 直接或者间接持有上市公司5%以上股份的自然人；

2. 上市公司董事、监事和高级管理人员；

3. 直接或者间接控制上市公司的法人（控股股东、实际控制人）的董事、监事和高级管理人员；

4. 第1项、第2项所述人士的关系密切的家庭成员，包括配偶，父母，年满18周岁的子女及其配偶，兄弟姐妹及其配偶，配偶的父母、兄弟姐妹，子女配偶的父母。

具有以下情形之一的为上市公司关联法人：

1. 控股股东；

2. 由控股股东直接或者间接控制的除上市公司、控股子公司及控制的其他主体以外的法人；

3. 关联自然人直接或者间接控制的，或者担任董事（不含同为双方的独立董事）、高级管理人员的，除上市公司、控股子公司及控制的其他主体以外的法人；

4. 持有上市公司5%以上股份的法人及其一致行动人。

在过去12个月内或者相关协议或者安排生效后的12个月内，存在上述情形之一的法人、自然人为上市公司的关联方。

证监会、证券交易所或者上市公司可以根据实质重于形式的原则，认定其他与上市公司有特殊关系，可能或者已经造成上市公司对其利益倾斜的法人或者自然人为上市公司的关联人。

根据《企业会计准则第 36 号——关联方披露》，企业关联方还应包括：

1. 对企业实施共同控制、施加重大影响的投资方；

2. 企业的子公司、合营企业、联营企业。

关联交易是指发行人与上述关联方发生交易的情形；交易类型包括购买或者出售资产，对外投资（含委托理财、对子公司投资等），提供财务资助（含有息或者无息借款、委托贷款等），提供担保（含对控股子公司担保等），租入或者租出资产，委托或者受托管理资产和业务，赠与或者受赠资产，债权、债务重组，签订许可使用协议，转让或者受让研发项目；放弃权利（含放弃优先购买权、优先认缴出资权等），购买原材料、燃料、动力，销售产品、商品，提供或者接受劳务，委托或者受托销售，存贷款业务，与关联人共同投资。

同业竞争是指发行人的关联方，特别是发行人的控股股东、实际控制人及其控制的其他企业，存在从事与发行人主营业务相同或相似业务的情形。

第一节　查验程序

一　查验文件

（一）关联方

1. 发行人控股股东、实际控制人、持有发行人 5% 以上股份的股东、董事、监事、高级管理人员和发行人控股股东、实际控制人的董事、监事、高级管理人员分别填写的调查表（注意：发行人律师可以结合企查查、天眼查、见微数据、证券交易所网站、国家企业信用信息公示系统的网络核查结果先行核查发行人的关联方范围，预先填写调查表，再请上述人员进行签字确认）；

2. 截至报告期末发行人的股东名册或证券持有人名册；

3. 发行人现有全体股东关于是否存在一致行动等表决权安排、是否存在关联关系的访谈记录；

4. 国家企业信用信息公示系统的网络核查结果（注意：如国家企业信用信息公司系统的网络核查结果无法显示关联关系的全部内容，应增加企查查或天眼查的网络核查结果作为补充底稿，该核查方法可不写入律师工作报告正文）；

5. 上市公司或非上市公众公司报告期内依法披露的年度报告以及相关公告文件；

6. 发行人重要供应商和重要客户关于是否存在关联关系的访谈记录；

7. 如有必要，核查发行人供应商、客户和新股东清单，与公司的交易情况和工商登记信息，反向核查供应商、客户和新股东是否为发行人的关联人；

8. 为确认是否存在关联方非关联化的情形，应核查曾经存在的关联方的全套工商档案或登记注册文件，股权转让协议及转让背景或注销情况，经营情况，报告期内的银行流水及财务数据，并对股权转让方、受让方进行访谈，查询中国裁判文书网、中国执行信息公开网等网站信息以核查各方是否就股权转让存在争议的情形。

（二）关联交易

1. 报告期内发行人的审计报告、非经营性资金占用及其他关联资金往来情况汇总表的专项说明；

2. 上市公司或非上市公众公司报告期内依法披露的年度报告以及相关公告文件；

3. 发行人报告期内每期末的科目余额表、收入成本总表；

4. 发行人及控股股东、实际控制人、董事、监事、高级管理人员、主要财务人员、主要销售人员报告期内使用的银行账户清单，以及通过支付宝或云闪付对上述银行账户完整性的确认；

5. 上述银行账户报告期内的所有流水，建议发行人律师与项目券商、会计师协商对一定金额以上的流水记录进行筛选，并形成表格；

6. 较大金额的关联交易相关协议及交易凭证（包括出/入库单、签收凭据、加工结算单、收/付款记录）、发票（注意：确保覆盖各类型的关联交易）；

7. 关联交易定价公允性的核查，即关联交易价格与市场可比价格、第三方市场价格的比价底稿；

8. 发行人内部关联交易公允决策的程序制度，包括公司章程、股东会议事规则、董事会议事规则、关联交易管理制度、对外投资管理制度、对外担保管理制度等文件；

9. 根据发行人内部规章制度，发行人报告期内审议上述关联交易的股东会、董事会、监事会会议文件；

10. 发行人控股股东、实际控制人出具的关于减少和规范关联交易的承诺函；

11. 对发行人销售、采购、生产负责人进行访谈，了解发行人与关联方开展采购和销售的背景原因、必要性和持续性；

12. 对与发行人存在关联交易的关联方进行访谈，了解其与发行人的合作背景，核查关联交易的真实性、必要性及定价公允性；

13. 对发行人报告期内除关键管理人员薪酬外的主要关联交易金额（核查比例达到90%及以上为最佳）和往来余额进行函证，核查关联交易的真实性和准确性。

（三）同业竞争

1. 发行人控股股东、实际控制人及其近亲属（范围同前述关系密切的家庭成员）实际控制或施加重大影响的企业清单（应已纳入发行人关联方范围）；

2. 上述企业的营业执照、公司章程、合伙协议；

3. 上述企业关于其历史沿革、资产、人员、主营业务、数据（包括但不限于产品服务的具体特点、技术、商标商号、客户、供应商等）、与发行人关系的访谈记录；

4. 报告期内发行人与上述企业的交易或资金往来记录；

5. 通过核查上述企业的收入成本总表、科目余额表、主要采购和销售合同，对上述企业是否与发行人构成同业竞争进行论证；

6. 发行人独立董事对发行人是否存在同业竞争和避免同业竞争措施的有效性所发表的意见；

7. 发行人控股股东、实际控制人出具的关于避免同业竞争的承诺函；

8. 访谈上述企业的董事、高级管理人员、主要业务人员、主要研发人员；

9. 如有必要，在客户走访中，请重合客户确认其是否了解发行人与上述企业产品或服务的区别；

10. 实地考察发行人与上述企业的主要生产经营场所及其产供销系统。

二 查验要点

（一）关联方

1. 关联方的核查范围应覆盖报告期内曾经存在的关联方，并重点关注关联方、关联交易非关联化，以及其后发行人与该等企业之间是否存在交易。如存在交易，应核查交易内容、交易金额，如有大量交易，应进一步核查该等企业的股权情况、股权转让的真实性、是否有发行人及其相关人员在该等企业委托持股、是否存在利益输送等情形。

2. 报告期末前12个月内或者相关协议或者安排生效后的12个月内，存在上述情形之一的法人、自然人为上市公司的关联人，而非报告期内曾经存在的关联方，注意区分。

（二）关联交易

1. 发行人与关联方之间如存在重大的关联交易，应披露并说明关联交易的背景、内容、数量、金额、关联交易占发行人同类业务的比重以及相关交易与发行人主营业务之间的关系，还应结合可比市场公允价格、第三方市场价格、关联方与其他交易方的价格等，说明并摘要披露关联交易的公允性，是否存在对发行人或关联方的利益输送。

2. 对于控股股东、实际控制人与发行人之间关联交易对应的营业收入、成本费用或利润总额占发行人相应指标的比例较高（30%以上）的，发行人应结合相关关联方的财务状况和经营情况、关联交易产生的营业收入、利润总额合理性等，充分说明并摘要披露关联交易是否影响发行人的经营独立性，是否构成对控股股东或实际控制人的依赖，是否存在通过关联交易调节发行人收入利润或成本费用、对发行人进行利益输送的情形。

3. 发行人报告期内的关联交易是否依法、依据其内部规章制度履行了法定批准程序，关联股东、关联董事在股东（大）会、董事会审议相关关联交易时是否回避表决，独立董事是否对重大关联交易发表事前认可意见和独立意见，监事会成员是否发表不同意见。

4. 发行人还应披露规范并减少关联交易的具体措施，包括发行人吸收合并相关关联方。

5. 注意按照股票上市规则可以免于按照关联交易的方式进行审议和披露的交易类型，可结合相关规定在律师工作报告中进行说明。

6. 如存在关联交易违规决策、违规披露等情形，应当核查整改情况并就该等问题是否影响发行条件发表意见。

（三）同业竞争

1. 同业竞争的“同业”是指竞争方从事与发行人主营业务相同或相似的业务。

核查认定“竞争”时，应当按照实质重于形式的原则，结合相关企业历史沿革、资产、人员、主营业务（包括但不限于产品或服务的具体特点、技术、商标商号、客户、供应商等）、财务等方面与发行人的关系，业务是否有替代性和竞争性、是否有利益冲突，销售渠道、主要客户及供应商是否重叠等判断是否对发行人构成竞争；不能简单以产品的销售地域不同、档次不同等认定不构成同业竞争。竞争方的同类收入或者毛利占发行人主营业务收入或者毛利的比例达30%以上的，如无充分相反证据，原则上应当认定为构成重大不利影响的同业竞争。

2. 发行人如与其控股股东、实际控制人实际控制或施加重大影响的企业存在同业竞争，应重点核查该等同业竞争是否对发行人的业务开展构成重大不利影响并作出合理解释，发行人及其控股股东、实际控制人是否已制定明确可行的对于相关资产、业务的安排或解决方案并明确未来整合时间安排。

3. 发行人控股股东、实际控制人已作出的关于避免或解决同业竞争承诺的履行情况及是否存在违反承诺的情形，是否损害发行人利益。

第二节 关联交易和同业竞争相关案例

一 报告期内关联交易占比较高

根据监管规则适用指引的相关规定，关联交易占比不应过高且应控制在30%以下，如超过该标准，发行人应结合关联交易的形成原因和背景、关联方情况、行业特点和行业的生态环境等综合说明关联交易持续占比较高的情形是否具备商业合理性、必要性，并通过比较无关联第三方同类交易的具体信息，说明关联交易定价是否公允，是否存在利益输送或调节收入、利润或成本费用的情形。

案例1：安徽芯动联科微系统股份有限公司（股票简称：芯动联科，股票代码：688582）

根据申报材料：(1)报告期内公司关联交易占比较高，关联销售分别为18.20%、27.21%和22.45%，关联采购分别为36.16%、35.07%和43.50%；主要股东均承诺将尽量减少、避免与股份公司之间发生关联交易，对于能够通过市场方式或与独立第三方之间发生的交易，将由股份公司与独立第三方进行，与报告期内变动趋势明显不符。(2)客户A系发行人第一大客户以及重要关联方。(3)发行人技术服务(课题研究)的毛利率超过90%且仅向关联方(客户A、客户J)提供。(4)发行人关联方安徽北方微电子研究院集团有限公司(以下简称北方电子院安徽公司)具有MEMS晶圆代工及封装产线，公司委托其进行晶圆代工(主要为加速度计MEMS晶圆)及封装，系发行人第二大供应商。

【关注问题】

请说明：(1)报告期内各项关联交易金额的变动原因及合理性，结合承诺内容及关联交易的实际变动趋势进一步说明主要股东履行承诺的具体措施及可行性，关联交易是否将持续增长。(2)客户A采购发行人产品的订单覆盖与终端销售实现情况，报告期内收入增速显著高于非关联客户的原因及合理性；向发行人采购时点与自身业务开展情况的匹配情况，是否存在提前备货的情形，若存在，请进一步说明备货金额的合理性。(3)客户A、客户J相关课题承担情况，在发行人成立前如何完成相关工作，进一步说明报告期内采购发行人技术服务的必要性；技术服务所对应课题的基本情况与总体收支，发行人是否为课题成员单位，技术服务毛利率水平与课题性质是否匹配，进一步说明技术服务采购的公允性。(4)北方电子院安徽公司向发行人销售与向无关联第三方销售主要合同条款及实际执行的差异比较情况及合理性；境内其他供应商在MEMS晶圆代工及封装产线的布局情况，与北方电子院安徽公司所提供服务在内容、价格、技术水平等方面的差异情况，发行人未与其他境内厂商合作的原因，加速度计MEMS晶圆是否对其存在依赖。

【披露信息】

首先将关联交易分为向关联方销售产品、销售材料(占比低于0.2%，此处不再赘述)、销售技术服务和向关联方采购商品、接受劳务。

在关联销售产品项下比较发行人向关联方客户A的销售价格和向全部客户销售的平均价格，单价差异率[=(向客户A销售单价－向全部客户销售的平均售价)/平均售价]最高为2022年度陀螺仪33系列的20.47%。该项结论为报告期内发行人对客户A的销售价格与发行人产品平均售价大部分差异较小，2022年陀螺仪33系列单价差异率高的原因为客户A对同系列产品的性能指标要求高，产品量程大精度高，因此售价相对较高。发行人向客户A销售产品均以市场价格为依据，进行公平交易和核算，定价机制合理，定价公允。

在关联销售技术服务项下重点论述客户A、客户J[均在中国兵器工业集团有限公司(以下简称集团)的体系内]及发行人(集团控制发行人20%股份,系发行人的创始股东之一)的成立背景、合作过程。发行人的成立系集团为打造高性能MEMS惯性传感器芯片设计、制造、封装、器件、组件等完整产业链而促成,其与集团内的客户A、客户J、北方电子院安徽公司相互合作,形成优势互补。发行人并非课题成员单位,也不享有课题成果的相关权利。经已取得相应保密资质的中介机构人员现场查阅主要课题相关文件,客户A、客户J所参与课题的总体收支情况显著大于其向发行人所采购技术服务的金额。由于该等课题的定制化程度相对较高、对技术服务水平要求较高和发行人提供的技术服务附加值较高,因此毛利率水平相对较高。经比较发行人向非关联方客户销售技术服务的毛利率,该项结论为并无明显差异,定价具有公允性,不存在损害公司及其他非关联股东利益的情形,不存在利益输送的情形。

发行人向第一大股东采购技术服务(报告期内采购占比超过10%):发行人第一大股东派创始团队(金某冬、宣某琦、毛某耀)为发行人提供具体的技术咨询服务,主要是为发行人的技术研发提供方向性指导,但主要研发工作以及工艺实现等仍是由以华某平、张某泊、顾某琦为核心的发行人的研发团队完成。金某冬为发行人的实际控制人并持有发行人第一大股东70%股权,毛某耀持有发行人第一大股东30%股权,宣某琦在发行人股东之一处担任监事。创始团队已从发行人前身辞职,现均任职于发行人股东。发行人研发团队已自发行人创始团队实现核心技术的承继、优化和迭代,具备自主研发能力和持续性。与公司核心技术人员相比,发行人向创始团队支付的技术咨询服务费用相对较高,主要原因系技术咨询服务费用是发行人根据创始团队提供的技术咨询服务内容并参考其历史工作薪酬确定的。创始团队薪酬水平主要参考其以往任职情况以及相关半导体企业高管薪酬水平确定,与半导体行业相关公司相比,创始团队收取的技术咨询服务费用显著低于其高级管理人员薪酬。该项结论为发行人技术咨询服务费用定价公允,不存在利益输送以及损害股东权益的情形。

发行人向北方电子院安徽公司(集团全资子公司)采购MEMS晶圆、封装服务及流片工艺相关的技术服务:通过比较北方电子院安徽公司与无关联第三方履行的同类型交易协议内容,境内其他供应商与北方电子院安徽公司在晶圆代工和封装领域的服务内容、产线、技术水平、价格方面的差异以及发行人向无关联第三方进行同类采购的价格,得出北方电子院安徽公司与无关联第三方签订的同类型交易协议条款与其与发行人签订的协议内容无实质差异,且实际执行与合同条款的约定一致。基于发行人产品工艺复杂、精度水平需要达到工业级以上,技术要求高、定制性强等原因,只有少数境内供应商能够满足发行人的需求,并导致发行人晶圆代工的采购价格较高;高性能MEMS传感器的封装工艺需要发行人与供应商共同定制开发,发行人的封装生产具有多批少量的特点,选择北方电子院安徽公司为发行人的封装服务供应商具备商业合理性,且由于发行人议价能力较强、采购数量稳定且逐年增加,北方电子院安徽公司向发行人提供封装服务的单价略低;加速度计MEMS晶圆的工艺难度较陀螺仪MEMS晶圆略低,在境内厂商能提供相关产品的情况下,发行人出于合作稳定性、交期等多方面因素的考虑,优先向境内供应商采购,不存在对北方电子院安徽公司依赖的情形。

发行人及其主要股东在关联销售、采购交易中履行了承诺,尽可能减少了不必要的关联交易,与关联方的交易条件未优于市场标准,不存在关联交易损害发行人及发行人其他股东合法权益的情况。但由于相关产品及技术服务具有不可替代性,发行人向关联方提供技术服务、销售产品以及向关联方采购相关服务的关联交易预计在未来一段时间内仍将持续发生,且随着发行人经营规模的扩大,交易金额预计将有所增加。

总结:

上述案例具有较强的行业特性。因集团为发行人的第二大股东,集团控制下企业系发行人的主要客户和供应商,关联交易占比较大。证券监管部门理解该等关联交易的形成背景和原因,且通过中介机构的核查,得出报告期内,发行人关联交易真实、准确、完整,具有必要性,定价公允的结论,但未就发行人对其重要股东是否存在重大依赖的情形发表明确意见。

二 关联方和关联交易非关联化

关联方、关联交易非关联化是指为逃避监管,有目的地将关联方的股权或任职转让至非关联方,使原关联方表面上不再为发行人之关联方,但该等股权或职务仍由关联方实际控制的情形,此为监管部门绝对禁止的情形。

案例2:安徽芯动联科微系统股份有限公司(股票简称:芯动联科,股票代码:688582)

北京昆天科技有限公司和QUINTICHKLIMITED系金某冬和宣某琦曾经投资且存在重大影响的企业。2019年6月,金某冬、宣某琦将持有的北京昆天科技有限公司股份转让给第三方,2021年9月注销解散;2019年10月,金某冬、宣某琦将持有的QUINTICHKLIMITED股份转让给第三方。北京迈趣信息技术有限公司系金某冬控制的企业,2019年3月注销。

【关注问题】

报告期内注销和转让公司的业务经营情况,注销或转让的具体原因及执行过程,与发行人业务、技术和人员上的关系,注销后的人员、技术去向,是否存在纠纷或潜在纠纷。请对是否存在关联方非关联化、关联方核查的完整性、注销或转让重要关联方等事项进行核查。

【披露信息】

列表说明报告期内注销和转让的公司的成立日期、注册资本、主营业务、关联关系、注销或转让时间及原因。

通过对上述公司历史股东进行访谈并核查上述公司的银行流水、会议文件,说明上述公司的主营业务及其财务数据,并得出上述公司与发行人不存在同业竞争,因经营情况未达到预期、业务量逐渐萎缩而转让股权或注销公司的结论。

说明上述公司注销时的人员、技术、资产情况,报告期内上述公司与发行人之间的交易情况,不存在发行人承接人员、技术和资产的情况,亦不存在同一人员同时在上述公司和发行人兼职的情形。并通过取得股权受让方的书面声明或对其进行访谈和网络核查,对各方就上述公司股权转让、注销的相关事宜不存在纠纷或潜在纠纷的情形发表明确意见。

案例3:四川和邦生物科技股份有限公司(股票简称:和邦生物,股票代码:603077.SH)

【关注问题】

报告期内供应商及客户是否与公司、控股股东、实际控制人存在关联关系,是否存在关联方、供应商和客户为申请人分担成本费用的情况,是否存在关联交易非关联化情形,是否存在利益输送。

【披露信息】

(一)报告期内供应商及客户是否与公司、控股股东、实际控制人存在关联关系

报告期内,发行人与控股股东、实际控制人存在关联关系的关联方经常性关联交易情况如下:

1. 关联采购

报告期内,公司向关联方采购金额占当期营业成本的比例分别为4.18%、5.26%、4.73%,占比较低,对报告期内生产经营的影响较小。

工业盐系公司化工产品生产的主要原材料之一,报告期内公司根据经营需要向顺城盐品购买工业盐,占对顺城盐品关联采购金额的90%以上。公司所处区域盐矿资源丰富,顺城盐品紧邻公司厂区,通过传送带输送至公司,运输成本较低,交易符合经济性原则。公司向顺城盐品采购工业盐,采购价格根据顺城盐品当月向第三方销售工业盐的平均价格确定,不存在损害上市公司或中小股东的利益的情形。

原煤系公司化工产品生产的主要能源,报告期内公司根据经营需要向吉祥煤业、寿保煤业、桅杆坝煤矿等单位采购原煤。该等单位矿区与公司均位于乐山市,运输距离较短,运输成本较低,交易符合经济性原则。公司向该等单位采购原煤,采购价格按市场化定价、结算,未损害发行人及股东的利益,并保障了公司能源供应。

2. 关联销售

报告期内,公司向关联方出售卤水、成品油、制品玻璃等产品,占当期营业收入的比例分别为0.90%、0.49%、0.42%,占比较低,对报告期内生产经营的影响较小。

报告期内,公司向顺城盐品主要销售卤水,销售金额分别为4260.26万元、4375.48万元、4338.04万元。卤水关联交易价格根据成本加合理利润进行协商定价,以顺城盐品成立时投资双方确定的卤水销售价格作为卤水的关联交易价格,以后根据成本和税费变化调整。顺城盐品系公司持股49.00%的参股公司,其制盐生产基地需求稳定,公司向顺城盐品销售卤水具有稳定性,未损害公司及股东的利益,不存在通过关联交易向控股股东及实际控制人输送利益的情形。

发行人与上述关联方发生的关联交易事项均已履行了必要的内部决策程序及信息披露程序;报告期内关联交易根据市场交易规则履行,交易条件不存在对交易之任何一方显失公平的情形。

报告期内,除上述情形外,发行人其他供应商、客户与发行人、控股股东、实际控制人不存在关联关系。

（二）是否存在关联方、供应商和客户为申请人分担成本费用的情况，是否存在关联交易非关联化情形，是否存在利益输送

报告期内上述部分供应商及客户与公司、控股股东、实际控制人存在关联关系，该等关联供应商及客户不存在在报告期内注销的情形；相关关联交易事项均已履行了必要的内部决策程序及信息披露程序。发行人报告期内关联交易均已完整披露。

报告期内，公司经常性关联交易的金额占当期营业成本、营业收入的比例较低，且均与公司日常生产经营活动相关，定价公允，具有合理性与必要性。

上述关联交易对公司生产经营和财务状况不产生实质不利影响，不存在关联方、供应商和客户为发行人分担成本费用的情况，亦不存在关联交易非关联化以及利益输送情形。

总结：

重点在于核查发行人曾经存在的关联方或关联方与发行人是否存在交易，尤其是在股权转让后是否存在交易的情形。如仍存在交易，应核实股权转让的商业合理性和真实性、是否存在委托持股的情形；如不存在交易，应核查该等交易的承接是否合理合法。

三 发行人与其控股股东/实际控制人及其控制的其他企业存在同业竞争

根据监管规则适用指引的相关规定，原则上发行人与其控股股东、实际控制人及其控制的其他企业不应存在同业竞争的情形；如存在，该等企业同类业务的营业收入、净利润与发行人主营业务的收入、净利润之占比不应超过30%，否则将构成对发行人有重大不利影响的同业竞争。

案例4：保利发展控股集团股份有限公司（股票简称：保利发展，股票代码：600048.SH）

【关注问题】

解决同业竞争措施的实施情况及其有效性，已作出的关于避免或解决同业竞争承诺的履行情况及是否存在违反承诺的情形。

【披露信息】

（一）发行人主营业务情况

发行人的主营业务是房地产开发与销售、租赁及物业管理等。

(二)保利集团及下属其他企业从事房地产业务情况

发行人控股股东保利南方集团及实际控制人保利集团本级并不从事房地产开发业务,保利集团控制的其他企业中仅有保利置业及其下属子公司从事房地开发业务。

保利南方集团及保利集团控制的其他下属企业中国工艺集团有限公司等多家公司经营范围涉及房地产开发业务,但该等公司实际并不从事房地产开发业务。

保利置业基本情况如下:保利置业为一家在香港联合交易所上市的综合性投资企业(股票代码:00119. HK)。截至上交所官网披露的《补充法律意见书(二)》出具日,保利(香港)控股有限公司是保利置业的间接控股股东,保利集团是保利置业的实际控制人。

保利置业前身为新海康航业投资有限公司,主营业务为航运,后来业务拓展为包括投资性物业经营、热电能源、航运、酒店经营、文化传媒、软件增值、保险、金融服务及证券投资等业务,并在后续发展过程中产生了房地产开发业务,目前主要从事房地产开发业务。

尽管保利置业目前在国内部分地区从事房地产开发业务,但就房地产行业内竞争的特殊性以及房地产产品本身的特殊属性等方面而言,保利置业与发行人之间并不存在实质性的同业竞争,保利置业的业务发展不会对发行人的利益造成实质性的损害,主要原因如下:

1. 保利置业为我国香港特别行政区的一家上市公司,其经营独立于保利集团,保利集团只能够通过其持有保利置业的股权,在符合上市公司决策程序的基础上,对保利置业的经营决策施加影响,而不能利用控股股东地位直接干预保利置业的正常经营。保利置业的生产经营决策均在符合其公司自身决策程序的基础上独立制定,保利置业的业务经营完全独立。

2. 我国房地产行业是高度分散化和充分竞争的行业,房地产企业面临着市场上其他所有同行的竞争。房地产开发过程中的主要环节,包括土地资源的获取、工程建设和产品销售等,均由政府或公开市场主导决定,并不能由某一市场主体单独决定。保利集团无法拥有房地产开发所必需的土地资源,也无法控制公司或保利置业房地产项目的开发建设和销售。保利置业在房地产市场上与公司之间的关系,和市场上数万家房地产开发企业与公司之间的关系并无区别。

3. 2017 年 11 月,保利集团以发行人为核心对保利集团境内房地产业务进行整合，将其全资子公司（保利置业之间接控股股东）保利（香港）控股有限公司 50% 股权转让给发行人。上述股权转让交割工作已于 2018 年 6 月完成。

经核查，截至上交所官网披露的《补充法律意见书（二）》出具日，发行人与控股股东、实际控制人及其控制的其他企业之间不存在实质性的同业竞争。

（三）已作出的避免同业竞争承诺及其履行情况

保利集团、保利南方集团等公司在发行人首次公开发行 A 股股票过程中，分别与发行人签署了《关于避免同业竞争的协议》，并作出相关安排，承诺避免与发行人发生同业竞争，且未从事与发行人形成实质性同业竞争的业务。具体承诺内容已在发行人首次公开发行股票招股说明书和 2007 年公开增发招股说明书中予以披露，具体承诺内容如下：

保利集团、保利南方集团分别承诺将不会，并将促使其所控制的企业不会，在发行人从事主营业务的地区内，单独或与他人合作从事或参与任何对发行人及其所控制的企业已有的有关住宅用房、商业用房、写字楼的房地产开发、销售、租赁及其物业管理业务构成或可能构成直接或间接竞争的业务。

对于该协议签订前已存在与发行人相同或相似的业务，保利集团、保利南方集团承诺并促使其所控制的企业，在该等业务与发行人构成竞争时，将采取由发行人优先选择控股或收购的方式进行。如果发行人放弃该等优先权，则保利集团、保利南方集团将通过注销或以不优惠于其向发行人提出的条件转让股权给第三方等方式，解决该等同业竞争问题。

如果保利集团、保利南方集团及其所控制的企业拥有或可能拥有发行人主营业务范围内的项目机会、新业务、新技术及其相关知识产权，发行人对该等竞争性业务及技术享有优先购买权或独占使用权。但如果发行人放弃该等优先权，则保利集团、保利南方集团有权以不优惠于其向发行人提出的条件向他人转让或许可独占使用该等竞争性业务及技术。

2009 年，保利集团探讨把保利置业私有化后将其资产通过定向增发注入发行人的方案。2010 年，保利集团承诺积极推进发行人和保利置业两个房地产业务平台的整合。2015 年 6 月，保利集团出具承诺函，承诺在 2018 年年底前进行房地产业务板块的整合。

2017 年 11 月，为避免保利置业或保利集团控制的其他企业与发行人未来可能出现的同业竞争，保利集团以发行人为核心对保利集团境内房地产业务进行整合，将其全资子公司(保利置业之间接控股股东)保利(香港)控股有限公司50%股权转让给发行人,发行人向保利(香港)控股有限公司委派两名董事;同时约定,自股权转让合同生效之日起,以发行人为核心对保利集团境内房地产业务进行整合,未来保利集团及下属企业在境内新增的房地产开发项目均以发行人为主进行开发。

上述股权转让交割工作已于2018年6月完成。保利集团认为,“本次整合后,发行人持有保利置业控股股东50%股权,比较有效地解决了保利置业和发行人的潜在同业竞争”。而且自整合完成以来至上交所披露的《补充法律意见书(二)》出具日,保利集团及下属企业在境内新增的房地产开发项目均以发行人为主进行开发。

为有效防止保利置业与发行人未来的潜在同业竞争,保利集团于2023年1月出具相关承诺,承诺保利集团及其下属企业未来境内新增的房地产开发项目均以发行人为主进行开发。在符合相关监管要求及不损害中小股东利益的基础上,保利集团将进一步推进业务整合,有效防止保利置业和发行人未来的潜在同业竞争。

综上所述,发行人实际控制人保利集团为避免自身及其控制的其他企业与发行人之间可能出现同业竞争情况出具了相关承诺,采取了多项措施积极履行,并在2023年作出了进一步承诺。在目前房地产行业高度分散和充分竞争的情况下,保利置业与发行人属于独立经营的上市公司,保利置业不存在实质性损害发行人经营业务的情况。因此,截至上交所披露的《补充法律意见书(二)》出具日,发行人与控股股东、实际控制人及其控制的其他企业之间不存在实质性的同业竞争,发行人控股股东、实际控制人已采取较为完善的措施避免潜在的同业竞争,并积极履行其作出的承诺,不存在违反承诺的情况,不存在侵害中小股东利益的情形。

(四)发行人信息披露

经核查,发行人已在募集说明书中披露了其与保利集团及其控制的其他企业之间是否存在同业竞争的具体情况,以及保利集团、保利南方集团出具的相关承诺及其履行情况等内容,符合《监管规则适用指引——发行类第6号》第6-1条的相关规定。

案例5:杭州萤石网络股份有限公司(股票简称:萤石网络,股票代码:688475.SH)

发行人控股股东海康威视中小企业事业群的行业专用视频设备虽然在技术方案上与发行人的智能家居摄像机存在众多差异,但为了满足中小企业客户在特殊场景下的应用需求,发行人也允许其直接连接萤石物联云平台,存在与发行人智能家居摄像机实现相同或相似用途的可能性，存在相互替代的可能。报告期内，上述产品占发行人智能家居摄像机营业收入及毛利的比例保持在10%左右，且海康威视出具了同业竞争补充承诺，针对该部分产品，未来其占发行人营业收入及毛利的比例将控制在10%以下，上述产品对发行人不构成重大不利影响的同业竞争。

【关注问题】

(1)海康威视主营产品与发行人主营产品是否构成竞争。(2)海康威视各事业群之间的划分标准是否清晰；中小企业事业群行业专用视频设备的具体范围，占发行人营业收入及毛利10%的计算方法，是否还存在其他直接接入发行人物联云平台的产品。(3)海康威视中小企业事业群业务的未来发展规划，关于该项业务避免与发行人产生同业竞争的具体措施，相关承诺是否能够确保双方业务未来清晰划分。(4)海康威视相关产品与发行人是否构成重大不利影响的同业竞争，并说明依据。

【披露信息】

除海康威视中小企业事业群的行业专用视频以外，海康威视相关产品与发行人不构成同业竞争；中小企业事业群的行业专用视频与发行人不构成重大不利影响的同业竞争。具体分析及依据如下：

1. 发行人自主研发并构建了海康威视内唯一运行在公有云上的物联网云平台，并以此为基础自主研发了各类智能家居产品，该云平台的运营权以及连接该平台的技术方案，是构建发行人与控股股东差异化业务的基础。

2. 海康威视约85%的硬件设备应用于专用网络，其是由前后端等多种设备共同构成的复杂系统，不接入萤石物联云平台，与发行人的主营产品存在本质差异，不构成同业竞争。

3. 海康威视约15%的硬件设备接入萤石物联云平台，其中约95%是由前端设备、后端设备等共同组成的视频监控系统，并通过后端设备接入云平台，以补充其远程服务及统一管理能力。与相关视频监控系统相比，发行人的智能家居摄像机无须与后端设备搭配使用，而后端设备在海康威视视频监控系统中的关键作用无法被替代，且发行人的智能家居摄像机与海康威视的视频监控系统在技术方案、产品功能上存在显著差异，双方的用途差异同样明显，不存在业务重合，不存在同业竞争。

4. 海康威视约15%的硬件设备接入萤石物联云平台，其中约5%可直接接入云平台。在该部分产品中，行业专用视频设备的占比最高，是海康威视服务于政企客户的各类特种型号的前端设备，无须与后端设备搭配使用，且具有定制化、专业化的特点，包括4G摄像机、防爆摄像机、抓拍摄像机、高速云台摄像机等。在该部分产品中，海康威视面向政府和大型企业的行业专用视频设备虽然也被允许直接接入萤石物联云平台，但技术方案上与发行人的智能家居摄像机也存在显著差异，且双方的产品均围绕各自的行业场景设计，产品功能和技术性能存在显著区别，在行业上能够明显进行划分，不存在应用场景重合的情况，因此双方不存在同业竞争。

中小企业事业群的行业专用视频设备虽然在技术方案上与发行人的智能家居摄像机存在众多差异，但在智慧生活场景中，存在与发行人产品实现相同或相似用途的可能性。不过，该部分产品产生的营业收入及毛利占发行人同类产品及业务的比例不足10%，且海康威视出具承诺未来也不会超过10%，因此对发行人不构成重大不利影响的同业竞争。

5. 海康威视剩余不足2%的其他直接接入云平台的设备主要包括门禁对讲、考勤机、道闸、周界系统等海康威视服务于社区管理、园区管理等广义安防场景的泛安防产品，以及创新业务产品，包括工业机器人、汽车电子、红外设备、安检设备、消防设备、术野设备等，相关产品也与发行人在产品功能和业务领域方面存在显著差异，不构成同业竞争。

6. 发行人及海康威视已采取措施明确发行人和中小企业事业群的业务边界，并针对中小企业事业群的行业专用视频设备出具了避免同业竞争的补充承诺，相关承诺能够确保双方业务未来清晰划分。

总结：

应结合发行人控股股东、实际控制人的发展背景，所处行业特殊性，同类或相类似产品及服务的应用场景（细化分类）、客户和供应商重合度，发行人控股股东、实际控制人对其或其控制下的其他主体相关业务的发展规划及措施具体说明是否存在同业竞争。如存在同业竞争，发行人控股股东、实际控制人应承诺并采取措施使同业竞争企业同类业务的营业收入、净利润占发行人营业收入、净利润的比例不超过30%；如该比例较高，应承诺采取措施减少同业竞争，如发行人吸收合并同业竞争企业。

第九章

发行人的主要财产

根据证监会《公开发行证券公司信息披露的编报规则第 12 号——公开发行证券的法律意见书和律师工作报告》的要求，发行人律师应当对发行人（包括发行人的子公司及分支机构）的主要财产发表结论性意见，包括发行人的土地使用权、房产、主要生产经营设备、专利、著作权、商标、域名等主要财产是否存在产权纠纷或潜在纠纷，发行人以何种方式取得上述财产的所有权或使用权、是否存在权利负担等。发行人的财产主要分为不动产、动产、知识产权几个类型，为了达到有效的法律核查目的，律师应当从以下几个方面对相关文件进行查验，并重点关注相应的核查要点。

第一节　查验程序

一 查验文件

律师在查验发行人的主要财产之前，应当要求发行人提供重大资产清单，并确保其提供的资产清单真实、准确、完整，以供律师逐项对照核查。

（一）土地使用权

1. 以出让方式取得国有土地使用权的，应核查申请及审批文件、履行招拍挂程序文件、土地使用权出让协议、土地出让价款缴纳凭证、划拨用地（含土地性质变更）补缴的土地出让金（如有）。需要查验的具体文件如下：

（1）发行人与政府主管机关签署的土地使用权出让合同。

（2）发行人与原集体土地所有者代表（村民委员会）签署的用地补偿协

议(如有)。

(3)发行人已按土地使用权出让合同及/或用地补偿协议付清土地使用权出让金及补偿费之发票(或收据)。

(4)付清所有政府税费(包括契税、城市基础配套设施费)的凭证。

(5)国有土地使用证。

2. 以受让方式取得国有土地使用权的,应核查土地使用权转让协议、转让价款支付凭证等。需要查验的具体文件如下:

(1)发行人与转让方签署的土地使用权转让合同。

(2)发行人已按土地使用权转让合同付清土地转让金之发票(或收据)。

(3)国有土地使用证。

3. 以租赁方式取得国有土地使用权的,应核查土地租赁合同、土地租金支付凭证、土地使用权登记文件。需要查验的具体文件如下:

(1)与土地使用权人签订的土地租赁合同。

(2)发行人已按土地租赁合同付清土地使用权租金的发票(或收据)。

(3)土地使用权人持有的国有土地使用证。

4. 涉及使用农村集体土地的,应核查土地承包经营权证、土地承包经营权流转合同。需要查验的具体文件如下:

(1)集体建设用地使用权出让合同及相关补充合同。

(2)相关政府部门签发的关于核准受让集体建设用地使用权的文件。

(3)已按集体建设用地使用权出让合同及相关补充合同付清集体土地使用权出让金的发票(或收据)。

(4)付清所有政府税费的凭证。

(5)集体土地使用证。

5. 涉及使用林地、草原、海域、矿产资源的,需要查验的具体文件如下:

(1)涉及林业的,应当查验林权证,以及相应的权属流转合同、登记备案凭证。

(2)涉及草原资源的,应当查验草原承包使用权证、草原所有权证,以及相应的权属流转合同、登记备案凭证。

(3)涉及海域的,除需要查验海域使用权证外,还应查验海域使用申请书、申请海域的坐标图、资信等相关证明材料、海域使用论证报告书、项目用海批复或者海域使用权出让合同、海域使用金缴纳凭证。

(4)涉及矿产资源开采的,需要查验采矿许可证。此外,通过申请方式取得采矿许可证的,应当查验申请采矿许可证的全部资料;通过招拍挂方式取得采矿许可证的,应当查验招标拍卖挂牌公告、标书、竞买申请书、报价单、矿产地的地质报告、矿产资源开发利用和矿山环境保护要求、成交确认书等;通过转让方式取得采矿许可证的,应当查验向审批机关提交的资料,包括转让申请书、转让合同、受让人资质证明文件、转让人满足转让条件的说明、矿产资源开采报告、采矿权评估报告等。

(5)涉及矿产资源勘查的,需要查验矿产资源勘查许可证方式,通过申请方式取得矿产资源勘查许可证的,应当查验申请勘查许可证的所有书面文件:申请登记书和申请的区块范围图、勘查单位的资格证书复印件、勘查工作计划/勘查合同/委托勘查的证明文件、勘查实施方案及附件、勘查项目资金来源证明以及其他一并提交的资料;通过招拍挂方式取得矿产资源勘查许可证的,应当查验招标拍卖挂牌公告、标书、竞买申请书、报价单、矿产地的地质报告、矿产资源开发利用和矿山环境保护要求、成交确认书等;通过转让方式取得矿产资源勘查许可证的,应当查验向审批机关提交的资料,包括转让申请书、转让合同、受让人资质证明文件、转让人满足转让条件的说明、矿产资源勘探报告、采矿权评估报告(国家出资勘查形成的探矿权适用)、采矿权年检情况或年度信息公示资料等。

(二)房屋所有权

1.以自建方式取得房屋所有权的(含在建工程),应查验的文件具体如下:

(1)建设用地批准证书;

(2)建设用地规划许可证;

(3)建设工程规划许可证;

(4)环保立项批文或登记表(包括建设项目环境影响报告书/建设项目环境影响报告表/建设项目环境影响登记表);

(5)建筑工程施工许可证;

(6)建设工程报建批复;

(7)建设项目规划验收批复书;

(8)建设单位、施工单位、设计单位、勘查单位、监理单位共同签署的竣工验收报告;

(9)建筑工程消防验收意见书;

(10)质量监督机构已发出工程质量监督报告的证明;

(11)建设工程竣工验收备案表;

(12)不动产权证书(或房地产权证)。

2. 以受让方式取得房屋所有权的,应查验的文件具体如下:

(1)不动产权证书(或房地产权证);

(2)房屋买卖合同或其他转让合同;

(3)房屋评估报告(如有);

(4)房屋税费票据;

(5)其他相关文件,如房屋建设工程规划许可证、房屋建设工程竣工验收备案表、房地产开发企业资质证书、房地产预售许可证等。

3. 租赁房屋的,应查验的文件具体如下:

(1)发行人承租房屋相关的租赁合同、转租合同;

(2)出租方持有的房屋所有权证或房产证等产权证明文件;

(3)出租方之主体资格证明文件(查验最新营业执照/公司注册证书/商业登记证,自然人查验最新身份证);

(4)出租方未持有相关权利证书或房屋所在地块的土地性质为集体土地的,应说明房屋所有权权属情况并查验相关文件(包括但不限于村民委员会出具的证明、宅基地使用证、报建文件、历史遗留违法建筑申报回执、质量检测报告、消防验收/整改意见等);

(5)租赁房屋所在地块的土地性质为国有划拨土地的,需查验该房屋经自然资源部门批准的证明及其他支持文件(如出租方与政府主管机关签订的《国有土地使用权出租缴纳土地年租金协议》及出租方缴纳土地租金的凭证);

(6)物业租赁合同在房屋租赁管理机关办理的登记备案证明;

(7)房屋租赁许可证(如有);

(8)如租赁的房屋为抵押在先的房屋,应查验抵押权人就出租事宜的同意函。

(三)生产经营所用的机器设备、车辆、大宗存货、重要原材料等

1. 有关该等动产的采购合同及发票等;

2. 发行人拥有的车辆登记证;

3. 该等动产处置的价款支付、收取凭证及接收、交付证明;

4. 该等动产的租赁合同(如有);

5. 该等动产设定抵押、担保的抵押协议、担保协议及登记文件、主债务合

同(如有);

6. 为发行人资产购买的财产险、公众责任险等商业保险的保险单以及保费缴纳凭证;

7. 如果该等动产属于海关监管的免关税的物品,应提供相关免税文件(如海关批准同意的证明文件及相关合同);

8. 如果该等动产是发行人股东用于出资的资产,需查验股东的原始取得文件、资产过户凭证及交接确认文件等。

(四)知识产权

1. 专利权

在法律尽职调查中,涉及发行人首次取得专利权的,需要查验的文件具体如下:

(1)发行人与专利委托代理机构签署的书面委托代理协议、委托申请协议以及申请专利主体的主体资格证明文件;

(2)专利注册申请书及说明文件、专利申请受理通知书,以及申请、取得知识产权权属的相关权属证书;

(3)知识产权登记费及年费缴纳凭证原件;

(4)专利公告相关文件和复核、复审申请书(如有);

(5)发行人取得的专利权属证书原件。

涉及发行人继受取得专利所有权的,需要查验的文件具体如下:

(1)发行人受让取得专利权(含专利申请权)的转让协议、变更申请文件及协议实际履行情况的书面说明;

(2)委托或者合作开发/创作知识产权的协议;

(3)知识产权权属变更申请书、变更通知书、权属变更相关审批文件、缴费单或支付凭证;

(4)专利公告相关文件;

(5)复核、复审申请书(如有);

(6)发行人取得的专利权属证书原件。

如涉及他人/他方许可发行人使用专利权的,还应当查验相关协议及限制使用的相关协议及约定。

此外,律师还需要检索国家知识产权局官方网站以检索注册专利状态等情况,并制作检索证据;发行人也需要提供书面说明以核查拥有的专利权属是否存在权利限制、权属纠纷,是否属于职务发明等情况,以确保发行人提供的专利权相关文件不存在问题。

2. 著作权(含软件著作权)

在法律尽职调查中,涉及发行人著作权的,需要查验的文件具体如下:

(1)作品著作权登记证书、计算机软件著作权登记证书及相关申请文件;

(2)发行人与代理机构签署的书面委托代理协议、委托申请协议以及申请专利主体的主体资格证明文件;

(3)著作权转让合同或著作权许可合同,以及相应的价款支付凭证(如有);

(4)软件著作权相关文件,如软件开发合同、软件测试报告、软件用户手册等(如有),用于证明软件的创作过程和功能特点;

(5)发行人未办理著作权登记,但声称对作品享有著作权的,则需核查作品创作底稿、软件代码及相关证明文件。

3. 商标权

在法律尽职调查中,涉及发行人商标权的,需要核查的文件具体如下:

(1)商标注册证及相关申请文件;

(2)发行人与商标权代理机构签署的书面委托代理协议、委托申请协议以及申请商标主体的主体资格证明文件;

(3)商标权转让合同或商标权许可合同,以及相应的价款支付凭证(如有);

(4)商标续展注册证明及商标续展注册费的支付凭证(如有);

(5)注册商标变更证明(如有)。

4. 域名权

(1)国际顶级域名证书;

(2)非经营性网站向省、自治区、直辖市电信管理机构或者国务院工业和信息化主管部门办理网站备案手续提交的材料;

(3)项目属于新闻、出版、教育、医疗保健、药品和医疗器械、文化、广播电影电视节目等范围的,应当查验相关主管部门审核同意的文件;

(4)开办电子公告服务的,应当查验按照国家有关规定进行专项申请或者专项备案的相关文件;

(5)通过 ICP/IP 地址/域名信息备案管理系统公布有关备案信息。

(五)主要财产的权利负担

律师须论证发行人对主要财产的权利负担系其生产经营的正常所需,对其发行

上市不存在实质性法律障碍,并对下列文件进行查验:

1. 土地他项权利证明书或其他记载土地抵押的文件/记录(如有)、房屋他项权证或其他记载房地产抵押的文件/记录(如有)、不动产抵押合同、不动产预告登记证明等,以及相关的债权合同等;

2. 动产抵押登记书、动产抵押登记变更书、融资租赁登记证明等,以及相关的抵押合同、融资租赁合同及主债权合同;

3. 专利权质押登记通知书、知识产权质押合同、知识产权证书等,以及相关的债权合同等;

4. 资产存在查封等其他权利限制的,应予以说明并提供相关文件;

5. 发行人对主要资产设立权利负担所进行的内部决策及授权委托文件;

6. 发行人对设定财产抵押的原因、发行人解除主要财产权利负担的能力及相关事项的实际履行情况,对发行人的生产经营可能造成何种影响的书面说明;

7. 发行人基于所处行业特点设定上述财产权利负担的必要性、合理性的分析意见等资料。

二 查验要点

(一)不动产

对于自建房屋(含在建工程):

1. 在土地使用权方面,律师应当核查发行人是否依法取得了土地使用权证书,否则可能涉及违法用地、非法占地等问题。

2. 在规划方面,律师应当核查发行人是否按照国家和地方的规划法规和标准进行了合理的建筑设计和施工,否则可能涉及违反规划、超占用地等问题。

3. 在环境影响评价方面,律师应当核查发行人是否依法进行了环境影响评价,并取得了环境影响评价报告批复,否则可能涉及未进行环境影响评价、环境影响评价不合格等问题。

4. 在安全评价方面,律师应当核查发行人是否依法进行了安全评价并取得了安全评价报告批复,否则可能涉及未经安全评价、安全评价不合格等问题。

5. 在竣工方面,律师应当核查发行人是否依法进行了竣工验收手续,否则可能涉及未验收、验收不合格等问题。

6. 对于不动产租赁或许可使用，需要核查租赁或许可使用合同是否合法有效、是否备案登记、是否依约履行、是否存在纠纷或潜在纠纷，以及出租方或许可方是否合法拥有资产、是否存在权利限制和权属纠纷。

（二）动产

1. 核查发行人动产的权属情况，包括是否存在权属争议或者抵押、质押、出租、借用等影响权属的情形，是否存在动产所有权与使用权分离的情形。

2. 发行人股东用于出资的动产已不存在于发行人的，需要核查其转让、灭失、报废手续等相关文件。

3. 在查验发行人租赁、被许可使用生产经营设备的情况时，律师需要关注以下几点：(1)查看租赁合同或许可使用合同是否有效，是否按照合同约定执行，是否存在任何纠纷或潜在的纠纷；如果租赁合同或许可使用合同期限到期，发行人能否继续租赁或许可使用该不动产，是否存在重大的法律障碍。(2)检查出租方或许可方是否合法拥有生产经营设备的所有权，是否存在纠纷或潜在纠纷。(3)确认发行人租赁或许可使用的机器设备是否存在抵押、质押、查封、扣押等权利限制，是否存在任何权属纠纷情况。

（三）知识产权

1. 进行知识产权归属查验。

2. 审查核心技术人员是否利用原单位资源进行职务发明。

3. 审查核心技术人员参与的发明是否存在竞业禁止问题。

4. 核查发行人知识产权的权利状态。

5. 核查股东以知识产权进行出资是否签订了出资协议，是否履行了评估程序，是否办理了变更登记，是否已经交付相关专利。

（四）从实际控制人、控股股东处取得的资产

1. 资产的具体用途。

2. 资产对发行人的重要性。

3. 未将该资产纳入发行人的原因。

4. 租赁或授权费用的公允性。

5. 发行人能否长期使用该资产以及对应的处置计划。

6. 该资产的存在是否会对发行人资产的完整性和独立性造成重大不利影响。

(五)部分资产来源于上市公司

1.资产转让是否履行了内部的决策程序,是否履行了评估程序(如需),是否进行了相关的信息披露(如需)。

2.资产转让是否存在诉讼、纠纷或潜在纠纷。

3.资产转让过程中是否存在损害上市公司及小投资者合法权益的情形。

4.发行人从上市公司取得资产的时间、对发行人生产经营的作用。

第二节 发行人资产相关案例

一 不动产的合规性

在查验发行人主要财产时,律师还需要着重关注不动产方面的合规性问题。首先,需要核实发行人是否已经办理了租赁备案登记。租赁备案登记是确保租赁关系合法性和租赁权益的重要步骤,因此需要仔细核对相关文件,确认发行人是否按照法律规定履行了相应的备案义务。其次,需要了解发行人是否办理了不动产权证书。不动产权证书是证明房产所有权的重要文件,它确保发行人合法拥有相应的房产权益。此外,还需要留意发行人是否存在变更房屋用途的情况。变更房屋用途可能需要经过法定程序和相关审批,故需要审查相关文件和记录,确保发行人依法进行了变更,并评估该变更是否符合法律规定。

案例1:芜湖福赛科技股份有限公司(股票简称:福赛科技,股票代码:301529)

【关注问题】

发行人是否办理了租赁备案登记,发行人租赁的房屋是否取得了不动产权证书,发行人变更房屋用途的情况。

【披露信息】

(一)未办理租赁备案登记

发行人及子公司就其在中国境内的房屋租赁均未办理租赁备案登记。根据《城市房地产管理法》和《商品房屋租赁管理办法》的相关规定,房屋租赁当事人应在租赁合同签订后到房屋所在地县级以上政府建设或房地产主管部门办理房屋租赁登记备案手续;违反前述规定未办理房屋租赁登记备案的,由政府建设或房地产主管部门责令限期改正;单位逾期不改正的,处以1000元以上10,000元以下罚款。

但根据《民法典》第706条之规定,"当事人未依照法律、行政法规规定办理租赁合同登记备案手续的,不影响合同的效力"。据此,发行人及其子公司承租前述房屋未办理备案登记手续情形的瑕疵不影响租赁合同的法律效力,租赁合同对合同各方具有法律约束力。

为进一步减少和避免发行人因前述情形遭受损失,发行人控股股东、实际控制人已出具如下承诺:"发行人及其子公司所使用、拥有、租赁的房产(含与其相关的构筑物、附着物),因未按有关法律法规完善有关权属、行政许可或备案等手续,而被主管政府部门处以行政处罚或要求承担其他法律责任,或被主管政府部门要求对该瑕疵进行整改而发生损失或支出,或导致发行人及其子公司无法继续占有使用有关房产的,本人将为其提前寻找其他合适的房产,以保证其生产经营的持续稳定,并愿意承担发行人及其子公司因此所遭受的一切经济损失,保证发行人及其子公司不因此遭受任何损失。"

因此,中国境内租赁房屋未备案登记的情形不会对发行人本次发行上市构成实质性法律障碍。

(二)未取得不动产权证书

首次申报时,发行人和子公司福赛宏仁在芜湖租赁的房屋,以及发行人在南京租赁的房屋未取得房屋所有权证。

1.序号1和11房产

就序号1和11房产而言,原房东及出租人因被司法强制执行而被拍卖了名下的租赁房屋,租赁房屋在拍卖前已分别取得芜房地权证鸠江字第2013874555号、第2013874556号、第2013874557号房地产权证,登记时间为2013年11月6日。出租方周某羽系通过司法拍卖的方式取得该房屋,并已换发了权利人为周某羽、权利性质为出让、用途为工业用地/工业、编号为皖(2021)芜湖市不动产权第1234907号、第1234906号、第1234905号的不动产权证。

因此,截至问询回复出具日,上述"通过司法拍卖取得租赁房屋但尚未换发房地产权证"的瑕疵已消除,房屋权利人明确,不存在纠纷或潜在纠纷,不会因此影响发行人生产经营稳定。

2. 序号2房产

就序号2房产而言，因房屋所有权人尚未完成房地产权证办理，发行人向南京高格创新科技有限公司承租的办公房屋暂未取得房屋不动产权证书，但已取得建设工程规划许可证[建筑用途为商业办公楼（写字楼）]。同时，根据租赁房屋所有权人出具的转租同意书，出租方有权转租该房屋至发行人用于办公用途，转租期限至2027年5月31日。

根据《最高人民法院关于审理城镇房屋租赁合同纠纷案件具体应用法律若干问题的解释》第2条之规定，“出租人就未取得建设工程规划许可证或者未按照建设工程规划许可证的规定建设的房屋，与承租人订立的租赁合同无效。但在一审法庭辩论终结前取得建设工程规划许可证或者经主管部门批准建设的，人民法院应当认定有效”。

因此，发行人前述租赁合同依法有效，且出租方为有权转租，租赁关系对各方具有法律约束力，未取得不动产权证书的瑕疵对发行人生产经营稳定不构成重大不利影响，不构成本次发行上市的实质性障碍。

（三）涉及仓储用途的厂房

发行人子公司大连福赛承租的厂房其房屋不动产权证书上载明的用途为仓储用地/仓库。

大连保税区规划和土地房屋局依据《关于金普新区促进招商引资工作的指导意见》出具了《关于仓储用地新办产业项目意见的函》，“考虑到仓储用地与工业项目的兼容性，仓储用地中可允许有部分生产加工类产业存在”，“允许利用闲置工业厂房（含库房）兴办符合上级政策的新兴产业项目，闲置厂房和土地在政策过渡期内可以不办理规划、土地、不动产变更手续”。

《关于金普新区促进招商引资工作的指导意见》明确指出，新兴产业项目包括汽车整车及零部件项目，大连福赛主营业务符合上述指导意见的要求。大连福赛依法办理完成了企业投资项目、环境影响评价、固定污染源排污登记等生产经营需要的备案或审批手续。

因此，租赁上述仓储用途厂房的瑕疵对发行人生产经营稳定不构成重大不利影响，不构成本次发行上市的实质性障碍。

案例2:金鹰重型工程机械股份有限公司(股票简称:金鹰重工,股票代码:301048.SZ)

【关注问题】

发行人租赁控股股东、实际控制人房产的情况,该等租赁资产对于发行人的重要性,未投入发行人的原因。

【披露信息】

(一)请保荐人和发行人律师核查并发表明确意见,根据当时有效的《首发业务若干问题解答》(2020年6月修订)问题14的具体规定,对发行人租赁控股股东、实际控制人房产或商标、专利来自控股股东、实际控制人的授权使用情形进行核查并发表明确意见

(二)发行人向控股股东承租土地使用权的情况

1.承租土地使用权的具体用途

报告期内,发行人向控股股东中国铁路武汉局集团有限公司(以下简称武汉局集团)的分支机构武汉局集团襄阳房建生活段租赁西湾大修基地厂区的土地,西湾大修基地系发行人大修业务的主要作业厂区。

2.西湾大修基地厂区土地对发行人的重要程度

经发行人律师访谈发行人相关人员,发行人主要利用西湾大修基地厂区土地从事大修业务。根据发行人的财务数据,报告期内,公司维修业务收入分别为6553.14万元、8379.07万元、7030.70万元及1400.53万元,占主营业务收入的比重分别为3.53%、4.05%、2.74%和1.26%,维修业务收入及占比均较低。

因此,根据报告期内发行人维修业务的财务数据情况,西湾大修基地厂区土地对发行人整体业务开展的影响较小。

3.未投入发行人的原因

根据发行人的说明、发行人主要资产权属证书等文件并经发行人律师核查,西湾大修基地厂区为20世纪90年代建设,建设时间较早。基于历史原因,西湾大修基地厂区的产权情况复杂,存在土地及房产权属不一致等情形,且发行人报告期内始终正常使用西湾大修基地的土地。发行人以租赁的方式使用西湾大修基地的土地未影响发行人的生产经营,因此,控股股东武汉局集团未将相应土地投入发行人。

4.租赁费用的公允性

根据发行人与武汉局集团襄阳房建生活段签署的土地使用权租赁协议约定的

租金价格,经对比西湾大修基地附近其他厂房的租金价格,不存在较大差异,发行人律师认为,发行人承租武汉局集团襄阳房建生活段西湾大修基地的土地价格公允。

5. 是否能确保发行人长期使用及今后的处置方案

根据发行人的说明,发行人未来拟继续以公允价格向武汉局集团下属单位承租前述土地。

经发行人律师核查,为使得发行人能够长期使用前述租赁的土地,避免因发行人无法继续使用前述租赁土地而影响发行人的生产经营,发行人的控股股东武汉局集团已于2021年1月出具了承诺,载明:"对于发行人向本公司的下属单位租赁的土地使用权及房产,在相应租赁协议到期后,如发行人因生产经营的客观需要,向本公司提出继续承租相应土地使用权及房产,本公司将协调下属单位继续将该等土地使用权及房产出租给发行人,租赁价格按照市场公允价格予以确定,并按照有关法律法规、规范性文件以及发行人公司章程的规定履行决策程序,确保发行人根据生产经营的实际需要可以持续使用该等土地及房产",并承诺"自本承诺出具之日起,若因本公司违反本承诺任何条款而致使发行人及其公众投资者遭受或产生的任何损失或开支,本公司将予以全额赔偿"。

(三)发行人向控股股东承租房产的情况

1. 承租房产的具体用途

报告期内,发行人向控股股东武汉局集团下属的武汉局集团襄阳房建生活段分别租赁了襄阳市新华路6号铁道大厦、北京市丰台区靛厂路、武汉市江汉区银河里三处的房屋作为发行人及金鹰重型工程机械股份有限公司北京销售服务分公司、金鹰重型工程机械股份有限公司武汉研发中心的办公场所。

2. 相关房产对发行人的重要程度

根据发行人的说明并经发行人律师核查,发行人租赁上述房屋作为办公场所,可替代性较高,不存在因无法继续使用相关房产而对生产经营造成重大不利影响的风险。

3. 未投入发行人的原因

根据发行人的说明,发行人承租的北京市丰台区靛厂路、武汉市江汉区银河里的房产位于发行人的主要生产经营地襄阳之外,且主要用于办公用途,可替代性较高,同时考虑该等房产的权属情况较为复杂等因素,故发行人控股股东武汉局集团未将相应房产投入发行人。

此外，对于发行人承租的襄阳市新华路6号铁道大厦的房产现归属于武汉武铁轨道车修理有限公司，发行人本次发行的募投项目之一为收购该公司全部股权，因此，募投项目实施完毕后，发行人将不再向控股股东租赁该项房产。

4. 租赁费用的公允性

发行人律师经参考前述办公场所附近其他房屋的租金价格，认为发行人承租控股股东相关房屋的价格公允。

5. 是否能确保发行人长期使用及今后的处置方案

根据发行人的说明，发行人未来拟继续以公允价格向武汉局集团下属单位承租北京市丰台区靛厂路、武汉市江汉区银河里的房屋。此外，襄阳市新华路6号铁道大厦的房产现归属于武汉武铁轨道车修理有限公司，发行人本次发行的募投项目之一为收购该公司全部股权。因此，募投项目实施完毕后，发行人将不再向控股股东租赁该项房产。

经发行人律师核查，为使得发行人能够长期使用前述租赁的房产，避免因发行人无法继续使用前述租赁房产而影响发行人的生产经营，发行人的控股股东武汉局集团已于2021年1月出具了承诺，载明："对于发行人向本公司的下属单位租赁的土地使用权及房产，在相应租赁协议到期后，如发行人因生产经营的客观需要，向本公司提出继续承租相应土地使用权及房产的，本公司将协调下属单位继续将该等土地使用权及房产出租给发行人，租赁价格按照市场公允价格予以确定，并按照有关法律法规、规范性文件以及发行人公司章程的规定履行决策程序，确保发行人根据生产经营的实际需要可以持续使用该等土地及房产"，并承诺"自本承诺出具之日起，若因本公司违反本承诺任何条款而致使发行人及其公众投资者遭受或产生的任何损失或开支，本公司将予以全额赔偿"。

总结：

1. 公司在承租房屋时未完成相关备案登记手续，并不影响租赁合同的法律效力，租赁合同仍对各当事方具有法律约束力。出租方的转租权利以及未取得房地产权证的情况，通常不会对公司的生产经营或其上市进程构成实质性障碍。同样，使用特定用途的房屋如仓储，对公司的经营也不会产生重大不利影响。

2. 如果企业在其业务运营中租赁的土地或房产主要用于办公或其他高度可替代的用途，那么即使这些资产的权属情况复杂或存在其他潜在问题，也不太可能对该企业的整体生产和经营活动产生重大不利影响。此外，控股股东在考虑资产投入时,也会基于权属复杂性等因素进行审慎评估,对于存在复杂情况的资产可能并不会投入到拟 IPO 企业中。

二 知识产权的合规性

在评估发行人的知识产权诉讼风险时,需要对发行人拥有的知识产权进行全面审查,包括检查注册状况、侵权纠纷和争议。同时,还需要关注实际控制人和核心技术人员是否面临与知识产权相关的诉讼风险,并评估这些风险对发行人商业运营和竞争地位的潜在影响。通过全面评估知识产权的法律地位和风险,判断是否存在对公司的持续经营存在重大不利影响的情形。

案例3:南京麦澜德医疗科技股份有限公司(股票简称:麦澜德,股票代码:688273.SH)

【关注问题】

发行人知识产权涉诉风险及潜在影响,发行人实际控制人及核心技术人员知识产权涉诉风险及影响。

【披露信息】

公司系实际控制人杨某嘉、史某怀等人在南京伟思医疗科技股份有限公司(以下简称伟思医疗)任职期间出资创立,发行人创立初期的多项专利被判定为杨某嘉、史某怀等人任职伟思医疗期间的职务发明,归伟思医疗所有。公司设立后至报告期内,伟思医疗与发行人存在多起诉讼。请充分核查并进一步说明核心技术来源的合法合规性,审慎评估发行人及实际控制人、核心技术人员等的知识产权涉诉风险及潜在影响。

(一)发行人核心技术来源的合法合规性

通过核查发行人的2018年度高新技术企业认定申请材料、自2019年起的知识产权申请审批表、公司内部文件共享系统"Seafile云端文件浏览器"中的部分技术交底书、公司与外部专利代理机构针对部分专利申请的往来信函、南京锐诗得与华中科技大学之间的《技术开发合同》、相关发明人出具的承诺函,发行人律师认为除南京锐诗得的3项专利是与华中科技大学共同研发取得外,发行人的核心技术均为自主研发取得,核心技术来源合法合规。具体分析如下:

1. 根据上述核心技术所对应专利的2018年度高新技术企业认定申请材料中的相关立项和结题记录、知识产权申请审批表、技术交底书、《技术开发合同》等资料，可以看到发行人的核心技术均为自主研发或合作研发取得，且核心技术、主要产品有研发进度规划与研发过程记录，相关专利均有准确、真实的申请依据与有效的授权凭证。除合作研发取得的成果外，发行人核心技术和主要产品的研发人员、专利发明人等均系公司正式员工（含在任及离任），各项核心技术主要产品的形成过程均未利用员工曾任职单位的物质技术条件，不属于员工曾任职单位的职务成果，与原任职单位不存在尚未终结的人事、劳动、知识产权等方面的纠纷。

2. 根据《专利法》第6条和《专利法实施细则》第12条的规定，劳动、人事关系终止后1年内作出的，与其在原单位承担的本职工作或者原单位分配的任务有关的发明创造构成原单位的职务发明创造。核心技术对应专利的相关发明人杨某嘉、史某怀、陈某、郑某峰都曾在伟思医疗就职，他们最晚于2014年2月从伟思医疗离职。发行人核心技术对应专利的最早申请日是2015年4月21日。核心技术对应专利的相关发明人范某曾在伟思医疗就职，并于2016年11月30日离职，但是其作为发明人的核心技术对应专利或专利申请都是在2020年或2021年申请的。核心技术对应专利的相关发明人李某曾在伟思医疗就职，并于2018年5月离职，但是其作为发明人的核心技术对应专利是在2020年申请。核心技术对应专利的相关发明人苗某巍曾在伟思医疗就职，并于2017年2月离职，但是其作为发明人的核心技术对应专利都是在2020年或2021年申请的。因此，伟思医疗若对发行人主张专利权属纠纷，已经不满足离职1年内的条件。

3. 审慎评估发行人及实际控制人、核心技术人员等的知识产权涉诉风险及潜在影响。

截至2021年12月28日，根据INCOPAT数据库记载的数据，伟思医疗拥有91项授权有效的中国专利，包括13项发明专利、53项实用新型专利和25项外观设计专利（合称伟思医疗专利）。经梳理，发行人律师以技术功能为分类标准，将伟思专利分为9类，分别为：康复训练设备相关、推车相关、电路相关、治疗座椅相关、电极相关、电/磁刺激相关、生物反馈仪、脑电相关、胎心仪相关，经与发行人产品进行逐项比对，比对结论如下：

（1）发行人产品与伟思医疗专利中的发明和实用新型专利对比结论

根据发行人律师核查，发行人产品与伟思专利中的发明和实用新型专利对比结论为:“根据《最高人民法院关于审理侵犯专利权纠纷案件应用法律若干问题的解释》(法释〔2009〕21号)第7条第2款之规定,被诉侵权技术方案包含与权利要求记载的全部技术特征相同或者等同的技术特征的,人民法院应当认定其落入专利权的保护范围;被诉侵权技术方案的技术特征与权利要求记载的全部技术特征相比,缺少权利要求记载的一个以上的技术特征,或者有一个以上技术特征不相同也不等同的,人民法院应当认定其没有落入专利权的保护范围……发行人产品相对于伟思专利构成专利侵权风险较小。”

(2)发行人产品与伟思医疗专利中的外观设计专利对比结论

根据发行人律师核查,发行人产品与伟思医疗专利中的外观设计专利对比结论为:“根据《最高人民法院关于审理侵犯专利权纠纷案件应用法律若干问题的解释》(法释〔2009〕21号)第8条、第11条之规定,在与外观设计专利产品相同或者相近种类产品上,采用与授权外观设计既不相同也不近似的外观设计的,人民法院应当认定其没有落入专利权的保护范围。对于上述与发行人产品相关的伟思专利权,经过深入分析,发行人产品外观与伟思医疗专利的授权外观均不相同,也不相似。”

综上,就发行人产品与伟思医疗专利对比情况,发行人律师核查意见为:发行人产品均未落入伟思医疗的专利保护范围,侵权风险低。

(二)发行人实际控制人及核心技术人员知识产权涉诉风险及影响

发行人律师结合公司实际控制人及核心技术人员杨某嘉、史某怀及核心技术人员罗某涛、范某的工作履历,就实际控制人历史上与伟思医疗之间的专利权属纠纷、保密义务和竞业限制义务的约定等方面进行分析,相关结论如下。

1. 杨某嘉先生知识产权涉诉风险

发行人律师核查意见为“杨某嘉先生知识产权涉诉风险较低,与伟思医疗不存在再发生专利权属纠纷的风险”,主要理由如下:

(1)报告期外,发行人与伟思医疗之间有9起专利权权属纠纷案件,杨某嘉先生为其中8起案件中的第三人。在前述8起案件中,伟思医疗主张涉诉专利为伟思医疗的职务发明,其中4项专利涉及杨某嘉先生等离职后1年内的职务发明,现已判决归属伟思医疗,另外4项因伟思医疗主动撤诉而仍归属于发行人。截至目前,该等撤诉的专利权权属纠纷案件的诉讼时效已届满,伟思医疗亦丧失了胜诉的可能性。

(2)上述8起专利权权属纠纷案件所涉专利的公开时间在2014年1月15日至

2015 年 5 月 6 日,应适用《民法通则》(已失效,下同)有关诉讼时效的规定。根据《民法通则》第 137 条的规定,诉讼时效期间从知道或者应当知道权利被侵害时起计算。当相关专利的申请文件被公开时,应推定伟思医疗知道其相关保密信息被不当披露。因此,伟思医疗欲主张杨某嘉先生通过申请专利披露了其商业秘密的诉讼时效应当从专利申请公开之日起算,至今已超过《民法通则》规定的 2 年诉讼时效。

(3)对于杨某嘉先生自伟思医疗离职 1 年后作为发明人的发行人专利或专利申请,根据《专利法》第 6 条和《专利法实施细则》第 12 条的规定,伟思医疗若对发行人主张专利权权属纠纷,已经不满足离职 1 年内的条件。

2. 史某怀先生知识产权涉诉风险

发行人律师核查意见为"史某怀先生知识产权涉诉风险较低,与伟思医疗不存在再发生专利权属纠纷的风险",主要理由如下:

(1)报告期外,发行人与伟思医疗之间有 9 起专利权权属纠纷案件,史某怀先生为其中 8 起案件的第三人、1 起案件的被告。在前述 9 起案件中,伟思医疗主张涉诉专利为伟思医疗的职务发明,其中 4 项专利涉及史某怀等离职后 1 年内的职务发明,现已判决归属伟思医疗,另外 5 项专利因伟思医疗主动撤诉而仍归属于发行人。截至目前,该等撤诉的专利权权属纠纷案件的诉讼时效已届满,伟思医疗亦丧失了胜诉的可能性。

(2)上述 9 起案件专利权权属纠纷案件所涉专利的公开时间在 2014 年 1 月 15 日至 2015 年 5 月 6 日,应适用《民法通则》有关诉讼时效的规定。根据《民法通则》第 137 条的规定,诉讼时效期间从知道或者应当知道权利被侵害时起计算。当相关专利的申请文件被公开时,应推定伟思医疗知道其相关保密信息被不当披露。因此,伟思医疗欲主张史某怀先生通过申请专利披露了其商业秘密的诉讼时效应当从专利申请公开之日起算,至今已超过《民法通则》规定的 2 年诉讼时效。

(3)对于史某怀先生自伟思医疗离职 1 年后作为发明人的发行人专利或专利申请,根据《专利法》第 6 条和《专利法实施细则》第 12 条的规定,伟思医疗若对发行人主张专利权属纠纷,已经不满足离职 1 年内的条件。

3. 罗某涛先生知识产权涉诉风险

发行人律师核查意见为"罗某涛先生的专利等知识产权涉诉风险较低",主要理由如下:

经核查,罗某涛自 2017 年 2 月入职发行人前,曾于 2009 年 6 月至 2015 年 12 月任苏州金三艾特机械有限公司(以下简称苏州金三艾特)副总经理;2016 年 1 月至 2017 年 1 月任南京普天通讯股份有限公司(以下简称南京普天)结构部主管。就罗某涛在苏州金三艾特、南京普天的任职经历等情况,分析如下:

(1)通过法蝉"企业快查"有关南京普天的经营范围和专利数据、国家知识产权局专利数据,我们发现南京普天与发行人的经营范围相差较大,前者经营范围属于通信,后者经营范围属于医疗器械;双方的专利主题也相差较大,并且没有发现罗某涛作为发明人、南京普天作为权利人的专利。因此,南京普天主张罗某涛作为发明人的发行人专利为其职务发明创造的风险相对较低。

(2)罗某涛于 2015 年 12 月已从苏州金三艾特离职,2017 年 2 月入职发行人,因此根据《专利法》第 6 条和《专利法实施细则》第 12 条的规定,苏州金三艾特针对罗某涛作为发明人的发行人专利提起专利权属纠纷的风险相对较低。

另外,经查询,罗某涛与苏州金三艾特、南京普天之间也没有发生过人事、劳动、知识产权等方面的纠纷。

4. 范某女士知识产权涉诉风险

发行人律师核查意见为"范某女士的专利等知识产权的涉诉风险较低",主要理由如下:

(1)经审阅范某工作简历,范某系于 2016 年 11 月自伟思医疗离职后加入发行人。但鉴于其在发行人作为发明人的专利申请均在 2020 年或 2021 年提交,根据《专利法》第 6 条和《专利法实施细则》第 12 条的规定,若伟思医疗对发行人的上述专利申请主张专利权权属纠纷,已经不满足离职 1 年内的条件。

(2)发行人 2019 年后的专利申请均需通过公司内部的知识产权申请审批流程,相关专利申请都留有技术交底书等记录。

(3)范某与伟思医疗之间未发生过人事、劳动、知识产权等方面的纠纷。

总结:

当公司的产品不涉及其他公司的专利保护范围时,其侵权风险相对较低。进一步通过对公司实际控制人及核心技术人员与其他公司之间的历史知识产权纠纷、保密和竞业限制的约定进行分析,可以评估该公司的知识产权涉诉风险。若这些风险较低,则不太可能对公司的持续经营产生不利影响。

第十章 发行人的重大债权债务

根据《监管规则适用指引——法律类第2号:律师事务所从事首次公开发行股票并上市法律业务执业细则》的规定,发行人律师需要对下列事项进行核查和验证:(1)发行人将要履行、正在履行以及虽然已经履行完毕但可能存在潜在纠纷的对发行人报告期生产经营活动、财务状况或者未来发展等具有重要影响的合同是否合法、有效。(2)发行人金额较大的其他应收、应付款的合法性和有效性。(3)发行人是否存在基于环境保护、知识产权、产品质量、劳动安全、网络信息安全、人身权等原因产生的侵权之债;如存在,律师应当判断是否对本次发行上市产生影响。由于这部分内容涉及的合同一般比较多,律师需要花费大量的时间和耐心详细审阅合同条款,才有可能发现潜在问题。另外,关于是否存在侵权之债,除了依赖客户提供的资料之外,律师还需要通过外围核查的方式进行谨慎调查,这样才能确保最终发表意见的准确性。

第一节 查验程序

一 查验文件

1. 发行人将要履行、正在履行以及虽然已经履行完毕但可能存在潜在纠纷的对发行人报告期生产经营活动、财务状况或者未来发展等具有重要影响的合同(如销售合同、采购合同、银行借款合同、投资协议、房屋租赁合同等),以及上述合同签署时的内部审批和决策流程文件。

2. 发行人及其子公司基于环境保护、知识产权、产品质量、劳动安全、网络信息安全、人身权等原因发生的重大侵权之债等相关文件。

3. 发行人担保事项的有关文件(被担保人的有关信息),担保方式(如担保合同、被担保人的名称、注册资本、实收资本、生产经营情况),担保物信息,担保责任范围信息,签署担保协议是否取得董事会、股东会决议通过的文件。

4. 发行人与关联方之间的关联交易文件,如能够体现发行人与关联方之间存在重大债权债务关系、相互提供担保等的有关文件。

5. 发行人金额较大的其他应收、应付款的证明文件。

二 查验要点

1. 发行人重大合同的判断标准和确定依据,是否与公司业务相关。发行人是否提供了全部的正在履行或将要履行的重大合同;重大合同签订形式和内容是否符合法律法规的规定,重大合同中是否存在潜在的风险和纠纷,是否存在法律法规规定的无效、可撤销、效力待定的情形,因不能履约、违约等事项对公司产生或可能产生的影响。

2. 发行人订立合同交易的真实性,内部订立合同的审批权限和决策程序,是否按照法律法规和公司章程的规定履行内部决策程序。

3. 发行人重大合同是否需要办理批准、登记手续。如需要,发行人是否已经办理了相关批准、登记手续。

4. 发行人重大合同的主体是否存在基于发行人改制等原因需要变更的情形。如需要,发行人是否已经依法完成变更。

5. 发行人是否存在基于环境保护、知识产权、产品质量、劳动安全、网络信息安全、人身权等原因产生的侵权之债。如存在,此类侵权之债对发行人造成影响的方式和程度如何,是否对本次发行上市产生不利影响。

6. 发行人及其子公司是否存在担保的情况,担保是否现行有效,如实现担保权会对公司产生何种影响。

7. 发行人是否存在为控股股东、实际控制人及其控制的其他企业进行担保的情形。如存在,上述担保是否属于违规担保,发行人是否已经采取补救措施,是否存在纠纷或者潜在纠纷。

8. 发行人与关联方之间是否存在重大债权债务关系及相互提供担保的情况。

9. 发行人金额较大的其他应收、应付款的发生依据，是否因正常的生产经营活动发生。与发行人金额较大的其他应收、应付款相关合同或者协议的履行情况，即是否真实有效履行。

第二节 发行人重大债权债务相关案例

一 重大合同

一般情况下需要披露对发行人的生产经营、未来发展、财务状况有重大影响的合同。披露的合同内容需要包括当事人的名称和住所、标的、数量、质量、价款或者报酬、履行期限、地点和方式、违约责任、解决争议的办法、对发行人经营有重要影响的附带条件和限制条件。律师应采取各种可能的方式核实发行人的交易真实性，包括但不限于以访谈、走访、函证方式，求证于客户及可能涉及的主管部门，并对重大合同的异常情况履行充分的核实和验证义务。

案例 1：云从科技集团股份有限公司（股票简称：云从科技，股票代码：688327.SH）

【关注问题】

发行人重要业务合同金额的判断依据及其合理性，充分披露报告期各期履行完毕和正在履行的重要业务合同；发行人合同管理是否有效，相关内部控制是否健全；部分合同和单据日期缺失的原因。

【披露信息】

云从科技公开披露的资料显示，发行人披露了金额 3000 万元以上的人工智能解决方案业务销售合同、金额 500 万元以上的人机协同操作系统业务合同和金额 2000 万元以上的采购合同为重大合同。发行人将上述合同列为重大合同的原因是：重大销售合同的确定标准与发行人最近 1 年收入相匹配且兼顾了报告期其他各期的情况，重大采购合同的确定标准与发行人最近 1 年营业成本相匹配且兼顾了报告期其他各期的情况，这样可以将报告期各期对发行人业务发展有重大影响的合同都纳入进来，具有合理性。发行人制定了《云从科技合同管理制度》，对合同谈判、合同起草、合同审核、合同签署、合同履行、合同变更、合同解除和终止、合同归档、合同借阅和合同纠纷处理作了详细的约定。针对部分合同签署日期缺失的情况，发行人进行了自查，系发行人相关工作人员疏忽，已补充填写了签署日期并对相关人员进行了教育，并会进一步加强公司合同管理制度的执行。

结论：

由于每家企业的行业和经营情况不同，因此重大合同的确定标准也不尽相同。律师需要与发行人、券商和会计师一起对重大合同的确定标准进行充分论证，并结合法律的规定和公司实际情况，尽量确保重大合同的披露可以涵盖公司报告期的各个期间并能够体现企业真实的经营情况。同时，律师还需帮助企业完善合同管理制度，以尽量避免在合同签署和履行过程中产生纠纷。

二 因知识产权问题产生的侵权之债

如果发行人因侵权问题产生债务，则需要详细论述以下内容：侵权之债产生的背景以及原因；发行人是否存在过错；如果需要发行人实际承担责任，是否会对发行人的持续经营造成不利影响；发行人是否采取有效措施避免类似行为的再次发生。

案例2：成都纵横自动化技术股份有限公司（股票简称：纵横股份，股票代码：688070）

【关注问题】

假如发行人在侵权诉讼中败诉，是否会对发行人造成重大不利影响，是否构成发行上市的障碍。

【披露信息】

发行人公开披露的资料显示，发行人于2020年6月17日、6月18日分别收到济南市中级人民法院的诉讼资料，原告河北雄安远度科技有限公司请求法院判令发行人“支付涉案发明专利临时保护期使用费并赔偿雄安远度经济损失及维权合理开支”。发行人披露了案件的具体进展情况，分析了涉诉专利技术对于公司产品造成的具体影响，认定本次诉讼涉案产品仅为公司CW－10D无人机系统产品，发行人全系列产品未侵犯原告专利技术均具有充分依据，并请专业鉴定机构出具了鉴定意见，分析了发行人败诉的可能性，具体评估了不利诉讼结果对于公司财务状况可能造成的影响。同时，发行人的控股股东、实际控制人也出具了承诺：愿意承担产品侵权给公司造成的损失。发行人进一步披露，形成发行人主营业务收入的核心专利、技术等来源于长期的技术积累和自主创新，不存在侵权的情形；在无效宣告请求的审查过程中，发行人对该等发明专利的使用不存在任何限制；即便相关发明专利被宣告无效，该审查结果使得该等发明专利相关申请记载事项成为公知事实，发行人依然掌握并可以使用相关技术，发行人亦不会因专利被宣告无效而丧失对该等技术的占有及使用的权利。

总结：

对于存在知识产权诉讼的发行人，律师需要从各个角度核查诉讼可能出现的结果，并明确说明如果出现败诉会给发行人带来何种影响。同时需要注意的是，形成发行人核心业务和核心收入的知识产权不能存在纠纷，否则会对上市造成重大不利影响。

三　发行人为控股股东、实际控制人提供担保

在报告期内，如果存在发行人为控股股东或者是实际控制人提供担保的情况，则需核查担保发生的原因，是否履行决策审议程序，另需披露担保的履行情况，以及是否需要发行人承担担保责任。

案例 3：浙江金沃精工股份有限公司（股票简称：金沃股份，股票代码：300984）

【关注问题】

关注担保发生的背景和原因，以及是否合法履行决策程序，是否需承担担保责任。

【披露信息】

发行人公开披露的资料显示，2016 年 9 月，发行人为实际控制人叶某阳所控制的衢州市吉朗智能科技有限公司（以下简称吉朗智能）提供担保，担保金额为 120 万元。2017 年 9 月，上述担保解除。发行人披露了为实际控制人叶某阳控制的公司提供担保的背景和原因，确认发行人子公司建沃精工为吉朗智能提供担保主要因吉朗

智能存在资金需求,银行要求由担保方提供担保。发行人子公司建沃精工为吉朗智能提供担保未收取担保费用,不存在反担保的情况。发行人子公司建沃精工为吉朗智能提供担保已经建沃精工股东会审议通过并经发行人2019年年度股东大会确认,在股东大会上关联方予以回避表决,披露了关联担保合同的履行情况,确认发行人没有实际承担担保责任。发行人律师查阅了《流动资金保证借款合同》、还款凭证,取得了发行人子公司建沃精工、吉朗智能和浙江衢州柯城农村商业银行股份有限公司新新支行出具的书面确认,访谈了发行人实际控制人叶某阳。

总结:

律师需要分别从实质和程序两个方面来核查担保事项发生的过程和可能产生的后果,从而就担保事项是否会对发行人产生影响得出明确结论。

四 存在金额较大的其他应收、应付款

通常情况下,如果发行人在报告期内存在金额较大的其他应收应付款项,则需关注上述款项是否因发行人正常的生产经营活动发生的,是否存在关联方资金占用或者资金拆借等情形。对于不是因正常生产经营活动发生的款项,如果可以清理,律师需要及时清理并做好财务处理;如果暂时无法清理,律师需要取得各方的确认文件,确认不存在经济纠纷。

案例4:江苏灿勤科技股份有限公司(股票简称:灿勤科技,股票代码:688182)

【关注问题】

关注其他应收款发生的原因,是否存在任何经济纠纷。

【披露信息】

发行人公开披露的资料显示,发行人在报告期内存在如下的其他应收应付款项:(1)2019年年末,发行人对实际控制人朱某中其他应收款余额2368.95万元,垫付转增股本个税款及往来款等;(2)2019年年末,发行人对苏州麦捷灿勤电子元件有限公司其他应付款余额为135.23万元,且账龄超过1年。发行人上述的往来款项系发行人生产经营活动过程中正常发生的往来款项,对可以清理的款项要求相关各方及时进行清理,对不需要支付的款项取得了相关方同意不予支付的确认函,并确认不存在任何经济纠纷。

总结：

对于存在其他重大应收应付款的发行人,如果不是与生产经营相关,一般的处理原则是能清理的尽量清理,实在不能清理的,需要核查清楚产生的原因并确认不存在纠纷,同时需要规范发行人的账务处理,并确保未来不会再发生类似不规范的情形。

第十一章 发行人的重大资产变化及收购兼并

重大资产变化及收购兼并，是指在企业控制权运动过程中，各权利主体依据企业产权作出的制度安排而进行的一种权利让渡行为。根据《公司法》等相关法律法规，重大资产变化及收购兼并属于公司重大事项，拟 IPO 企业需要对重组并购事项进行充分披露，律师应就重组并购过程中形成的相关文件进行核查，确保公司的相关行为已履行必要的法律手续。因此，我们需要对公司在历史发展过程中出现的重大资产变化及收购兼并行为进行尽职调查，并发表明确的法律意见。

第一节 查验程序

一 查验文件

1. 发行人及交易对方关于重大资产收购、出售以及其他重大资产重组作出的包括但不限于董事会决议、股东(大)会决议、总经理办公室会议文件，涉及国有、集体资产的，还需上级主管部门的请示及批复文件的原件。

2. 涉及重大资产重组的收购、出售及其他相关协议原件。

3. 涉及重大资产重组的收购、出售及其他资产重组的政府批准的原件。

4. 涉及重大资产重组的审计、评估报告原件。

5. 涉及重大资产重组债权人同意的原件。

6. 重大资产重组前后发行人的控制权变化、主营业务变化、经营业绩变化的材料。

7. 发行人最近1年及一期内收购兼并其他企业资产(或股权),且被收购企业资产总额或营业收入或净利润超过收购前发行人相应项目20%(含)的,查验被收购企业收购前1年的利润表。

8. 发行人重大资产收购、出售以及其他重大资产重组协议实施履行的证明文件原件、资产转让对价实际支付凭证。若取得资产需要依法进行变更登记,查验取得登记机关制作的财产权利证书原件。

9. 重大资产重组过程中涉及税费缴纳的材料。

二 查验要点

根据《公开发行证券公司信息披露的编报规则第12号——公开发行证券的法律意见书和律师工作报告》的规定,律师需要对发行人重大资产变化及收购兼并进行核查,核查重点有二:(1)发行人自设立至今,是否存在合并、分立、增资扩股、减少注册资本、收购或者出售资产等行为;如存在,发行人应说明该等行为是否符合当时的法律、法规和规范性文件的规定,是否已经履行必要的法律手续。(2)如果发行人拟进行资产置换、资产剥离、资产出售或收购等行为,还应当说明采取相关行为的方式和法律依据,并核查是否已经履行必要的法律手续,是否对发行人发行上市的实质条件和相关业务产生实质影响。

结合发行人重大资产变化及收购兼并的核查文件以及核查目的,发行人主要查验要点如下:

1. 核查公司实施重大资产变化及收购兼并行为时的内部、外部决议,查验公司相关行为是否已经获得授权或批准,相关决议是否符合实质要件。

2. 核查公司章程,查验公司相关决议是否符合相关程序,满足决议的形式要件。

3. 核查实施行为时的全套文件,包括相关协议、定价依据、转账流水等,确定发行人实施上述行为是否真实。

4. 涉及国有资产的,需要核查上级主管部门的批复等文件,确定资产变化和收购兼并行为符合国有资产监督管理相关规定。

5. 核查因相关行为导致发行人变更的结果,确定是否完成外部登记公示。

6. 当重大资产变化及收购兼并发生后，需要确定相关行为是否涉及主营业务，以及在报告期内是否导致主营业务变化。

对发行人重大资产重组及收购兼并进行审核，目的在于最终确定是否对发行人的发行产生实质障碍。随着资本市场越发完善，IPO 核查越来越严格，对重大资产变化及收购兼并的核查要点更加明显，新增了净资产的财务衡量指标，进一步要求发行人披露资产变化和重组的原因、合理性以及重组的结果情况。[1]

第二节 发行人重大资产变化及收购兼并相关案例

结合证监会发布的监管规则适用指引和上交所、深交所的相关规定，并结合相关案例，发行人重大资产变化及收购兼并一直是监管部门的重点关注内容。监管部门重点关注资产重组并购的背景，价格是否公允，公司治理机制是否稳定，是否导致同业竞争，是否影响发行人主营业务经营等。

一 资产重组背景及原因

案例 1：四川百利天恒药业股份有限公司（股票简称：百利天恒，股票代码：688506. SH）

发行人公开披露的信息显示，天恒有限（发行人前身）是被收购企业百利药业的全资子公司，而且百利药业历史上存在未完成实缴出资的情况；而蜀乐药业拥有具备市场前景的产品线以及对应的生产线，但自身经营发生困难。

【关注问题】

发行人曾被其全资子公司反向收购的背景、原因、具体情形，对外收购相关经营性资产的后续使用情况，与发行人现有产品及相关技术、资产的关系。

---

[1] 参见曾德仙：《IPO：企业上市资本运作之吸收合并问题研究——业务重组与主营业务重大变化和审计评估问题》，载小兵研究 2019 年 3 月 19 日，http://mp. weixin. qq. com/s/n4UtPd4TMvOHFP6UrcTbJQ.

【披露信息】

(一)天恒有限收购百利药业的背景及原因

在资产重组前,天恒有限为百利药业的全资子公司(见图1)。

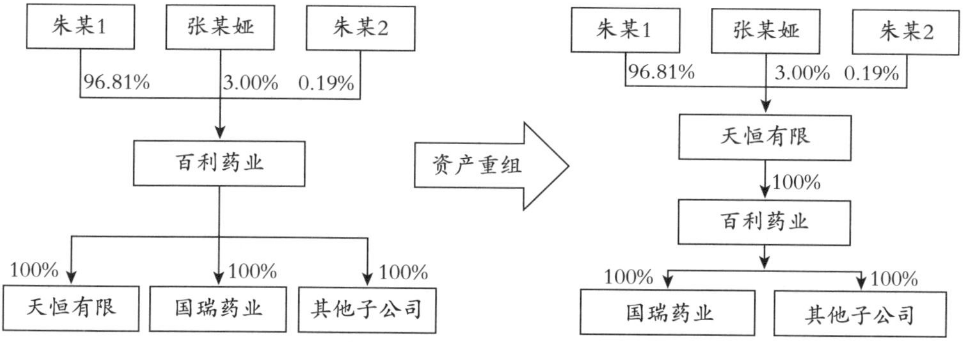

图1　百利药业重组前后股权变化

天恒有限收购百利药业100%的股权属于资产重组行为,其实施该行为的主要原因如下:

1. 百利药业为药品的生产、研发公司,而其子公司既有药品营销公司(天恒有限),又有药品的生产、研发型公司(国瑞药业)。通过天恒有限反向收购百利药业,使天恒有限作为母公司同时控股两个生产型子公司能够进一步优化公司组织架构、厘清母子公司分工定位。

2. 医药行业市场竞争激烈,通过重组优化自身架构,可充分发挥天恒有限作为营销公司在生产经营中的主导作用,合理畅通药品需求、研发、生产之间的信息传递渠道,有效保证天恒有限各个部门有针对性地开展业务。

3. 前次 IPO 申报时,相关中介机构在尽职调查过程中发现百利药业实收资本存在3046.56万元未缴足的情形,并在2010年进行了弥补实收资本。由于未缴足的3046.56万元占当时的百利药业的注册资本10,500万元的比例为29.01%,发行人及当时的中介机构基于推进上市进程的考量进行了本次资产重组,使百利天恒作为上市主体进行了前次 IPO 申报。

(二)发行人收购蜀乐药业的背景及原因

2006年蜀乐药业因经营困难,无法按期偿还对中国银行股份有限公司犍为支行、中国工商银行股份有限公司犍为支行和中国农业银行犍为支行的债务。经上述债权人申请,四川省乐山市中级人民法院裁定对蜀乐药业相关资产进行公开拍卖。根据(2006)乐执字第38－3号民事裁定书,2007年6月,四川省乐山市中级人民法院裁定百利药业通过公开拍卖的方式以3500万元的价格竞得蜀乐药业的相关资产,具体包括房产、土地使用权、注册商标、构筑物及其他辅助设施、机器设备等。

蜀乐药业在经营期间主要销售普通大输液、脂肪乳、氨基酸等产品。虽然蜀乐药业经营困难,但其拥有丙泊酚原料药、脂肪乳等具有一定良好市场前景的产品线以及对应的生产线,有利于发行人扩展其自身的生产范围。发行人通过上述收购,获得了大容量注射剂、小容量注射剂等重要剂型的生产能力和生产许可证以及“丙泊酚”“肠外营养”等产品系列,进一步丰富了公司的产品结构,有效提高了公司的盈利能力和抗风险能力。

(三)发行人收购蜀乐药业相关经营性资产的后续使用情况,与发行人现有产品及相关技术、资产的关系

发行人通过收购蜀乐药业取得的相关经营性资产包括土地与房产、商标、构筑物及其他辅助设施、机器设备及药品注册批件。百利药业通过拍卖取得上述资产后,以上述资产向国瑞药业增资,上述资产包括房产、土地、注册商标、构筑物及其他辅助设施、机器设备等,与上述资产相对应的产品包括丙泊酚等麻醉药、氨基酸及脂肪乳等肠外营养药和大容量注射剂等产品,全部转由国瑞药业进行生产。在取得蜀乐药业相关经营性资产后,发行人亦投入资金对自蜀乐药业取得的厂房、机器设备进行技术改造,并在蜀乐药业原有的丙泊酚乳状注射液和脂肪乳注射液的基础上,通过发挥发行人及其子公司在化学药物领域的研发优势,增加丙泊酚中/长链脂肪乳注射液、中/长链脂肪乳注射液等新品种。

总结:

拟IPO企业可以通过资产重组方式优化公司经营架构,厘清母子公司之间的业务划分,最大化发挥公司各个层级的主要作用,以此帮助客户选择上市主体。收购外部公司能够强化公司资产,获取外部公司的生产线和市场,由此开拓发行人自己的市场,从而提高公司的盈利能力和抗风险能力。同时,发行人应当就资产重组的背景和过程,向监管部门进行充分说明并对外披露。

二、重组前后发行人与控股股东机构是否混同

案例 2:北京通美晶体技术股份有限公司(公司简称:北京通美,于 2022 年 7 月 12 日通过培训科创板上市委会议)

报告期期初,北京通美控股股东 AXT 控制的企业存在与发行人经营相同或相似业务或发行人上下游产业的情况。为解决同业竞争、整合业务资源,北京通美于 2020 年 12 月进行了资产重组,收购了北京博宇、保定通美、朝阳通美、南京金美和朝阳金美 100% 股权。北京通美合并上述主体之后,在经营管理、研发活动等方面实施了整合,重组后运行时间已超 12 个月,运行情况良好。

【关注问题】

资产重组前后,发行人与控股股东的内部机构及人员是否存在混同。

【披露信息】

(一)北京通美在资产、业务和人员等方面采取的整合措施及效果

在收购北京博宇等 5 家公司后,其各主体相关的资产、业务及人员均未发生重大变化,保持原有业务继续运行及持续发展,具体情况如下:

1. 在资产方面,重组后北京博宇等 5 家公司继续保留其原有主要资产,主营业务依托相关资产继续保持原有状态。

2. 在业务方面,重组后,发行人和各子公司职责分工明确,基于原有的合作分工职能继续执行。公司磷化铟衬底、砷化镓衬底、锗衬底、热解氮化硼材料及其他高纯材料的研发、生产和销售态势良好,整合效果良好。

3. 在人员方面,重组后发行人完成股改,并聘请王某新、郭某担任副总经理,郝某担任财务负责人,宋某担任董事会秘书;北京博宇等 5 家公司继续保留其原有主要研发、管理团队,相关团队人员未发生较大变化,主要人员均继续执行原有劳动合同及劳动关系。

由于上述主体在重组前均受 AXT 同一控制,且各主体之间分工明确、互相合作,此次收购未使相关主体的资产、业务与人员产生重大变化,不影响各主体的有效运行。

(二)资产重组完成后,公司经营管理机构设置和运行情况

资产重组完成前,北京通美系一家外商独资企业,唯一股东为 AXT,最高权力机构为董事会。北京通美董事会由 5 名董事组成,分别为 MORRIS SHEN-SHIH

YOUNG、刘某森、WEI GUO LIU、Gary L. Fischer、郝某。公司不设监事,设总经理1名,为刘某森。

2020年12月,北京通美资产重组完成工商变更登记,并依法组建了股东会作为最高权力机构。北京通美股东会由8名股东组成,董事和高级管理人员未发生变化,新增了1名监事。资产重组完成后,北京通美具体经营管理机构设置情况如表22所示:

表22 2020年北京通美资产重组后经营管理机构设置

最高权力机构	董事构成	监事构成	管理层人员构成
股东会,由8名股东组成	MORRIS SHEN-SHIH YOUNG、刘某森、WEI GUO LIU、Gary L. Fischer、郝某	何某武	刘某森(总经理)

资产重组完成后至2021年4月整体变更为股份公司,北京通美共召开3次股东会。

2021年4月,北京通美整体变更为股份公司,按照《公司法》等相关法律、法规、规范性文件及公司章程的规定,设立了股东大会、董事会(在董事会下设置了战略委员会、审计委员会、提名委员会和薪酬与考核委员会等专门委员会)、监事会,选举了董事(包括独立董事)、监事(包括职工监事),聘任了总经理、副总经理、财务负责人、董事会秘书等高级管理人员,并设置了相关职能部门。公司建立了以股东大会为最高权力机构、董事会为经营决策机构、管理层为执行机构、监事会为监督机构的公司治理结构。

北京通美制定了《股东大会议事规则》《董事会议事规则》《监事会议事规则》《总经理工作细则》《独立董事工作制度》《董事会秘书工作制度》《关联交易管理办法》《对外担保管理制度》《对外投资管理制度》《内部审计制度》等公司治理制度,明确了关联交易、对外担保、对外投资等事项的审批程序及决策权限。同时,公司结合自身经营特点,组建了规范的涵盖业务经营、财务管理、内部审计和人力资源管理等各方面的内部职能部门,公司各内部职能部门分工明确、权责分明,形成了高效、可靠的经营管理机构,有效保证了公司经营管理的合法合规与运行效率。

(三)控股股东参与公司经营管理方式,与控股股东是否存在机构混同的情形,公司管理层是否存在在控股股东处兼职或存在领薪等经济往来的情形,控股股东是否存在越过董事会通过管理层或直接行使经营管理权的情形

资产重组完成后,控股股东AXT未直接参与公司的经营管理,其通过在公司股东会/股东大会中行使表决权及提名董事的方式行使相关股东权利,不存在越过董事会通过管理层或直接行使经营管理权的情形。

根据美国律师事务所 Burks Johansson LLP 出具的关于 AXT 的法律意见书及 AXT 的说明确认,AXT 目前共有 3 名员工。其中,MORRIS SHEN-SHIH YOUNG 担任 CEO,Gary L. Fischer 担任 CFO 和 Secretary,Alan Chan 担任 Vice President of Finance 和 Corporate Controller。公司已按照《公司法》等法律、法规和规范性文件的规定,结合自身经营特点,建立健全了股东大会、董事会、监事会和经理层等组织机构,组建了涵盖业务经营、财务管理、内部审计和人力资源管理等各方面的内部职能部门,与控股股东不存在机构混同的情形。

总结:

公司完成资产重组后,可能涉及管理架构混同及管理组织运行问题。公司应当通过披露重组前后组织架构对比、重组后管理组织运行情况,论证其经营管理运行良好,不存在禁止发行的情形。

三 发行人以资产重组方式解决同业竞争问题

案例 3:深圳市科通技术股份有限公司(公司简称:科通技术,拟创业板上市)

申报材料显示,报告期内,发行人为了解决同业竞争等问题,与硬蛋创新之间进行了资产重组。2019 年 12 月,硬蛋创新将芯片分销相关主体整合至科通工业旗下。在重组过程中,科通创新香港、高达控股、前海硬蛋通信应支付的对价已于 2019 年年末在硬蛋创新内部进行债权债务抵销,交易对价无须另行支付。2019 年 12 月,硬蛋科技深圳将作为硬蛋研究院举办者所享有的全部权利托管给科通工业行使。后因硬蛋研究院业务定位更改,2021 年 9 月,发行人与硬蛋科技深圳解除托管协议。

【关注问题】

为了解决同业竞争而进行的资产重组,是否解决了同业竞争,是否影响发行人独立性,资产切割是否清晰。

【披露信息】

问询 1:被重组方相关总资产、净资产、营业收入、利润总额占重组前发行人相应项目比例情况,发行人是否符合《创业板首次公开发行股票注册管理办法(试行)》

(已失效)第12条第2项有关发行人主营业务稳定,最近2年内主营业务没有发生重大不利变化的发行条件要求。

证监会《〈首次公开发行股票并上市管理办法〉第十二条发行人最近3年内主营业务没有发生重大变化的适用意见——证券期货法律适用意见第3号》第2条第1款规定:"发行人报告期内存在对同一公司控制权人下相同、类似或相关业务进行重组情况的,如同时符合下列条件,视为主营业务没有发生重大变化:(一)被重组方应当自报告期期初起即与发行人受同一公司控制权人控制,如果被重组方是在报告期内新设立的,应当自成立之日即与发行人受同一公司控制权人控制;(二)被重组进入发行人的业务与发行人重组前的业务具有相关性(相同、类似行业或同一产业链的上下游)。"

从股权角度看,因被重组方与发行人均为硬蛋创新的控股子公司,本次重组系同一控制下的企业合并;从业务角度看,被重组方均以芯片分销为主营业务,或拥有原厂授权,本次重组前后发行人均主要从事芯片分销业务。因此,本次重组不构成发行人主营业务重大变化。

此外,《〈首次公开发行股票并上市管理办法〉第十二条发行人最近3年内主营业务设有发生重大变化的适用意见——证券期货法律适用意见第3号》第3条第1项规定:"被重组方重组前一个会计年度末的资产总额或前一个会计年度的营业收入或利润总额达到或超过重组前发行人相应项目100%的,为便于投资者了解重组后的整体运营情况,发行人重组后运行一个会计年度后方可申请发行。"此次同一控制下的企业合并,被重组方重组前一个会计年度末的资产总额及前一个会计年度的营业收入、利润总额超过了重组前发行人相应项目的100%,但鉴于重组已于2019年12月末完成,截至本次发行申报时点(2022年6月),发行人已完整运行超过2个会计年度,符合《首次公开发行股票并上市管理办法》(已失效)对于重组后运行时间的要求。

综上所述,2019年发行人与硬蛋创新之间的重组不构成发行人主营业务重大不利变化,本次重组前后发行人均主要从事芯片分销业务,且重组后已运行超过2个会计年度,能够满足《创业板首次公开发行股票注册管理办法(试行)》(已失效)第12条关于发行人主营业务稳定,最近2年内主营业务没有发生重大不利变化的要求。

问询2:结合发行人及硬蛋创新业务重组情况,说明资产及业务切割是否清晰,是否存在同业竞争或影响发行人独立性的事项。

截至深交所官网披露的回复出具日，发行人与港股保留业务硬蛋科技是硬蛋创新旗下的2个核心业务板块，业务为上下游关系，发行人主要提供芯片应用设计和分销服务，港股保留业务硬蛋科技则主要从事定制化模块及解决方案、开发及销售自研AIoT产品、提供软件服务及供应链金融服务等业务。基于前述业务划分，硬蛋创新通过业务重组、业务资源过渡转让及出售部分子公司的方式对发行人与硬蛋创新的资产、业务进行分割、调整，具体情况如下：

（一）业务重组

基于上述业务划分，2019年12月发行人与硬蛋创新完成了相关业务重组，重组原则为由发行人收购硬蛋创新旗下以芯片分销为主营业务，或拥有原厂授权的相关主体。2019年业务重组完成后，主营业务为芯片分销的主体纳入发行人体系，主要原厂代理权转入发行人体系，进一步明确了发行人与硬蛋创新之间的资产、业务划分，解决了绝大多数同业竞争问题。

但是，鉴于硬蛋创新原为整体管理，本次重组后，仍存在部分业务资源（如客户代码、原厂代理权）遗留在港股保留业务硬蛋科技，或多业务类型子公司疑似同业竞争的情形。

（二）业务资源过渡转入

根据发行人与硬蛋创新签署的《集团内部重组对价支付及抵消协议之补充协议》，基于发行人与硬蛋创新的业务划分，2019年分拆重组完成后硬蛋创新遗留的与芯片授权分销业务有关的一切资源，包括但不限于客户资源、供应商资源、商标、专利及技术服务方案等应逐步转移至发行人，重组对价已包含上述资源的价值。因此，报告期内硬蛋创新已陆续将原在硬蛋创新各子公司的客户资源、原厂代理权转移到发行人。

（三）出售部分子公司

报告期内，为进一步明确科通技术与港股保留业务硬蛋科技之间的资产及业务划分，硬蛋创新出售部分下属子公司，具体如下：

1. 2021年1月，Heicolink Holdings Limited向品新科技（香港）有限公司转让所持海科联科技（香港）有限公司及其子公司股权。

2. 2021年4月，Ingdan Group, Inc.、前海硬蛋通信向王某兵及其指定主体转让所持Best Creative Tech Holdings Limited及其子公司宝创科技（香港）有限公司、深圳市宝创科技有限公司股权。

3.2021 年 12 月，Ingdan Group，Inc. 向 Oriental Simple SPC-Encorol Investment Fund SP 转让所持 Worldwide Investments Holdings Limited（曾用名为 Cogobuy Investments Holdings Limited）及其子公司 Comtech Singapore Pte. Ltd.、Tecnomic Components Pte. Ltd 股权。

4.2022 年 3 月，Ingdan Group，Inc. 向力万集团有限公司转让所持 Comlink Holding Limited 及其子公司同兴股份、科芯国际（香港）有限公司股权；2022 年 4 月，发行人子公司科通国际承接同兴在 Skyworks 产品线相关的业务、客户、技术方案和技术测试服务等资源。

综上所述，截至 2022 年 4 月末，发行人与港股保留业务硬蛋科技之间的资产及业务已明确切割，不存在其他同业竞争或影响发行人独立性的事项。

总结：

发行人在 IPO 过程中发生重组的，可能被监管部门关注重组是否违反主营业务稳定性的要求，业务重组后资产以及业务切割是否清晰，是否存在同业竞争或影响发行人独立性的事项。

四 重组双方存在业务往来

案例 4：中微半导体（深圳）股份有限公司（股票简称：中微半导，股票代码：688380. SH）

申报文件显示：（1）重庆中科芯亿达电子有限公司（以下简称芯亿达）为发行人持有 49% 股权的参股公司，同时是发行人 2020 年第一大客户。报告期各期发行人向芯亿达销售芯片的金额分别为 153.46 万元、1193.96 万元和 1966.39 万元。电能股份拟斥资 9916.99 万元向发行人收购芯亿达 49% 股权。（2）发行人与芯亿达之间存在采购商品、租赁房产、销售芯片、代采晶圆、提供芯片加工劳务等关联交易。

监管部门在审核过程要求发行人对下列事项作出说明：（1）发行人转让芯亿达股权的商业考虑。（2）股权转让价款的具体定价依据。（3）转让后发行人与芯亿达的交易安排以及对发行人未来经营业绩的影响。

【关注问题】

重组双方存在业务往来，重组完成后是否影响发行人持续经营，是否影响经营业绩。

【披露信息】

（一）发行人转让芯亿达股权的商业考虑

芯亿达设立时由中国电科二十四所持股51%，发行人持股49%。2017年7月13日，中国电子科技集团有限公司出具《中国电科关于重庆中科芯亿达电子有限公司相关股权无偿划转的批复》（电科资函〔2017〕153号），同意中国电科二十四所将其持有的芯亿达51%的股权全部无偿划转至中电科技集团重庆声光电有限公司（以下简称重庆声光电）。2021年，电能股份实施重大资产置换及支付现金购买资产，受让重庆声光电持有的芯亿达51%股权，并已于2021年4月8日完成工商变更登记。发行人转让芯亿达股权的商业考虑如下：

1. 支持国家战略

为落实国家战略，大力支持高新技术产业发展，深化国企改革，积极推动国有资本做强做优，电能股份通过资产置换方式置入重庆声光电持有的芯亿达51%股权，同时拟通过向发行人发行股份，购买发行人持有的芯亿达49%股权，引入多元化资本结构，促进混合所有制改革。为配合国家战略的深入落实，助力混合所有制改革，经友好沟通，发行人与电能股份达成转让芯亿达49%股权的意向，并经发行人股东大会审议通过。

2. 合作基础发生变化，发行人参与电能股份重组

鉴于电能股份已取得重庆声光电持有的芯亿达51%股权，发行人认为相关合作基础已发生变化，决议相应参与电能股份重组，向电能股份出售持有的芯亿达49%股权。

3. 本次交易价格合理

本次交易的交易价格以符合《证券法》规定的资产评估机构出具并最终经国有资产监督管理有权单位备案的评估报告的评估结果为基础，由发行人与电能股份协商确定，交易价格合理。

综上所述，为配合国家战略的深入落实，助力混合所有制改革，鉴于合作基础已发生变化，本次交易价格合理，发行人拟将芯亿达49%股权转让给电能股份，上述股权转让具有商业合理性。

（二）股权转让价款的具体定价依据

根据中资资产评估有限公司出具并经国有资产监督管理有权单位备案的《中电

科能源股份有限公司发行股份购买资产之重庆中科芯亿达电子有限公司股东全部权益价值资产评估报告》(中资评报字〔2020〕227号),以2020年10月31日为评估基准日,芯亿达100%股权的评估结果如表23所示:

表23 芯亿达2020年股权评估结果

账面值(100%权益)A	评估值(100%权益)B	增值额 C = B - A	增值率 D = C/A	股权比例 E	标的资产评估值 F = E × B
4634.26万元	20,238.75万元	15,604.49万元	336.72%	49%	9916.99万元

经双方友好协商,以上述评估值为基础,芯亿达49%股权的交易作价为9916.99万元,交易价格公允。

(三)转让后发行人与芯亿达的交易安排以及对发行人未来经营业绩的影响

1. 转让后发行人与芯亿达交易安排报告期内,发行人与芯亿达基于业务合作需要开展了芯片采购与销售、代采晶圆、芯片加工、房屋租赁等合作。本次股权转让完成后,双方将基于过往友好合作关系,完成各自内部决策程序后开展后续合作,短时期内不存在对双方交易的重大变更安排。

2. 对发行人未来经营业绩的影响

(1)本次股权转让对发行人未来经营业绩的影响

发行人于2020年年末将持有的芯亿达49%股权转为持有待售的非流动资产科目核算。根据目前的重组方案,发行人获得的新股权价值高于该项持有待售的非流动资产账面价值,不存在待出售资产公允价值扣除出售费用的净额低于账面价值的情形,因此在本次转让完成前,芯亿达股权价值的变动对发行人资产、业绩情况不产生影响。

(2)股权转让完成后双方交易对发行人未来经营业绩的影响

本次出售完成时,发行人将终止确认持有待售的非流动资产,芯亿达49%股权的公允价值与相关股权账面价值之间的差额确认为投资收益。

本次出售完成后,发行人持有的电能股份股票将作为一项金融资产。根据发行人管理层管理金融资产的业务模式,以及发行人金融资产的合同现金流量特征,可将其划分为以公允价值计量且其变动计入当期损益的金融资产。该模式下,电能股份的股价变动导致其公允价值发生的变化将直接影响发行人未来的当期损益。

总结:

IPO过程中应详细说明资产重组行为的商业逻辑。若重组涉及国有资产,应通过对重组资产进行评估并以评估价作为基础进行交易，确保交易价格具备公允性。当重组双方过往业务来往密切时，应关注重组后是否继续业务合作，是否影响发行人未来的经营发展。

第十二章 发行人章程的制定与修改

公司章程是指公司依法制定的,规范公司的组织和行为,保护股东合法权益的基本文件。律师需要对发行人公司章程的制定,以及近3年的修改是否符合法律法规、证监会和证券交易所的规定进行尽职调查,并在上市申报时发表明确法律意见。

第一节 查验程序

一 查验文件

1. 发行人历次变更的公司章程及章程修正案。

2. 发行人及其前身自设立以来在工商注册登记机关备案的全套工商档案文件。

3. 发行人的公司治理制度、内部各机构的规章制度(包括但不限于股东大会议事规则、董事会议事规则、监事会议事规则、累积投票制度实施细则、对外担保管理制度、对外投资管理制度、关联交易管理制度、独立董事工作制度等)。

4. 发行人历次董事会及股东大会会议文件。

5. 发行人制定的上市后适用的公司章程(草案)。

二 查验要点

1. 发行人章程的制定和修改是否履行了法定程序。

2. 发行人章程的内容是否与现行法律法规和证监会的有关规定相抵触。

3. 发行人章程是否按有关上市公司章程的规定起草或修改。

4. 发行人章程是否存在歧视或限制中小股东权利的条款。

5. 发行人是否建立了一套科学、有效的关于人事任免、财务、对外投资和对外担保等的决策制度。

6. 发行人章程是否对增资、股权转让存在特别约定。

7. 发行人章程是否对股东(大)会、董事会召集程序,董事提名程序、表决权、分红权等有特殊的规定。

8. 发行人章程是否存在可能对收购、投资及整合、管理造成障碍的限制融资条款、反收购条款等。

第二节 发行人章程相关案例

一 关于关联交易的决策程序

根据证监会《监管规则适用指引——发行类第 4 号》的规定,发行人应当披露章程对关联交易决策程序的规定,已发生关联交易的决策过程是否与章程相符,关联股东或董事在审议相关交易时是否回避,以及独立董事和监事会成员是否发表不同意见等。

案例 1:慕思健康睡眠股份有限公司(股票简称:慕思股份,股票代码:001323)

【关注问题】

发行人公司章程对关联交易决策程序的规定,关联股东或董事在审议相关交易时是否回避,以及独立董事和监事会成员是否发表不同意见等。

【披露信息】

根据发行人公开披露的资料,发行人关联交易金额较大、占比不高,主要包括购销商品、提供和接受劳务,以及关联租赁、关联方承建厂房、关联方资产转让和收购等。

发行人现行有效的公司章程中关于关联交易的相关规定如下:

（1）第 75 条规定："股东大会审议有关关联交易事项时，关联股东不应当参与投票表决，其所代表的有表决权的股份数不计入有效表决总数；股东大会决议应当充分披露非关联股东的表决情况。"

（2）第 115 条规定："董事与董事会会议决议事项所涉及的企业有关联关系的，不得对该项决议行使表决权，也不得代理其他董事行使表决权。该董事会会议由过半数的无关联关系董事出席即可举行，董事会会议所作决议须经无关联关系董事过半数通过。出席董事会的无关联董事人数不足 3 人的，应将该事项提交股东大会审议。"

（3）第 35 条、第 38 条、第 93 条、第 185 条规定了股东、董事处理关联交易的权利与义务以及关联关系的定义。

发行人召开了第一届董事会第四次会议、第一届监事会第四次会议、第一届董事会第五次会议、第一届监事会第五次会议、2021 年第一次临时股东大会会议、2021 年第二次临时股东大会会议，按照其公司章程的约定对报告期内的关联交易进行了确认，并对 2021 年的日常关联交易进行了预计。董事会、股东大会进行表决时，关联董事、关联股东均已回避表决，独立董事和监事会成员未发表不同意见。

案例 2：润贝航空科技股份有限公司（股票简称：润贝航科，股票代码：001316）

【关注问题】

发行人对关联交易是否采取规范措施，以及对报告期内的关联交易是否履行了决策程序。

【披露信息】

根据发行人公开披露的资料，发行人现行有效的公司章程中关于关联交易的主要规定如下：

（1）第 41 条规定："公司下列对外担保行为，还应当在董事会审议通过后提交股东大会审议：……（七）对股东、实际控制人及其关联方提供的担保……股东大会在审议为股东、实际控制人及其关联人提供的担保议案时，该股东或者受该实际控制人支配的股东，不得参与该项表决，该项表决由出席股东大会的其他股东所持表决权的过半数通过。"

（2）第 79 条规定："股东大会审议有关关联交易事项时，关联股东不应当参与投票表决，其所代表的有表决权的股份数不计入有效表决总数；股东大会决议应当充分披露非关联股东的表决情况。"

(3)第109条规定:“董事会享有下列决策权限:……(二)决定公司与关联法人发生的金额在300万元以上,且占公司最近一期经审计净资产绝对值0.5%以上的关联交易;决定公司与关联自然人发生的交易金额在30万元以上的关联交易。但公司与关联人发生的交易金额在3000万元以上,且占公司最近一期经审计净资产绝对值5%以上的关联交易,或与公司董事、监事和高级管理人员及其配偶发生的关联交易,应提交股东大会审议。”

(4)第118条规定:“董事与董事会会议决议事项所涉及的企业有关联关系的,不得对该项决议行使表决权,也不得代理其他董事行使表决权。该董事会会议由过半数的无关联关系董事出席即可举行,董事会会议所作决议须经无关联关系董事过半数通过。出席董事会的无关联董事人数不足3人的,应将该事项提交股东大会审议。”

发行人在2020年8月20日改制为股份公司后,制定了公司章程、《关联交易管理制度》、《股东大会议事规则》、《董事会议事规则》、《独立董事工作制度》等制度,对关联交易的回避制度和决策程序、审批权限、价格确定原则、独立董事审核关联交易的特殊情况权利等进行了规定。发行人召开了第一届董事会第四次会议、2021年第一次临时股东大会,经与会有表决权董事、股东一致同意,审议通过了《关于确认公司2018—2020年关联交易情况的议案》《关于预计公司2021年度关联交易情况的议案》,对2018年度至2020年度的关联交易进行了确认,并批准了2021年度预计发生的关联交易。关联董事、关联股东在审议上述议案时已回避表决。独立董事已出具同意的独立意见,未发表不同意见。第一届监事会第三次会议亦审议通过了上述议案,监事会成员未发表不同意见。

总结:

1.发行人在报告期内进行的关联交易应符合公司章程的规定。相关决策过程经过股东大会确认程序,关联股东或关联董事在审议关联交易时遵守了回避原则,独立董事和监事没有提出异议。

2.由于部分发行人股改时间较晚,报告期早期的关联交易未履行相关决策程序,故需在发行上市前召开股东大会对报告期内的关联交易进行确认。

二 关于现金分红

根据证监会《监管规则适用指引——发行类第5号》的规定，发行人拟现金分红的，应依据公司章程和相关监管要求，充分论证现金分红的必要性和恰当性，以最近一期经审计的财务数据为基础，测算和确定与发行人财务状况相匹配的现金分红方案，并履行相关决策程序。

案例3：上海冠龙阀门节能设备股份有限公司（股票简称：冠龙节能，股票代码：301151）

【关注问题】

发行人股利分配行为是否符合相关法律法规和公司章程的规定，是否履行了相关审议批准程序。

【披露信息】

《公司法》第166条[1]第1款规定："公司分配当年税后利润时，应当提取利润的百分之十列入公司法定公积金。公司法定公积金累计额为公司注册资本的百分之五十以上的，可以不再提取。"根据发行人公开披露的资料，发行人及其子公司（上海冠龙阀门自控有限公司、江苏融通阀门机械有限公司）当时有效的公司章程中有关利润分配的规定如表24所示：

表24　发行人及其子公司公司章程中有关利润分配的规定汇总

公司名称	公司章程主要规定
发行人	1. 公司从缴纳所得税后的利润中提取储备基金、职工福利及奖励基金。 2. 公司依法缴纳所得税和提取各项基金后的利润归股东所有。 3. 上一个会计年度的亏损未弥补前不得分配利润。上一个会计年度未分配的利润，可并入本会计年度利润分配
冠龙自控	未对利润分配进行具体规定
江苏融通	1. 公司从缴纳所得税后的利润中提取储备基金、企业发展基金和职工奖励及福利基金。提取比例由董事会按照国家有关法律法规确定。 2. 公司依法缴纳所得税和提取各项基金后的利润，按照董事会的决定确定分配方案。 3. 公司上一个会计年度亏损未弥补前不得分配利润。上一个会计年度未分配的利润，可并入本会计年度利润分配

[1] 对应2023年修订的《公司法》第210条。

总结:

发行人及其子公司进行现金分红需说明合理性,并遵循法律法规和公司章程的规定履行决策程序后方可进行。

三 关于内部控制

根据证监会《监管规则适用指引——发行类第 5 号》的规定,发行人申请上市成为公众公司,需要建立、完善并严格实施相关财务内部控制制度,保护中小投资者合法权益,在财务内控方面存在不规范情形的,应通过中介机构上市辅导完成整改(如收回资金、结束不当行为等措施)和建立健全相关内控制度,从内控制度上禁止相关不规范情形的持续发生。

案例 4:浙江华是科技股份有限公司(股票简称:华是科技,股票代码:301218)

【关注问题】

发行人是否建立、完善并严格实施相关财务内部控制制度,报告期内是否存在财务内控不规范情形及解决措施。

【披露信息】

根据发行人公开披露的资料,发行人借款给金帝联合控股集团有限公司(以下简称金帝控股)时关于资金拆出的内部控制制度主要为《资金管理制度》和《公司章程》。

《公司章程》对相关重大交易的决策权限进行了规定,具体如下:(1)第 98 条规定,"董事会应当确定对外投资、收购出售资产、资产抵押、对外担保事项、委托理财、关联交易的权限,建立严格的审查和决策程序……"(2)第 99 条规定,"董事会对对外投资、收购出售资产、资产抵押、银行借款融资、对外担保事项、关联交易的具体决策权限和程序为:(一)对外投资:董事会根据公司生产经营发展的需要,具有在所涉金额单次或 12 个月内为同一项目累计不超过公司最近一期经审计的净资产值的 30% 且不超过 3000 万元的权限……"

发行人向金帝控股提供借款前尚未制定专门的《对外提供财务资助管理制度》,但发行人董事会根据《资金管理制度》和《公司章程》的相关规定,秉持审慎原则,在充分考虑交易风险并取得金帝控股实际控制人卢某铭、孔某岚连带责任担保措施的情况下，审议批准了借款事项。

此后，为防范资金使用风险，加强公司内部控制，发行人专门制定了《对外提供财务资助管理制度》等相关内控制度，进一步加强和完善了内部控制制度。

发行人董事会审议前述事项时，已经积极了解了金帝控股的经营和财务状况、资信情况等，并取得了相应的担保措施，相关资金已经按照借款协议约定按时足额收回，未造成发行人损失。发行人前述提供借款情形经发行人董事会批准后实施，能够满足《公司章程》以及相关内控制度的要求。

总结：

发行人公司章程应对相关重大交易的决策权限进行规定。同时，发行人还应制定对外提供财务资助管理制度等相关内控制度。发行人在审议相关事项时，应履行公司章程及相关制度规定的决策程序。

第十三章 发行人股东大会、董事会、监事会的议事规则及规范运作

根据《公司法》《上市公司治理准则》《上市公司章程指引》等相关法律法规的规定，上市公司应当建立健全股东大会、董事会、监事会的有关制度，其中董事会的有关制度又包括独立董事制度和专门委员会制度。股东大会、董事会、监事会规范运作，既是首发上市的条件，也是上市公司规范运作的要求。因此，我们需要对公司股东大会、董事会、监事会的设立、召开程序、审议内容是否合法合规进行尽职调查，并在上市申报时发表明确法律意见。

第一节 查验程序

一 查验文件

1. 组织结构及关于部门职能描述的文件。

2. 公司关于组织架构设置的内部审批文件。

3. 公司治理制度规定，包括公司章程，股东大会、董事会、监事会议事规则，董事会专门委员会人员构成及议事规则，独立董事制度，董事会秘书制度，总经理工作制度，内部审计制度，信息披露制度等公司内部控制治理文件资料。

4. 公司设立的股东大会、董事会、监事会文件及报告期的股东大会、董事会、监事会会议文件，包括书面通知、议案、表决票、会议记录、会议决议等。

5. 报告期独立董事发表的事前认可意见和独立意见等履职文件。

6. 报告期董事会专门委员会的设立的会议文件、委员构成、委员履历。

7. 报告期董事会专门委员会的历次会议文件。

8. 报告期总经理会议的历次会议文件。

9. 发行人存在特别表决权股份、协议控制架构或类似特殊安排的相关协议、文件、备忘等，落实保护投资者合法权益规定的各项制度规定、承诺等(如有)。

二 查验要点

1. 发行人是否建立健全公司治理制度：是否已经制定相应的股东大会、董事会、监事会议事规则和内部治理制度，上述议事规则和内部治理制度是否符合法律法规和上市板块的上市公司治理规则的规定。

2. 发行人是否已按有关规定建立健全组织机构：发行人是否已经建立了健全的股东大会、董事会、监事会、独立董事、董事会秘书、各专门委员会和内部审计机构，上述机构和人员是否依法履行职责；专门委员会召集人及独立董事的占比是否符合上市规则的规定。

3. 报告期内发行人股东大会、董事会、监事会的召集、召开等程序是否符合法律法规和公司章程的规定，股东大会、董事会、监事会的决议内容是否合法合规，是否侵害股东的权利。

4. 董事会、监事会、各专业委员会的召开时间是否符合法律法规和公司章程的规定，董事会、监事会和各专业委员会的召开次数是否符合公司章程及相关议事规则的规定。

5. 报告期内发行人的重大投资融资、对外担保、关联交易及其他重大事项是否履行了公司章程和相关议事规则规定的审议程序。

6. 应由独立董事发表独立意见的事项，是否根据规则取得了独立董事的意见。前述事项包括但不限于重大关联交易，聘用或解聘会计师事务所，提名、任免董事，聘任或解聘高级管理人员，公司董事、高级管理人员的薪酬等事项。

7. 如发行人存在法人股东或委托他人参会的情形，参会人员是否取得法人股东或委托人的授权，出席会议人员资格是否符合《公司法》和公司章程的规定。

8. 报告期内发行人的董事会、监事会是否按照有关法律法规和公司章程的规定及时进行换届选举。

9. 股东大会或董事会历次授权或重大决策等行为是否合法、合规、真实、有效。

10. 董事会决议是否由参会董事签名;授权其他董事参会的,是否出具授权委托文件。董事会决议是否加盖发行人或董事会公章。根据上市公司监管指引的规定,1 名董事在 1 次董事会上不得接受超过 2 名董事的委托代为出席会议,独立董事不得委托非独立董事代为出席会议。

11. 股东大会决议是否由参与表决的股东签名、盖章,并加盖发行人公章。

12. 发行人存在特别表决权股份或者类似安排的,应当查验发行人设置的特别表决权安排是否符合法律法规、证监会、证券交易所以及公司章程的规定,具体查验要点包括:

(1)发行人是否符合设置特别表决权股份或者类似安排的条件;

(2)发行人设置特别表决权安排是否依据法律法规及公司章程的规定履行内部决策程序,特别表决权的安排是否符合内部决策批准的方案;

(3)特别表决权持有人资格、特别表决权拥有的表决权数量与普通股份拥有表决权数量的比例安排、持有人所持特别表决权股份能够参与表决的股东大会事项范围、特别表决权股份锁定安排及转让限制等是否符合有关规定;

(4)特别表决权安排的实施对于发行人公司治理及其他股东权利的影响,发行人是否采取保护投资者合法权益的各项措施。

第二节 股东大会、董事会、监事会的议事规则及规范运作相关案例

在 IPO 尽职调查过程中,发行人律师应关注并协助发行人建立健全组织机构。第一,按照证监会、证券交易所规则设立董事会、监事会、董事会专门委员会、内部审计部。第二,制定符合法律法规和上市板块的公司治理内控制度,包括但不限于公司章程,股东大会、董事会、监事会议事规则,对外担保制度,关联交易制度,对外投资制度,信息披露制度,投资者关系管理制度等。

发行人律师应关注报告期内发行人股东大会、董事会、监事会的召集、召开等程序是否符合法律法规和公司章程的规定。第一,股东大会、董事会、监事会的通知时

间与召开时间是否符合法律法规和公司章程的规定。第二,提案人及提案是否符合法律法规和公司章程的规定。第三,股东大会或董事会历次授权或重大决策等行为是否合法、合规。

在IPO尽职调查过程中,发行人律师应及时发现发行人的股东大会、董事会、监事会存在的问题,并协助发行人及时完善并规范股东大会、董事会、监事会运作,建立规范的上市公司治理制度。在IPO审核实践中,相对其他法律问题,股东大会、董事会、监事会的规范运作问题被证监会反馈或证券交易所问询的较少,但上市公司在日常经营管理中,仍在股东大会、董事会、监事会的规范运作方面存在不少问题,甚至因股东大会、董事会、监事会运作不规范而被证券交易所采取监管措施。

一 股东大会、董事会、监事会的会议程序的合规性

案例1:德州联合石油科技股份有限公司(股票简称:德石股份,股票代码:301158.SZ)

【关注问题】

提案人向董事会、股东大会递交提案的程序是否合规。

【披露信息】

根据公开披露的资料,在发行人IPO审核第三轮审核问询函中,深交所就实际控制人问题对董事会、股东大会议案的提交程序进行了问询。申报材料及审核问询回复显示:(1)孙某杰、王某晓、刘某峰为烟台杰瑞石油服务集团股份有限公司控股股东、实际控制人,合计持有杰瑞股份46.04%的股权。三人已签署《一致行动协议》,申报材料未披露《一致行动协议》的具体有效期。(2)发行人现有9名董事,包括3名独立董事。杰瑞股份提名的董事包括孙某杰、刘某海、任某源,在杰瑞股份中分别担任董事、管理顾问、首席信息官。对此,请发行人补充披露控股股东杰瑞股份、董事孙某杰向发行人递交董事会、股东大会提案须履行的程序。

对于上述深交所问询的问题,发行人及保荐机构于2021年9月24日通过回复意见的形式进行了回复:对于控股股东杰瑞股份、董事孙某杰向发行人递交董事会、股东大会提案须履行的程序,发行人及保荐机构对《公司章程》《董事会议事规则》《股东大会议事规则》进行了核查,并取得了控股股东杰瑞股份的确认,从而确定了

控股股东杰瑞股份、董事孙某杰向发行人递交董事会、股东大会提案于控股股东杰瑞股份层面需履行的程序及发行人层面需履行的程序,并进行了相关论述。

案例 2:山东天岳先进科技股份有限公司(股票简称:天岳先进,股票代码:688234. SH)

【关注问题】

股东大会的通知与召开是否符合法律法规及公司章程的规定。

【披露信息】

根据公开披露的资料,在发行人 IPO 审核首轮审核问询函中,上交所就公司治理问题对公司股东大会、董事会、监事会的运作情况进行问询,具体问题如下:"公司于 2021 年 4 月 22 日召开第一届董事会第三次会议,于 2021 年 4 月 23 日召开 2020 年年度股东大会,审议通过本次发行上市相关议案,以及《关于豁免 2020 年年度股东大会通知义务的议案》。请发行人说明相关法律法规及公司章程对公司股东大会召开提前通知的相关规定,公司是否建立健全相关内部控制制度;本次发行上市股东大会召集召开是否符合该等规定,公司相关内部控制制度是否得到有效执行,关于本次发行上市的审议结果是否合法有效。请保荐机构、发行人律师核查并发表明确意见。"

对于上述上交所问询的问题,发行人及保荐机构于 2021 年 7 月 27 日通过回复意见的形式进行了回复,回复内容可归纳总结为以下两方面:

1. 列举相关法律法规、公司章程及相关内部控制制度对发行人股东大会召开提前通知等事项的相关规定,以说明股东大会未严格履行提前通知程序未违反法律法规之强制性规定。具体论述如下:《公司法》及发行人现行有效的公司章程已对股东大会提前通知期限作出明确规定,虽然二者未明确就豁免股东大会通知期限事项予以规定,但股东享有对其各自权利的处分权系《公司法》及公司章程赋予股东权利的应有之义。

2. 说明本次股东大会召开的程序、提前召开的原因、召开前与各股东的沟通情况,以说明股东权利未受到损害。具体论述如下:为提高发行人决策效率、尽快推进本次发行上市申报的各项工作,发行人第一届董事会第三次会议审议通过了《关于豁免 2020 年年度股东大会通知义务的议案》,同意向股东大会申请豁免董事会此次召开年度股东大会提前 20 日通知的义务。鉴于本次发行上市系发行人重大事项,为充分保障发行人股东的知情权,并尽快完成机构股东出席发行人股东大会并投票前的内部程序，在上述董事会召开之前，发行人董事会办公室已经提前将本次发行上市的各项议案初稿发送股东，并通过各种形式广泛听取股东的意见和建议。在发行人董事会发出股东大会正式通知之前，发行人已就本次发行上市相关议案与全体股东多次充分沟通，解答了所有相关问题，提供了所有必要信息，充分保障了股东的知情权。

总结：

发行人召开股东大会、董事会、监事会，应按照公司章程、董事会议事规则、股东大会议事规则等规定，确保提案程序、召开程序等符合相关规定。

二 股东大会、董事会、监事会的会议文件记录的完备性

案例3：新纶新材料股份有限公司（股票简称：新纶新材，股票代码：002341.SZ）

【关注问题】

股东大会、董事会会议记录是否完整。

【披露信息】

根据公开披露的资料，2022年1月6日，中国证券监督管理委员会深圳监管局对发行人下发了《关于对新纶新材料股份有限公司采取责令改正措施的决定》（行政监管措施决定书〔2021〕159号），指出发行人存在股东大会、董事会、监事会运作不规范的情况："你公司部分股东大会、董事会会议记录不完整，董事会表决票统计错误，部分股东大会计票监票程序不规范，个别股东大会未在原定召开日前至少2个工作日公告取消并说明原因。上述情形不符合《上市公司股东大会规则》（已失效）第十九条、第三十七条第一款、第四十一条和《上市公司章程指引》（已失效）第一百二十三条第四项的规定。"

案例4：宁波容百新能源科技股份有限公司（股票简称：容百科技，股票代码：688005.SH）

【关注问题】

董事会会议、监事会会议是否记录董事、监事发言要点。

【披露信息】

根据公开披露的资料，2019年11月19日，中国证券监督管理委员会宁波监管

局对发行人下发了《关于对宁波容百新能源科技股份有限公司采取责令改正措施的决定》,指出发行人存在股东大会、董事会、监事会运作不规范的情况:"一是公司存在董事会会议、监事会会议未记录董事、监事发言要点和主要意见的情况。二是存在个别董事仅在表决票上签字而未勾选表决意向,但表决结果统计显示全部董事同意通过议案的情况。上述事项违反了《上市公司章程指引》(已失效)第一百二十三条第四项和第五项、《宁波容百新能源科技股份有限公司董事会议事规则》第十七条第三款和《宁波容百新能源科技股份有限公司监事会议事规则》第十五条第五项的规定。"

案例5:深圳中青宝互动网络股份有限公司(股票简称:中青宝,股票代码:300052.SZ)

【关注问题】

董事会专门委员会运作是否规范。

【披露信息】

根据公开披露的资料,2022年1月6日,中国证券监督管理委员会深圳监管局对发行人下发了《关于对深圳中青宝互动网络股份有限公司采取责令改正措施的决定》(行政监管措施决定书〔2021〕169号),指出发行人存在董事会专门委员会运作不规范的情况,具体内容如下:"你公司2018年以来仅有一次薪酬与考核委员会会议记录,董事会审计委员会、战略委员会未见会议记录。上述行为不符合《上市公司治理准则》第三十九条、第四十条及第四十二条的规定。"

总结:

股东大会、董事会、监事会的会议记录应当完整准确记录会议内容,包括书面通知、议案、表决票、会议记录、会议决议等。同时,董事会专门委员会作为董事会的下设机构,是公司治理的重要组成部分,董事会专门委员会应当依照《董事会议事规则》以及专门委员会工作细则等文件履行职责。

三 关联交易决策的合规性

案例6:广东新劲刚科技股份有限公司(股票简称:新劲刚,股票代码:300629.SZ)

【关注问题】

关联交易是否履行相关审议程序。

【披露信息】

根据公开披露的资料,发行人于2022年1月21日收到中国证券监督管理委员会广东监管局出具的《关于对广东新劲刚科技股份有限公司的监管关注函》《关于对广东新劲刚科技股份有限公司、王某、张某荣、周某波、罗某燕采取出具警示函措施的决定》,指出发行人存在关联方担保审议程序不规范的情况,具体内容如下:"你公司于2019年9月12日与中国建设银行佛山市分行签订了《并购贷款合同》,贷款金额2.1亿元。同日,你公司控股股东与该行签订《最高额权利质押合同》,以其所持的1000万股公司股票为上述并购贷款提供担保,担保额度为2.5亿元。该担保性质上属于控股股东为上市公司相关贷款提供的担保,公司无须支付担保费用或提供反担保。上述关联方担保未按要求履行相关审议程序,违反了《上市公司信息披露管理办法》(证监会令第40号)第四十八条的规定。"

总结:

发行人发生关联交易的,应按照公司章程、关联交易管理办法等规定履行相应的审议程序,确保关联交易决策程序合法合规。

第十四章 发行人董事、监事和高级管理人员及其变化

根据《公司法》《首次公开发行股票注册管理办法》等相关法律法规的规定，申请 IPO 的法律主体为依法设立且持续经营 3 年以上的股份有限公司，具备健全且运行良好的组织机构，相关机构和人员能够依法履行职责，依法建立健全股东大会、董事会（5～19 人）、监事会（不少于 3 人，其中职工监事不少于 1/3）、独立董事（不少于董事会成员的 1/3）、董事会秘书制度。

因此，需要对拟担任发行人的董事、监事和高级管理人员的任职资格及报告期内的变化情况进行尽职调查，并在上市申报时发表明确法律意见。

第一节　查验程序

一　查验文件

1. 拟担任发行人董事、监事和高级管理人员的相关基本资料，包括：

（1）身份证（我国香港特别行政区、澳门特别行政区和台湾地区居民通行证，及外籍人士护照等）；

（2）境外永久居留权网络核查；

（3）学历证书；

（4）个人信用报告；

（5）不少于最近 5 年的履历；

（6）不少于最近 5 年的社保缴纳清单；

(7)户籍所在地(外籍人员的境内经常居住地)的公安机关出具的无犯罪记录证明;

(8)若为国家或地方政府公务员离退休人员,应查验其离退休证明及单位同意在发行人任职(兼职)的批复文件。

2. 发行人董事、监事和高级管理人员的基本情况调查表[除前述基本信息外,该表重点内容为其本人及其家庭关系密切近亲属(主要包括父母、配偶、配偶的父母、成年子女及其配偶、兄弟姐妹及其配偶、配偶的兄弟姐妹)的对外投资、对外兼职(含社保缴纳)情况,以及根据实质重于形式的原则应该认定为关联方的人员的基本情况],个人出具的承诺及声明。

3. 发行人报告期内选举董事、聘任高级管理人员的相关内部决策文件(如报告期内发行人的股东大会、董事会会议资料、相关任命文件等);在发行人处任职的董事、高级管理人员与发行人或其子公司签署的劳动合同。

二 查验要点

1. 拟任职人员是否符合《公司法》、《证券法》、《中国证券监督管理委员会关于在上市公司建立独立董事制度的指导意见》(已失效)、《上市公司独立董事履职指引》(2020 年 7 月修订版)等规定的任职资格。

2. 拟任职人员的聘任程序是否符合《公司法》和公司章程等的有关规定。

3. 根据《公务员法》《中共中央、国务院关于进一步制止党政机关和党政干部经商、办企业的规定》《关于规范财政部工作人员在企业兼职行为的暂行办法》《中共中央组织部关于进一步规范党政领导干部在企业兼职(任职)问题的意见》《中国共产党廉洁自律准则》《中央企业贯彻落实〈国有企业领导人员廉洁从业若干规定〉实施办法》《中纪委、中组部关于规范中管干部辞去公职或者退(离)休后担任上市公司、基金管理公司独立董事、独立监事的通知》《中共中央纪委、教育部、监察部关于加强高等学校反腐倡廉建设的意见》《中共教育部党组关于进一步加强直属高校党员领导干部兼职管理的通知》《中共中央组织部关于进一步规范党政领导干部在企业兼职(任职)问题的意见》《关于开展党政领导干部在企业兼职情况专项检查的通知》《高等学校深化落实中央八项规定精神的若干规定》等有关规定,对具有公务员、党政机关人员、国有企业领导成员、人民团体和群众团体、事业单位领导干部等背景的董事、监事和高级管理人员需要格外关注(如拟担任的发行人职务是否需要取得单位的书面批准或其他授权等)。

4. 根据过往履历,确认以下要点:(1)拟任职人员是否曾在竞争对手企业任职,是否存在竞业禁止协议;(2)拟任职人员在发行人任职期间的研究项目、申请的专利是否与原工作内容相关,是否侵犯原单位知识产权,是否存在纠纷或潜在纠纷。

5. 查阅发行人报告期内股东大会、董事会、监事会文件,核查报告期内发行人董事、监事和高级管理人员的变化情况,并就相关人员的变动原因、变动人数等予以核查。

6. 根据董事、监事和高级管理人员的社保缴纳情况、对外投资及兼职信息,关注该等人员是否在其他单位兼职或领取薪酬,是否违反相关竞业禁止义务。

7. 查询人民法院公告网、12309 中国检察网、中国裁判文书网、中国执行信息公开网、证监会证券期货市场失信记录查询平台网站、深交所网站、上交所网站。

第二节　发行人董事、监事、高级管理人员相关案例

一　发行人董事、监事、高级管理人员变动对公司的影响

申请 IPO 的法律主体要求为依法设立且持续经营 3 年以上的股份有限公司,具备健全且运行良好的组织机构,相关机构和人员能够依法履行职责,依法建立健全股东大会、董事会、监事会、独立董事、董事会秘书制度。

案例 1:浙江新柴股份有限公司(股票简称:新柴股份,股票代码:301032. SZ)

【关注问题】

报告期内,发行人董事、高级管理人员变动的具体原因以及对公司生产经营的影响,发行人是否因此产生重大不利变化。

【披露信息】

报告期内,发行人董事变动较大的原因主要是,2017 年 12 月仇某平收购浙江力程建筑有限公司持有的发行人股份后,作为新的实际控制人对发行人董事会进行调

整，通过发行人股东大会选举新一届董事会，并委派董事，以加强其对发行人董事会的控制权及影响力。为保持发行人生产经营的稳定性，新一届董事会未对发行人高级管理人员进行重大调整。发行人现任高级管理人员中，除白某法外，均在报告期初即担任发行人高级管理人员。

2007年12月至2012年12月，白某法曾担任发行人总经理，有丰富的行业经验并了解发行人的生产经营情况；白某法在2018年7月接受巨星控股基因有限公司提名，补选为发行人董事，并被选举为发行人董事长，同时担任发行人总经理，有利于发行人管理水平的提高和生产经营的发展。

仇某平、刘某宁、白某法、周某远均为控股股东、实际控制人委派董事，其变更系个人原因及股东委派引起的正常更替。最近2年，朱某伟、赵某宸、石某、张某一直担任发行人董事；发行人董事长均由控股股东、实际控制人委派的董事担任。2019年12月6日，发行人新增了独立董事，系发行人根据《公司法》《上市公司治理准则》及发行人治理实际需要而发生的变化，未导致发行人董事会核心组成人员发生变动。

发行人最近2年内高级管理人员未发生重大不利变化。除新聘白某法为总经理及石某任职变化外，发行人其他高级管理人员最近2年任职未发生变化。

上述变动均为发行人正常经营管理需要，增选董事、高级管理人员系发行人实际经营运作的需要，亦有助于发行人建立现代企业制度，促进规范化运行。因此，发行人近2年内董事、监事和高级管理人员未发生重大不利变更。

发行人现任董事、高级管理人员总数为14人，最近2年，除为完善发行人治理结构增加3名独立董事外，发行人董事的变动人数为4人，即刘某宁、周某远离任及补选白某法、仇某平为新任董事；刘某宁、周某远为发行人外部董事，不担任除董事以外的其他职务，其辞去董事职务不会对发行人生产经营产生重大不利影响。发行人高级管理人员变动人数为1人，即聘任白某法为总经理。

离任的董事刘某宁、周某远均受实际控制人仇某平委派，变动后新增的董事为实际控制人仇某平及控股股东委派的董事白某法，不构成重大不利变化。

总结：

为避免被认定为对发行人生产经营产生重大不利影响、构成重大不利变化，报告期公司不宜对高级管理人员进行重大调整，特别是要维持公司董事会核心组成人员的稳定性。

二 发行人独立董事的任职资格

独立董事任职资格要符合《公司法》《中共中央组织部关于进一步规范党政领导干部在企业兼职(任职)问题的意见》《中共教育部党组关于进一步加强直属高校党员领导干部兼职管理的通知》《教育部办公厅关于开展党政领导干部在企业兼职情况专项检查的通知》等相关法律法规的规定。

案例 2:成都一通密封股份有限公司(IPO 申报项目,已中止)

【关注问题】

发行人独立董事是否符合《公司法》《中共中央组织部关于进一步规范党政领导干部在企业兼职(任职)问题的意见》《中共教育部党组关于进一步加强直属高校党员领导干部兼职管理的通知》《教育部办公厅关于开展党政领导干部在企业兼职情况专项检查的通知》等相关法律法规的任职资格规定。

【披露信息】

发行人的独立董事彭某东、陈某、胡某平具有履行独立董事职责所必须的工作经验和相关知识,已取得独立董事资格证书,与发行人及其股东不存在可能妨碍其进行独立客观判断的关系,且不存在《公司法》第 146 条[1]规定的不得担任上市公司董事、监事、高级管理人员的情形,不存在《深圳证券交易所创业板上市公司规范运作指引》(2015 年修订,已失效)第 3.2.3 条规定的不得被提名担任上市公司董事、监事、高级管理人员的情形,亦不属于《中国证券监督管理委员会关于在上市公司建立独立董事制度的指导意见》第三节"独立董事必须具有独立性"规定的不得担任独立董事所列举的人员范围,符合《深圳证券交易所独立董事备案办法》(2017 年修订)第 4 条规定的任职资格、条件和要求。根据独立董事及所在高校出具的说明文件,彭某东现任浙江工业大学机械工程学院教授,陈某现任四川大学化工学院教授,胡某平现任西华大学管理学院会计系副教授,均不属于高校党政领导班子成员。

总结:

发行人独立董事应当符合《公司法》《中共中央组织部关于进一步规范党政领导干部在企业兼职(任职)问题的意见》《中共教育部党组关于进一步加强直属高校

---

[1] 对应 2023 年修订的《公司法》第 178 条。

党员领导干部兼职管理的通知》《教育部办公厅关于开展党政领导干部在企业兼职情况专项检查的通知》等规定的要求。

三 发行人重组后组织机构的稳定性

《〈首次公开发行股票并上市管理办法〉第十二条发行人最近3年内主营业务没有发生重大变化的适用意见——证券期货法律适用意见第3号》第2条第1款规定："发行人报告期内存在对同一公司控制权人下相同、类似或相关业务进行重组情况的，如同时符合下列条件，视为主营业务没有发生重大变化：（一）被重组方应当自报告期期初起即与发行人受同一公司控制权人控制，如果被重组方是在报告期内新设立的，应当自成立之日即与发行人受同一公司控制权人控制；（二）被重组进入发行人的业务与发行人重组前的业务具有相关性（相同、类似行业或同一产业链的上下游）。"

案例3：中信科移动通信技术股份有限公司（股票简称：信科移动，股票代码：688387.SH）

【关注问题】

发行人报告期内重组是否影响主营业务、管理团队、核心技术人员稳定，是否导致发行人最近2年主营业务及董事、高级管理人员、核心技术人员发生重大不利变化。

【披露信息】

重组前，发行人前身信科移动有限围绕运营商基站建设与无线网络覆盖的业务主线，主要从事移动通信网络设备中的天馈设备、室分设备的研发、生产和销售，以及提供移动通信技术服务。

重组是发行人控股股东中国信息通信科技集团有限公司，为实现旗下移动通信业务板块整体上市、降低管理成本、发挥业务协同优势、提高企业规模经济效应而实施的市场行为。上述重组均围绕移动通信网络业务主线进行，重组后信科移动有限进一步聚焦了移动通信网络设备和移动通信技术服务的主营业务，具备了在移动通信技术标准和系统设备领域的核心竞争力，形成了包含硬件、软件、组网和优化服务在内的移动通信网络部署完整解决方案。

由于被重组方自报告期期初起即与信科移动有限受同一实际控制，且被重组进入信科移动有限的业务与其重组前的业务具有相关性，根据《〈首次公开发行股票并上市管理办法〉第十二条发行人最近 3 年内主营业务没有发生重大变化的适用意见——证券期货法律适用意见第 3 号》的相关规定，相关重组事项未对发行人主营业务的稳定性产生不利影响，未导致发行人最近 2 年主营业务发生重大不利变化。

自 2020 年 1 月 1 日以来，担任或曾担任信科移动有限/发行人董事、高级管理人员和核心技术人员的总人数为 36 名，截至报告期末的董事、高级管理人员和核心技术人员，相较于 2020 年 1 月 1 日的相关人员，变动人数合计为 23 人，占比 63.89%。

本次变动中新增的 23 名董事、高级管理人员和核心技术人员中，有 20 人来自原股东中国信科委派、提名或发行人及子公司内部培养产生，属于《上海证券交易所科创板股票发行上市审核问答》（上证发〔2019〕29 号）规定的不构成重大不利变化的情形。此外，自 2020 年 1 月 1 日以来，信科移动有限/发行人不存在离任的核心技术人员；离任的董事合计 5 人，其中 4 人为信科移动有限/发行人外部董事，未在信科移动有限/发行人处担任除董事以外的其他职务，1 人因即将达到法定退休年龄离任；离任的高级管理人员合计 2 人，因即将达到法定退休年龄及职务调整离任。报告期内相关重组事项未影响发行人主营业务、管理团队、核心技术人员的稳定，未导致发行人最近 2 年主营业务、董事、高级管理人员及核心技术人员发生重大不利变化。

总结：

发行人在报告期内有重组事项的，要保证其主营业务、管理团队、核心技术人员的稳定，并从董事、高级管理人员及核心技术人员变动的人数及比例和对生产经营的实际影响来考量是否会使发行人产生重大不利变化。

第十五章 发行人的税务

根据《首次公开发行股票注册管理办法》等相关法律法规,公司申请 IPO 的,发行人及其控股股东、实际控制人不得存在重大违法行为。因此,需要对发行人是否按照相关法律、法规及其他规范性文件的规定缴纳税款进行尽职调查,全面分析发行人涉税事项的合法性,并在上市申报时发表明确法律意见。

第一节 查验程序

一 查验文件

1. 公司的营业执照。

2. 公司报告期内的财务报告及审计报告。

3. 公司享受税收优惠的法律、政策依据,如《企业所得税法》《企业所得税法实施条例》《高新技术企业认定管理办法》《增值税暂行条例》《财政部、国家税务总局关于调整增值税税率的通知》《财政部、税务总局、海关总署关于深化增值税改革有关政策的公告》《财政部、税务总局关于集成电路设计和软件产业企业所得税政策的公告》等。

4. 公司享受财政补贴的批准文件。

5. 公司报告期内的纳税申报表、税收缴款书等文件。

6. 公司所在地税务机关出具的完税证明文件。

7. 公司所在地税务机关出具的涉税信息查询结果告知书或其他无违法违规证

明文件。

二 查验要点

1. 公司执行的税种、税率是否符合相关法律、法规及其他规范性文件的规定。

2. 公司享受的税收优惠是否具有法律、政策依据，判断其合法性。

3. 公司享受的财政补贴是否具有对应财政补贴批准文件的依据，判断其合法性。

4. 核查公司报告期内的依法纳税情况，是否存在受到税务部门处罚的情形。

第二节　发行人税务相关案例

一 税收优惠

关于发行人享有的税收优惠，中介机构的关注要点主要为：

1. 发行人应当依法享有税收优惠待遇，如符合高新技术企业、软件企业、出口退税等特定性质的政策要求，或者西部大开发等区域性的政策要求；

2. 发行人应当确保相关资格证书期满后继续享有税收优惠待遇；

3. 发行人应当确保享受税收优惠政策时核算的真实性、准确性、完整性；

4. 发行人对享有的税收优惠及财政补贴是否具有依赖性。

案例 1：浙江海森药业股份有限公司（股票简称：海森药业，股票代码：001367.SZ）

【关注问题】

发行人享有税收优惠政策对企业净利润的影响情况，发行人对税收优惠政策是否存在依赖以及税收优惠政策是否具有可持续性。

【披露信息】

根据发行人的公开披露资料，发行人及其子公司在报告期内享受的税收优惠含高新技术企业的企业所得税优惠、与残疾人员就业有关的企业所得税优惠、城镇土地使用税优惠、房产税优惠。发行人享受的主要税收优惠对经营业绩的影响测算如表25所示：

表25 发行人2019年至2021年1~6月税收优惠情况汇总

单位：万元

项目	2021年1~6月	2020年度	2019年度
高新技术企业的企业所得税优惠	370.27	680.08	566.61
其他税收优惠	—	—	—
与残疾人就业有关的企业所得税优惠	9.78	23.02	26.71
城镇土地使用税优惠	0.86	37.38	18.69
房产税优惠	0.01	19.18	9.59
税收优惠合计	380.91	759.66	621.60
净利润	4354.55	6282.69	6895.75
税收优惠合计占净利润的比例(%)	8.75	12.09	9.01

上述税收优惠政策可持续性分析如下：

1.关于高新技术企业的企业所得税优惠的可持续性分析

报告期内，发行人作为高新技术企业，享受按15%的税率征收企业所得税的税收优惠政策。由于发行人已经取得的更新的高新企业证书（证书编号：GR202133007267），有效期为2021年12月16日至2024年12月15日，其减按15%的企业所得税税收优惠具有可持续性。

2.关于与残疾人员就业有关的企业所得税优惠的可持续性分析

发行人依据《财政部、国家税务总局关于安置残疾人员就业有关企业所得税优惠政策问题的通知》（财税〔2009〕70号）的规定，享受残疾人工资加计扣除政策。该政策是国家为鼓励社会各类企业吸纳特殊人员就业，为社会提供更多的就业机会，更好地保护弱势群体的利益而制定的。残疾人工资加计扣除政策自2009年实施以来，历史一致性与连贯性较强，可持续程度较高。

3.关于城镇土地使用税优惠、房产税优惠的可持续性分析

发行人的城镇土地使用税、房产税所享受的税收优惠政策属于国家鼓励企业发展的阶段性政策，优惠期满后税务政策是否发生变化存在不确定性。由于对应政策

涉及税收优惠金额较小，因此不会对发行人生产经营造成较大影响。

案例 2：深圳市南极光电子科技股份有限公司（股票简称：南极光，股票代码：300940.SZ）

【关注问题】

发行人是否符合《高新技术企业认定管理办法》规定的相关条件，报告期内发行人享受 15% 的企业所得税优惠是否符合相关规定以及对发行人的影响。

【披露信息】

根据发行人的公开披露资料，发行人分别于 2016 年 8 月、2019 年 6 月申报了高新技术企业认定，根据《高新技术企业认定管理办法》的相关规定，发行人符合高新技术企业认定的各项条件。

报告期内，发行人因取得高新技术企业认定享受 15% 税率的企业所得税优惠政策，具体政策和依据如下：

1.《高新技术企业认定管理办法》第 4 条、第 10 条；

2.《高新技术企业认定管理工作指引》第 1 条；

3.《企业所得税法》第 28 条第 2 款；

4.《企业所得税法实施条例》第 93 条。

发行人持有高新技术企业证书，享受 15% 的企业所得税优惠税率，2017 年度、2018 年度、2019 年度及 2020 年 1～6 月税收优惠占利润总额的占比分别为 10.7%、5.53%、3.46%、6.64%。

总结：

发行人享受企业所得税及其他相应的税收优惠需符合相关法律法规及规范性文件认定的条件，且需取得相关主管部门颁发的相应证照或者取得相关的备案许可，而发行人需持续关注该等税收优惠于报告期内及报告期后的持续性。此外，发行人需关注相关税收优惠对企业利润总额的影响，避免发行人对税收优惠形成依赖及影响发行人独立面对市场竞争的能力。

二 税收滞纳金

根据《税收征收管理法》第 32 条的规定，纳税人未按照规定期限缴纳税款的，扣缴义务人未按照规定期限解缴税款的，税务机关除责令限期缴纳外，从滞纳税款之日起，按日加收滞纳税款5‱的滞纳金。拟上市公司产生税收滞纳金，说明其在涉税事项上有迟滞纳税的违规行为，中介机构应当客观全面地分析补缴大额税款对发行人是否构成重大影响。

案例3：浙江新柴股份有限公司（股票简称：新柴股份，股票代码：301032.SZ）

【关注问题】

发行人产生滞纳金及罚款的原因以及相关计算依据，相关滞纳金及罚款事项是否构成重大行政处罚，发行人是否因此构成重大违法违规。

【披露信息】

根据发地人的公开披露资料，2020年度发行人支付滞纳金人民币220.77万元，其中个人所得税滞纳金为人民币184.22万元、企业所得税滞纳金为人民币27.79万元、房产税滞纳金为人民币8.76万元。

（一）关于个人所得税滞纳金基本情况

根据《税收征收管理法》第32条的规定，纳税人未按照规定期限缴纳税款的，扣缴义务人未按照规定期限解缴税款的，税务机关除责令限期缴纳外，从滞纳税款之日起，按日加收滞纳税款5‱的滞纳金。发行人因未按照规定期限解缴税款产生的个人所得税滞纳金、企业所得税滞纳金明细如表26所示：

表26 发行人2020年个人所得税滞纳金与企业所得税滞纳金明细

项目	年度	补缴税额（万元）	每日滞纳金率（%）	滞纳天数（天）	滞纳金（万元）
个人所得税	2017	378.67	0.05	715	135.37
	2018	279.13	0.05	350	48.85
企业所得税	2017	96.02	0.05	579	27.79
小计		657.79	—	—	184.22

发行人2020年度产生的个人所得税滞纳金系因其2017年度及2018年度发放部分员工薪酬未及时代扣代缴、申报、缴纳个人所得税所致。发行人已于2020年主动向税务机关补缴前述个人所得税。

（二）关于房产税滞纳金基本情况

发行人2018年和2019年存在4E车间、铸造车间转固不及时，当期根据竣工验收时点及结算金额，调整了房产转固时间及原值，发行人依据调整后的房产原值及转固时点补缴了相应的房产税及滞纳金。其中，2018年度补缴税额及缴纳滞纳金分别为人民币 8.03 万元、人民币 2.03 万元，2019 年度补缴税额及缴纳滞纳金分别为人民币85.63 万元、人民币 6.72 万元。

（三）关于上述税种所涉滞纳金合规性论述

根据《行政处罚法》《税收征收管理法》《国家税务总局关于税收优先权包括滞纳金问题的批复》的相关规定，税收滞纳金在征缴时视同税款管理，不属于行政处罚范畴，发行人缴纳滞纳金不构成重大违法违规行为。

2020 年 6 月，国家税务总局新昌县税务局就发行人上述所涉及的个人所得税缴纳滞纳金事项出具证明，明确发行人上述行为不属于重大税收违法行为，该局不会因上述事项对发行人或其员工处以行政处罚或进行立案调查。2020 年 4 月及 2020 年 8 月，国家税务总局新昌县税务局分别出具证明，明确发行人及其子公司、分公司在报告期内不存在被税务机关查处的税收违法行为，无重大税收违法失信行为。

根据国家税务总局网站重大税收违法案件查询结果，发行人及其子公司、分公司在报告期内无重大税收违法行为，不存在因违反税收方面的法律法规受到行政处罚的情形。

案例 4：安徽英力电子科技股份有限公司（股票简称：英力股份，股票代码：300956. SZ）

【关注问题】

发行人缴纳税收滞纳金的原因以及发行人是否因此构成重大税收违法违规。

【披露信息】

根据发行人的公开披露资料，2019 年子公司重庆英力补缴了 2016 年度所得税，支付了税收滞纳金 156.23 万元。发行人律师认为重庆英力上述税收滞纳金不属于重大税收违法违规行为，主要原因如下：

1. 国家税务总局重庆市铜梁区税务局仅就重庆英力上述行为向其追征企业所得税并征收滞纳金，并未对重庆英力作出行政处罚。

2. 根据《行政处罚法》第 8 条、《行政强制法》第 12 条以及《税务行政复议规则》第 14 条第 1 款的规定，滞纳金属于征税行为中的行政强制执行行为，且国家税务总局重庆市铜梁区税务局已出具证明，对上述滞纳金“不属于行政处罚，属于征税行为”进行了书面确认。

3. 重庆英力在出现审计账务调整后，自行主动更正申报并缴纳相应的税金及相关滞纳金，相关行为不构成《重大税收违法失信案件信息公布办法》[该办法已于

2022年2月1日被《重大税收违法失信主体信息公布管理办法》废止]第5条所规定的“重大税收违法失信案件”,亦未被税务主管部门在重大税收违法案件公布栏进行公告发布,且重庆英力业已取得税务主管部门出具的合规证明。

总结:

发行人需重点关注其是否存在未及时足额缴纳相关税款的行为、是否存在税务罚款;若存在,发行人还需关注是否及时足额补缴了相关税款、罚款,是否按相关法律法规及规范性文件的要求缴纳了滞纳金。发行人需根据《重大税收违法失信主体信息公布管理办法》等规定详细披露税收违法违规行为形成的原因、金额、会计处理、税务处理等相关信息,并就该行为是否构成重大税收违法违规行为发表明确意见。

三 股权激励的纳税

根据《财政部、国家税务总局关于完善股权激励和技术入股有关所得税政策的通知》的规定,为支持国家大众创业、万众创新战略的实施,促进我国经济结构转型升级,非上市公司授予本公司员工的股票期权、股权期权、限制性股票和股权奖励,符合规定条件的,经向主管税务机关备案,可实行递延纳税政策,即员工在取得股权激励时可暂不纳税,递延至转让该股权时纳税;股权转让时,按照股权转让收入减除股权取得成本以及合理税费后的差额,适用“财产转让所得”项目,按照20%的税率计算缴纳个人所得税。中介机构应当注意核查历次股权激励相关人员是否足额缴纳股权激励款及税费。

案例5:石家庄尚太科技股份有限公司(股票简称:尚太科技,股票代码:001301.SZ)

【关注问题】

发行人就拆除员工持股平台发生的股权转让,相关股东是否均依法履行纳税申报义务,是否存在违反税收管理的违法违规情形,是否构成实质性法律障碍。

【披露信息】

根据发行人的公开披露资料,2020年1月,宁波尚跃投资合伙企业(有限合伙,员工持股平台,以下简称宁波尚跃)将其持有的石家庄尚太科技有限公司(以下简称尚太有限)15.21%(对应2580万元出资额)的股权分别转给宁波尚跃的各合伙人。

发行人就拆除员工持股平台发生的股权转让，是否应缴纳个人所得税及其合规性等论证如下。

（一）各合伙人无财产转让所得

本次股权转让系将员工持股平台宁波尚跃将持有的尚太有限的股权转至各合伙人直接持有，各合伙人实际持有的尚太有限的股权比例未发生变化，且取得及转让的价格均为 1.5 元/注册资本，未实际支付转让价款，无财产转让所得。该等股权转让实质上是同一自然人持股方式的变更，与以变现股权价值为目的的股权转让交易不同。

（二）主管税务机关已出具相关证明

国家税务总局宁波梅山保税港区税务局于 2021 年 10 月出具证明，证明经金税三期税收管理系统查询，未发现宁波尚跃自 2018 年 1 月 23 日（税务登记日）至今有违法违章及税务行政处罚的记录。

国家税务总局宁波梅山保税港区税务局于 2021 年 10 月出具无欠税证明，证明经查询税收征管信息系统，截至 2021 年 10 月 18 日，未发现宁波尚跃有欠税情形。

（三）已办理个人所得税递延纳税备案

2020 年 10 月，国家税务总局无极县税务局出具《非上市公司股权激励个人所得税递延纳税备案表》，发行人根据原员工持股平台中各激励对象、新增激励对象李某直接持有公司的股权情况，办理了个人所得税递延纳税备案。

（四）宁波尚跃全体合伙人已出具承诺

宁波尚跃全体合伙人就可能存在的纳税义务，已出具承诺："如根据税收征管机关的要求，本人需就 2019 年 12 月受让宁波尚跃持有的尚太有限股权事项缴纳相关税款的，本人将及时足额履行纳税义务，确保不因该等纳税事宜对尚太科技发行上市造成不利影响。"

案例 6：长春致远新能源装备股份有限公司（股票简称：致远新能，股票代码：300985.SZ）

【关注问题】

发行人股东以象征性对价转让股权的原因及合理性，相关方是否及时履行纳税义务，该等股权转让是否存在税务风险。

【披露信息】

根据发行人的公开披露资料，2019 年 5 月，长春市汇锋汽车齿轮有限公司（以下简称长春汇锋)以1元的象征性价格向长春市众志汇远投资合伙企业(有限合伙,员工持股平台,以下简称众志汇远)转让其持有的发行人股权。

发行人对本次股权转让是否涉税及其合规性论证如下:

本次股权转让系为了保障发行人的持续稳定发展,与核心员工进行利益绑定,从而向核心员工授予股份。众志汇远系发行人核心员工的持股平台,以1元的名义价格向众志汇远转让股权系发行人考虑到受让方出资人的工作岗位及对公司的贡献程度所做的股权激励,发行人对此已确认股份支付并一次性计入管理费用。

根据《财政部、国家税务总局关于完善股权激励和技术入股有关所得税政策的通知》的规定,非上市公司授予本公司员工的股票期权、股权期权、限制性股票和股权奖励,符合规定条件的,经向主管税务机关备案,可实行递延纳税政策,即员工在取得股权激励时可暂不纳税,递延至转让该股权时纳税。2020年3月12日,发行人就上述股权激励相关激励对象的个人所得税递延纳税事项进行备案,并取得了国家税务总局长春市朝阳区税务局出具的非上市公司股权激励个人所得税递延纳税备案表,确认相关人员可暂不纳税。

总结:

发行人实施的各项股权激励(包括股票期权、股权期权、限制性股票和股权奖励)应按相关规定足额缴纳个人所得税等。若发行人选择适用递延纳税政策,则应于规定期限内前往主管税务机关办理备案手续,避免因此受到行政处罚并对发行上市构成实质性法律障碍。

四 股权代持还原的个人所得税

股权代持还原系代持人将其代被代持人持有的目标公司的股权通过股权转让以零对价或者象征性对价的方式还原至由被代持人自行持有。根据《个人所得税法》及《个人所得税实施条例》,个人股权转让所得应属于“财产转让所得”项目,按股权转让的收入额减除财产原值和合理费用后的余额,为应纳税所得额,适用20%的税率,计算缴纳个人所得税。另外,根据《股权转让所得个人所得税管理办法(试行)》的规定,申报的股权转让收入明显偏低且无正当理由的,主管税务机关可以按照净资产核定法/类比法/其他合理方法核定股权转让收入。股权代持还原因零对价或者象征性对价存在被税务主管部门要求按上述《股权转让所得个人所得税管理办法(试行)》的规定缴纳个人所得税及滞纳金的风险。

案例 7:锋尚文化集团股份有限公司(股票简称:锋尚文化,股票代码:300860.SZ)

【关注问题】

发行人本次股权转让中,自然人股东委托法人股东代为持有股份的原因,是否存在以未分配利润增资事项规避涉及的纳税义务的情形,发行人是否因此构成重大违法行为或存在受到行政处罚的风险,是否构成本次发行的法律障碍。

【披露信息】

根据发行人的公开披露资料,2007 年 9 月,沙某岚、王某韵将其持有的北京锋尚世纪文化艺术有限公司(以下简称锋尚有限)的股权转让给北京金典文化艺术有限公司(以下简称金典文化),委托金典文化进行代持。2008 年 4 月,金典文化将持有的锋尚有限的股权转让给沙某岚、王某韵,对上述股权代持进行了还原。根据沙某岚、王某韵和金典文化的说明,沙某岚、王某韵委托金典文化代为持有锋尚有限的股权系基于业务发展角度考虑,由于当时锋尚有限注册资本较小,拟通过未分配利润转增的方式增加注册资本,而法人股东就未分配利润转增注册资本无须缴纳相应税收。沙某岚、王某韵与金典文化均未向对方支付股权转让价款,各方认为 0 元转让不涉及资金支付,故未缴税。

根据发行人与主管税务机关的沟通,由于锋尚有限在未分配利润转增注册资本时,其名义股东金典文化不存在纳税义务,主管税务机关无法在未分配利润转增注册资本环节向实际股东沙某岚、王某韵征收个人所得税。但由于沙某岚、王某韵将其持有的锋尚有限股权转让给金典文化时,未及时申报纳税,主管税务机关认定应在股权转让环节按照锋尚有限当时净资产金额核定股权转让价格并向沙某岚、王某韵征收个人所得税。2018 年 10 月 15 日,沙某岚、王某韵就上述事项主动申报并缴纳了税款及滞纳金。沙某岚、王某韵共计申报缴纳税款及滞纳金合计 1038.56 万元。

案例 8:上海瑞晨环保科技股份有限公司(股票简称:瑞晨环保,股票代码:301273.SZ)

【关注问题】

发行人本次股权转让认定为股权代持的依据是否充分,股权代持还原过程中相关股东是否及时履行纳税义务,该次股权转让是否存在税务风险。

【披露信息】

根据发行人的公开披露资料,2013 年 7 月 12 日,陈某锋与陈某东签署了《股权转让协议》,约定陈某锋将所持上海瑞晨环保科技有限公司(系发行人前身,以下简称瑞晨有限)80%的股权(对应注册资本出资额 400 万元、实缴注册资本出资额 400 万元)作价 401.80 万元转让给陈某东。

根据发行人律师对陈某东及陈某锋的访谈,陈某东及陈某锋确认上述股权转让系因陈某锋解除其代陈某东持有的瑞晨有限 80%的股权而转让,陈某锋因此未及时申报并缴纳个人所得税。

2020 年 9 月,中介机构进场后对上述股权转让纳税事项提出规范性建议。2021 年 3 月,陈某锋就本次股权代持还原事项根据中介机构的建议向国家税务总局上海市嘉定区税务局第一税务所补缴了个人所得税及滞纳金合计人民币 8654.40 元。

根据《股权转让所得个人所得税管理办法(试行)》第 10 条的规定,股权转让收入应当按照公平交易原则确定。本次股权转让价款为人民币 401.80 万元,系依据瑞晨有限净资产按照公平交易原则确定,定价公允。而且陈某锋已于 2021 年 3 月全部补缴了相应税款及滞纳金,并取得了相应的完税证明。

总结:

股权代持还原过程涉及的股权转让是否需要纳税存在一定争议,税务主管部门在认定纳税义务人方面通常采用实质课税、形式课税或利用司法判决等方式进行征管,不同的征管方式将影响股权代持还原是否需要缴税的结果。实践中,税务主管部门基本认为以零对价或者象征性对价进行股权转让的代持还原依旧需要适用《股权转让所得个人所得税管理办法(试行)》的规定缴纳个人所得税等相关税项,否则发行人存在被税务主管部门予以行政处罚的风险;若发行人因此涉税金额较大,则可能对发行人发行上市构成法律障碍。发行人涉及股权代持还原的,建议基于审慎原则纳税,否则需取得税务主管部门的确认。

五 并购重组涉及的税收

企业并购重组是企业发展过程中常见的一种方式,可以通过整合资源、优化产业链、提高市场竞争力等方式实现企业的快速发展。监管机构主要关注企业并购重组的税务处理是否合规，是否按照相关的税务政策进行了正确的税务处理。企业需要充分说明涉及的税款缴纳情况，包括纳税义务的履行情况、税款的缴纳方式和时间等情况，并说明企业是否遵守相关的法律法规，是否按照规定及时缴纳相关税款。

案例 9：浙江彩蝶实业股份有限公司（股票简称：彩蝶实业，股票代码：603073.SH）

【关注问题】

发行人吸收合并适用特殊性税务处理是否符合相关法律法规规定。

【披露信息】

根据发行人的公开披露资料，2017 年 9 月，浙江彩蝶实业有限公司（系发行人前身，以下简称彩蝶有限）吸收合并湖州彩蝶针织有限公司（以下简称彩蝶针织）、湖州彩蝶纺织有限公司（以下简称彩蝶纺织）。

根据税务主管机关出具的证明、湖州立信永恒税务师事务所有限公司练市分所出具的《企业合并注销税务登记税收清算鉴证报告》，彩蝶有限吸收合并彩蝶针织、彩蝶纺织的涉税情况如表 27 所示：

表 27　2017 年彩蝶针织与彩蝶纺织涉税情况对比汇总

税种	彩蝶针织	彩蝶纺织
企业所得税	为同一控制下且不需支付对价的企业合并，在合并中未涉及处置资产、向所有者分配剩余财产等经济行为，具有合理的商业目的，符合《国家税务总局关于企业重组业务企业所得税征收管理若干问题的公告》《企业重组业务企业所得税管理办法》（部分失效）、《财政部、国家税务总局关于企业重组业务企业所得税处理若干问题的通知》有关特殊性税务处理的规定，不需要对彩蝶针织及其股东按清税进行所得税处理	为同一控制下且不需支付对价的企业合并，在合并中未涉及处置资产、向所有者分配剩余财产等经济行为，具有合理的商业目的，符合《国家税务总局关于企业重组业务企业所得税征收管理若干问题的公告》、《企业重组业务企业所得税管理办法》（部分失效）、《财政部、国家税务总局关于企业重组业务企业所得税处理若干问题的通知》有关特殊性税务处理的规定，不需要对彩蝶纺织及其股东按清税进行所得税处理

续表

税种	彩蝶针织	彩蝶纺织
增值税	依据《财政部、国家税务总局关于全面推开营业税改征增值税试点的通知》(部分失效)的规定,在资产重组过程中,通过合并、分立、出售、置换等方式,将全部或者部分实物资产以及与其相关联的债权、负债和劳动力一并转让给其他单位和个人,其中涉及的不动产、土地使用权转让行为属于不征收增值税项目,不征收增值税。根据《国家税务总局关于纳税人资产重组有关增值税问题的公告》的规定,纳税人在资产重组过程中,通过合并、分立、出售、置换等方式,将全部或者部分实物产以及与其相关联的债权、债务和劳动力一并转让给其他单位和个人的行为,不属于增值税的征收范围,其中涉及的货物转让,不征收增值税	依据《财政部、国家税务总局关于全面推开营业税改征增值税试点的通知》的规定,在资产重组过程中,通过合并、分立、出售、置换等方式,将全部或者部分实物资产以及与其相关联的债权、负债和劳动力一并转让给其他单位和个人,其中涉及的不动产、土地使用权转让行为属于不征收增值税项目,不征收增值税。根据《国家税务总局关于纳税人资产重组有关增值税问题的公告》的规定,纳税人在资产重组过程中,通过合并、分立、出售、置换等方式,将全部或者部分实物产以及与其相关联的债权、债务和劳动力一并转让给其他单位和个人的行为,不属于增值税的征收范围,其中涉及的货物转让,不征收增值税
土地增值税	根据《财政部、国家税务总局关于土地增值税一些具体问题规定的通知》(部分失效)、《国家税务总局关于企业改制重组有关土地增值税政策的通知》(已失效),按照法律规定或者合同约定,两个或两个以上企业合并为一个企业,且原企业投资主体存续的,对原企业将国有土地、房屋权属转移、变更到合并后的企业,暂不征土地增值税。彩蝶针织合并转移的土地使用权、不动产暂不征土地增值税	根据《财政部、国家税务总局关于土地增值税一些具体问题规定的通知》(部分失效)、《国家税务总局关于企业改制重组有关土地增值税政策的通知》(已失效)的规定,按照法律规定或者合同约定,两个或两个以上企业合并为一个企业,且原企业投资主体存续的,对原企业将国有土地、房屋权属转移、变更到合并后的企业,暂不征土地增值税。彩蝶纺织合并转移的土地使用权、不动产暂不征土地增值税

案例 10:万控智造股份有限公司(股票简称:万控智造,股票代码:603070. SH)

【关注问题】

发行人吸收合并适用特殊性税务处理是否符合相关法律法规规定,发行人是否存在税务方面的违法违规行为。

【披露信息】

根据发行人的公开披露资料,2017 年 3 月,丽水万控科技有限公司(以下简称丽水万控)以零对价吸收合并万控集团(丽水)机柜有限公司(以下简称丽水机柜),万控科技(成都)有限公司(以下简称成都万控)以零对价吸收合并万控集团(成都)电气有限公司(以下简称成都电气)。根据国家税务总局丽水市莲都区税务局出具的情况说明,丽水万控吸收合并丽水机柜适用特殊性税务处理相关规定;根据四川省郫县国家税务局出具的《郫县国家税务局税务事项通知书》(郫国税法规〔2017〕01号),成都万控吸收合并成都电气所得税按特殊重组税务处理。

(一)免征企业所得税的主要依据

1.《财政部、国家税务总局关于企业重组业务企业所得税处理若干问题的通知》规定:"企业重组同时符合下列条件的,适用特殊性税务处理规定:(一)具有合理的商业目的,且不以减少、免除或者推迟缴纳税款为主要目的。(二)被收购、合并或分立部分的资产或股权比例符合本通知规定的比例。(三)企业重组后的连续12个月内不改变重组资产原来的实质性经营活动。(四)重组交易对价中涉及股权支付金额符合本通知规定比例。(五)企业重组中取得股权支付的原主要股东,在重组后连续12个月内,不得转让所取得的股权。""企业合并,企业股东在该企业合并发生时取得的股权支付金额不低于其交易支付总额的85%,以及同一控制下且不需要支付对价的企业合并,可以选择按以下规定处理……"

2.国家税务总局丽水市莲都区税务局出具的情况说明确认丽水万控本次吸收合并适用特殊性税务处理、四川省郫县国家税务局出具的《郫县国家税务局税务事项通知书》确认成都万控本次吸收合并适用特殊性税务处理。

(二)免征增值税的主要依据

《国家税务总局公告2011年第13号——关于纳税人资产重组有关增值税问题的公告》规定:"纳税人在资产重组过程中,通过合并、分立、出售、置换等方式,将全部或者部分实物资产以及与其相关联的债权、负债和劳动力一并转让给其他单位和个人,不属于增值税的征税范围,其中涉及的货物转让,不征收增值税。"

(三)免征土地增值税的主要依据

《财政部、国家税务总局关于企业改制重组有关土地增值税政策的通知》(已失效)第2条规定:"按照法律规定或者合同约定,两个或两个以上企业合并为一个企业,且原企业投资主体存续的,对原企业将国有土地、房屋权属转移、变更到合并后的企业,暂不征土地增值税。"

(四)免征契税的主要依据

《财政部、国家税务总局关于进一步支持企业事业单位改制重组有关契税政策的通知》(已失效)第3条规定:"两个或两个以上的公司,依照法律规定、合同约定,合并为一个公司,且原投资主体存续的,对合并后公司承受原合并各方土地、房屋权属,免征契税。"

总结:

发行人需根据《财政部、国家税务总局关于企业重组业务企业所得税处理若干问题的通知》《国家税务总局关于纳税人资产重组有关增值税问题的公告》等法律法规的规定确认并购重组过程中的特殊税务处理是否合规,并取得相关税务主管部门对适用特殊税务处理的合规确认,以避免因此存在税务方面的违法违规情形。

第十六章 发行人的环境保护和产品质量、技术、安全生产等标准

根据《监管规则适用指引——发行类第 4 号》的相关规定，发行人律师应对发行人是否符合国家和地方环保要求，已建项目和已经开工的在建项目是否履行环评手续，公司排污达标检测情况和环保部门现场检查情况，公司是否发生环保事故或重大群体性的环保事件，有关公司环保的媒体报道等环保情况进行核查；应对发行人生产经营总体是否符合国家和地方环保法规和要求发表明确意见，发行人曾发生环保事故或因环保问题受到处罚的，应对是否构成重大违法行为发表明确意见。

根据《监管规则适用指引——发行类第 4 号》的相关规定，发行人律师应对发行人报告期内是否存在应缴未缴社会保险和住房公积金这一事项进行核查，并对相关事项是否属于重大违法行为发表明确意见。

根据《首次公开发行股票注册管理办法》第 13 条第 1 款、第 2 款的规定，“发行人生产经营符合法律、行政法规的规定，符合国家产业政策。最近三年内，发行人及其控股股东、实际控制人不存在贪污、贿赂、侵占财产、挪用财产或者破坏社会主义市场经济秩序的刑事犯罪，不存在欺诈发行、重大信息披露违法或者其他涉及国家安全、公共安全、生态安全、生产安全、公众健康安全等领域的重大违法行为”。这是公司 IPO 的条件之一。

发行人的环境保护和产品质量、技术、安全生产等符合法律、行政法规的规定，不仅是企业合规经营的要求，也是企业在上市过程中的重点关注事项。

第一节 查验程序

一 查验文件

1. 核查发行人持有的项目备案文件、向环保部门提交的环评报告、环保部门出具的环保验收报告及环境影响审查批复、竣工验收批准文件、排污许可证/固定污染源排污登记表及回执等资料；

2. 核查发行人募集资金项目可行性研究报告、环保主管机关就发行人本次发行募集资金拟投资项目出具的环境影响评价批复文件、建设项目环境影响报告书(表)等资料；

3. 核查发行人的产品或服务质量及技术监督标准的证书(产品认证证书、质量体系认证证书等)；

4. 核查环保主管部门、安全生产监管部门、质量管理部门等主要主管部门出具的无重大违法违规证明文件；

5. 实地走访发行人所在地的环保主管部门、安全生产监督管理局、质量技术监督局等主要主管部门；

6. 核查环保、消防、安全生产主管部门、产品质量技术监督部门作出的任何命令、罚款或调查的有关文件。

二 查验要点

1. 发行人的生产经营活动和拟投资项目是否符合有关环境保护的要求，有权部门是否出具意见；

2. 最近三年是否因违反环境保护方面的法律、法规和规范性文件而被处罚；

3. 发行人及其合并报表范围内的各级子公司是否涉及重污染行业；

4. 发行人及其合并报表范围内的各级子公司在报告期内是否发生过环保事故

或受到过行政处罚；

5. 发行人的产品是否符合有关产品质量和技术监督标准。发行人最近三年是否因违反了有关产品质量和技术监督的法律法规而受到过处罚，是否构成重大违法行为。

第二节 发行人环保和安全生产相关案例

一 未取得环评批复文件即进行项目建设

《建设项目环境保护管理条例》（2017 年修订）第 21 条规定："建设单位有下列行为之一的，依照《中华人民共和国环境影响评价法》的规定处罚：（一）建设项目环境影响报告书、环境影响报告表未依法报批或者报请重新审核，擅自开工建设；（二）建设项目环境影响报告书、环境影响报告表未经批准或者重新审核同意，擅自开工建设；（三）建设项目环境影响登记表未依法备案。"

依法应当填报环境影响登记表的建设项目，建设单位应当按照国务院环境保护行政主管部门的规定将环境影响登记表报建设项目所在地县级环境保护行政主管部门备案。

依法应当编制环境影响报告书、环境影响报告表的建设项目，建设单位应当在开工建设前将环境影响报告书、环境影响报告表报有审批权的环境保护行政主管部门审批；建设项目的环境影响评价文件未依法经审批部门审查或者审查后未予批准的，建设单位不得开工建设。需要配套建设的环境保护设施未建成、未经验收或者验收不合格的，建设项目不得投入生产或者使用。

案例 1：安徽富乐德科技发展股份有限公司（股票简称：富乐德，股票代码：301297. SZ）

【关注问题】

发行人目前拥有的生产线、所需履行的环评程序及实际履行情况，是否存在未批先建、未批先产的情况，是否存在被处罚的潜在风险。

【披露信息】

根据富乐德公开披露的资料，发行人子公司大连富乐德的半导体清洗项目存在未批先建、未批先产的情况，具体情况如表28所示：

表28 大连富乐德的半导体清洗项目未批先建、未批先产情况汇总

企业名称	项目名称	事项	程序/时间
大连富乐德	富乐德科技发展（大连）有限公司半导体清洗项目	环评	2018年3月取得环评批复（大环评准字〔2018〕060020号）
		建设	2016年11月建设（大连富乐德于2016年12月设立，项目前期建设由上海申和筹备）
		试运行	2017年5月投入试运行
		验收	2018年7月自主验收；2018年8月取得项目噪声、固体废物污染防治设施验收合格意见

大连市环境保护局于2018年5月23日出具了《大连市环境保护局行政处罚决定书》（大环罚决字〔2018〕110006号），因大连富乐德半导体清洗项目在未依法报批建设项目环境影响报告表的情况下，擅自投入生产，故大连市环境保护局对大连富乐德作出12万元罚款的行政处罚。大连富乐德于2018年6月5日缴纳了上述罚款。大连富乐德实际于2018年3月30日取得了大连市环境保护局作出的《关于富乐德科技发展（大连）有限公司半导体清洗项目环境影响报告表批准决定》（大环评准字〔2018〕060020号）。除大连富乐德存在上述情况以外，发行人不存在其他未批先建、未批先产的情况。

经网络检索，除大连富乐德的半导体清洗项目外，发行人及其他子公司未因该等项目未批先建、未批先产或其他环境违法事宜遭受过项目所在地环保主管部门的处罚。此外，发行人及其他子公司现有生产线所在地的环保主管部门均已出具无违法违规证明。根据大连富乐德生态环境主管部门出具的证明，大连富乐德在2018年1月1日至2020年12月31日未受过环保违法的重大行政处罚，大连富乐德未批先建所致行政处罚不构成重大违法违规。

案例2：惠柏新材料科技（上海）股份有限公司（股票简称：惠柏新材，已过会，创业板）

【关注问题】

结合相关的法律法规，说明发行人产能利用率超过100%以及部分产能未批先建事项是否构成重大违法违规、是否存在被行政主管部门处罚的风险，以及发行人的后续整改措施。

【披露信息】

根据公开披露的资料，报告期内，发行人风电用环氧树脂产品的产能利用率为107.56%、150.34%和208.59%；此外，发行人还存在新型复合材料用环氧树脂4000吨/年产能未批先建、2020年全年新增产能为1.5万吨/年未批先建的情形。发行人产能利用率超过100%以及部分产能未批先建事项，不符合《环境影响评价法》第24条、第31条和《建设项目环境保护管理条例》第21条的相关规定，存在被环保主管部门处罚的风险。

经核查，发行人在报告期内不存在因违反环境保护方面的法律法规而被处罚的情形。此外，根据第三方检测机构出具的排污检测报告，发行人在报告期内的污染物排放结果符合国家或地方规定的限值标准，日常排污监测达标，不存在导致严重环境污染、重大人员伤亡、恶劣社会影响等的情形。据此，发行人超产能生产及部分产能未批先建事项不构成重大违法违规。

为解决超产能生产和未批先建问题，发行人积极履行整改措施，已于2020年7月完成"惠柏扩产4000吨高功能复合材料及实验室项目"和"惠柏新材料科技(上海)股份有限公司改扩建项目"的项目备案、环境影响评价批复，且已进行自主环保验收并公示。此外，发行人"上海帝福3.7万吨纤维复合材料及新型电子专用材料生产项目"中的部分风电叶片用环氧树脂产能已建成并投入试生产，公司产能已能满足产量需求。

为避免发行人因上述问题而受到损失，发行人控股股东及实际控制人出具承诺："如发行人及其子公司存在环保违法情形而被环保管理部门处罚的，本人/本企业将对此承担责任，并无条件全额承担罚款等相关经济责任及因此所产生的相关费用，保证发行人及其子公司不会因此遭受任何损失。"

总结：

发行人存在未批先建情形的，审核主要关注发行人是否因该等未批先建行为受到主管部门的行政处罚，发行人是否进行了整改及规范；如发行人因未批先建行为受到了主管部门的行政处罚，则需判断该等行为是否属于情节严重的情形，如根据相关法律法规规定无法作出该行为不构成情节严重的认定，则需取得有权机关出具的证明，确认该行为不属于重大违法违规行为或情节严重的违法违规行为。如相关违法行为尚未受到主管部门的行政处罚，则需判断该行为被行政主管部门处罚的风险，并取得发行人的实际控制人出具的承担赔偿责任的承诺，避免上述环保违法行为对发行人的持续经营产生重大不利影响。

二 污染物超标排放

《环境保护法》(2014 年修订)第 45 条规定："国家依照法律规定实行排污许可管理制度。实行排污许可管理的企业事业单位和其他生产经营者应当按照排污许可证的要求排放污染物；未取得排污许可证的，不得排放污染物。"第 60 条规定："企业事业单位和其他生产经营者超过污染物排放标准或者超过重点污染物排放总量控制指标排放污染物的，县级以上人民政府环境保护主管部门可以责令其采取限制生产、停产整治等措施；情节严重的，报经有批准权的人民政府批准，责令停业、关闭。"

案例 3：长华化学科技股份有限公司(股票简称：长华化学，已过会，创业板)

【关注问题】

发行人是否按规定取得排污许可证，是否违反《排污许可管理条例》第 33 条、第 34 条的规定，是否存在未取得排污许可证或者超越排污许可证范围排放污染物等情况，是否已完成整改，是否构成重大违法行为。

【披露信息】

报告期内，长华化学存在废气排放超标的情况。2019 年 4 月，张家港市环境保护局对公司车间现有废气设施排气筒进行监测，结果显示车间现有废气设施排气筒非甲烷总烃、臭气浓度超过了《化学工业挥发性有机物排放标准》(DB 32/3151—2016)规定的标准。

随后，公司经整改后向张家港市环境保护局递交了陈述意见。张家港市环境保护局于 2019 年 8 月 7 日下发了《张家港市环境保护局行政执法规范教育告知书》(张环教字〔2019〕65 号)，因公司主动安装尾气缓冲罐进行废气治理、复测显示达标、整改比较积极，经张家港市环境保护局行政处罚局长办公会议讨论后决定对该公司免于处罚，对其进行教育规范告知。

导致上述废气排放超标的原因系：公司于 2018 年在原有废气处理装置的基础上加装了 CTO + SCR 脱硝系统；该系统系公司首次采用的新技术，由于经验不足，在前期运行中因有机废气产生不稳定，存在瞬间过量的废气进入系统、超出其处理能力的情形，从而导致短时间的排放超标。为此，公司根据专家组的意见，通过在废气处理系统前加装缓冲罐的方式解决了该问题，并加强了日常监测和管理，以杜绝此类情况再度发生。

2021年1月14日、2021年10月20日、2022年1月24日，江苏省张家港保税区安全环保局出具核查报告，报告期内未发现公司存在违反环保法律、法规及规范性文件而受到行政处罚的情形。

案例4：浙江万丰化工股份有限公司（股票简称：万丰股份，股票代码：603172.SH）

【关注问题】

发行人在最近36个月内是否受到环保领域行政处罚，是否构成重大违法行为，整改措施及整改后是否符合环保法律法规的规定。公司是否发生过环保事故或重大群体性环保事件，是否存在关于公司环保情况的负面媒体报道。

【披露信息】

根据公开披露的信息，报告期内，发行人存在如下环境违法行为：因外排废水苯胺类浓度超标，2020年7月21日，绍兴市生态环境局出具《行政处罚决定书》[绍市环罚字〔2020〕25号（柯）]，责令发行人整改并处以罚款13.50万元。出现上述情形主要系公司生化系统的生化菌种出现异常现象，导致处理能力下降；上述处罚发生后，发行人及时缴纳了罚款，并及时采取措施，购买生化母菌，自行培植生化菌种，恢复处理能力；同时公司进一步加强对设备设施的日常维护和巡查，并委托第三方检测公司对污水污染因子进行定期检测，严格控制污染物排放指标。

《水污染防治法》第83条规定，“违反本法规定，有下列行为之一的，由县级以上人民政府环境保护主管部门责令改正或者责令限制生产、停产整治，并处十万元以上一百万元以下的罚款；情节严重的，报经有批准权的人民政府批准，责令停业、关闭：……（二）超过水污染物排放标准或者超过重点水污染物排放总量控制指标排放水污染物的……”

经向发行人所在地的环境保护主管部门申请询证，绍兴市生态环境局于2021年3月1日出具回复，认为发行人已严格按照相关处罚文件及时缴纳罚款，并积极采取整改措施，纠正违法行为；同时根据浙环函〔2017〕54号《浙江省环境保护厅关于印发〈浙江省环境违法大案要案认定标准（试行）〉的通知》的文件精神，确认上述行为不属于重大违法违规行为。

总结：

发行人存在污染物超标排放情形的，审核主要关注发行人是否因该等污染物超标排放的行为受到主管部门的行政处罚，发行人是否进行了整改及规范；如发行人因污染物超标排放行为受到了主管部门的行政处罚，则需判断该等行为是否属于情节严重的情形，如根据相关法律法规规定无法作出该行为不构成情节严重的认定，则需取得有权机关出具的证明，确认该行为不属于重大违法违规行为或情节严重的违法违规行为。如相关违法行为尚未受到主管部门的行政处罚，则需判断该行为被行政主管部门处罚的风险，并取得发行人的实际控制人出具的承担赔偿责任的承诺，避免上述环保违法行为对发行人的持续经营产生重大不利影响。

三 受到环保和安全生产主管部门作出的行政处罚

根据《首次公开发行股票注册管理办法》第13条的规定，发行人及其控股股东、实际控制人在最近三年内不存在欺诈发行、重大信息披露违法或者其他涉及国家安全、公共安全、生态安全、生产安全、公众健康安全等领域的重大违法行为是公司上市的发行条件之一。

案例5：武汉天源环保股份有限公司（股票简称：天源环保，股票代码：301127.SZ）

【关注问题】

违法违规行为对项目运营的具体影响，是否存在停工停产；环保事故是否构成重大违法违规，是否构成发行人发行上市的障碍；行政处罚后续整改情况，发行人主营业务质量控制制度是否健全并有效实施。

【披露信息】

（一）违法违规行为对项目运营的具体影响，是否存在停工停产

根据申报文件，报告期内，发行人分别因2018年芜湖中电环保发电有限公司发生“2018.6.17”垃圾渗滤液泄漏淹溺一般事故，2019年重庆坤源出现超标排放水污染物事故，2020年蚌埠运营站发生“6·15渗滤液渗漏”环保事故，受到3项行政处罚，具体情况如下：

1. 就 2018 年芜湖中电环保发电有限公司发生“2018. 6. 17”垃圾渗滤液泄漏淹溺一般事故而言，发行人接受处罚未对项目运营造成重大影响。发行人系芜湖中电环保发电项目的设备运维单位，非芜湖事故的主要责任方，因此发行人相关违法违规行为不直接影响项目运营。发行人配合项目建设单位完成项目现场整改后，项目恢复正常运行，整改期间不存在停工停产。

2. 就 2019 年重庆坤源出现超标排放水污染物事故而言，重庆坤源在监督性监测采样后的当天及时主动采取有效整改措施，未持续排放超标废水，并且在监督性监测采样后的当天綦江垃圾渗滤液处理站已平稳运行，出水稳定达标排放。超标排放对綦江垃圾渗滤液处理站产生影响的时间有限，重庆坤源已落实整改措施，且整改后符合环保法律法规的规定，因此，本次事故未对綦江垃圾渗滤液处理站运营产生重大影响，不存在停工停产。

3. 就 2020 年蚌埠运营站发生“6 · 15 渗滤液渗漏”环保事故而言，本次事故未对蚌埠运营站运营产生重大影响，未造成蚌埠运营站停工停产，但该环保事故发生时，蚌埠运营站正处于停产进行管道改造施工期间，其于 2020 年 6 月 26 日完成管道改造施工及落实完成各项整改意见，并恢复生产。

（二）环保事故是否构成重大违法违规，是否构成发行人发行上市的障碍

根据蚌埠市生态环境局于 2021 年 1 月 19 日出具的《情况说明》，蚌埠开源已按照蚌埠市生态环境局的要求及时整改，并足额缴纳罚款，相关违法行为不属于情节严重的情形，未导致严重环境污染、重大人员伤亡、恶劣社会影响，不构成重大违法违规行为。

根据《最高人民法院、最高人民检察院关于办理环境污染刑事案件适用法律若干问题的解释》（已失效）第 1 条和第 3 条的相关规定，该等行政处罚所涉行为不构成“严重污染环境”或“后果特别严重”的行为。

根据《水污染防治法》第 83 条之规定，“利用渗井、渗坑、裂隙、溶洞，私设暗管，篡改、伪造监测数据，或者不正常运行水污染防治设施等逃避监管的方式排放水污染物的”应“由县级以上人民政府环境保护主管部门责令改正或者责令限制生产、停产整治，并处十万元以上一百万元以下的罚款；情节严重的，报经有批准权的人民政府批准，责令停业、关闭”。该等行政处罚不涉及“责令停业、关闭”的情形，因此不属于情节严重的行政处罚。

根据《深圳证券交易所创业板股票首次公开发行上市审核问答》（已失效）问题

15的相关规定:“有以下情形之一且中介机构出具明确核查结论的,可以不认定为重大违法:违法行为显著轻微、罚款数额较小;相关规定或处罚决定未认定该行为属于情节严重;有权机关证明该行为不属于重大违法。但违法行为导致严重环境污染、重大人员伤亡、社会影响恶劣等并被处以罚款等处罚的,不适用上述情形。”

根据蚌埠市生态环境局出具的证明文件,并经核查,蚌埠开源受到的环保处罚所涉违法行为符合《深圳证券交易所创业板股票首次公开发行上市审核问答》(已失效)问题15关于“不认定为重大违法”的规定。据此,2020年蚌埠运营站发生“6·15渗滤液渗漏”环保事故不构成重大违法违规,符合《深圳证券交易所创业板股票首次公开发行上市审核问答》(已失效)问题15和《创业板首次公开发行股票注册管理办法(试行)》(已失效)第13条的相关规定,不构成发行人发行上市的障碍。

(三)相关行政处罚后续整改情况

1.2018年芜湖中电环保发电有限公司发生“2018.6.17”垃圾渗滤液泄漏淹溺一般事故后,发行人积极落实主管部门的整改建议,制定了《突发环境事件应急预案》,组织安全生产和项目运营管理培训,提高员工安全生产意识,加强员工对渗滤液处理系统的运行管理能力和应急事件应对能力,积极配合事故调查,协助芜湖中电环保发电项目的建设单位及其他相关单位落实项目现场整改工作,恢复项目正常运行。

2.2019年重庆坤源出现超标排放水污染物事故后,重庆坤源迅速采取相应整改措施,发现出水水质指标异常后,立即组织专业技术人员和生产负责人召开了专项会议,并采取了如下整改措施:(1)减少每日进水负荷;(2)加大药剂投加量;(3)增加曝气量;(4)采用清水清洗膜系统,将清水废水回流至调节池;(5)待出水稳定达标后再逐步稳健提升进水量。

3.2020年蚌埠运营站发生“6·15渗滤液渗漏”环保事故后,蚌埠开源迅速采取相应整改措施,针对检查组对现场情况提出的6项整改要求,蚌埠开源于检查当天下午即组织人员逐条整改,并于检查次日(2020年6月16日)向蚌埠市生态环境局、蚌埠市环境卫生管理处作出《关于6·15蚌埠垃圾填埋场渗滤液站膜车间大修过程中渗滤液渗漏事件及整改情况汇报》。同时,蚌埠开源召开了专题案例分析会,按照安全生产“四不放过”原则对该等事故进行了严肃处理,对相关负责人进行了处罚,并组织了安全生产培训。

4.发行人主营业务质量控制制度健全并有效实施。

发行人已根据相关国家法律法规及规范性文件,并结合公司实际情况,制定了公司质量方针和质量目标，设立了专门质量管控部门，制定了包括但不限于《质量、环境和职业健康安全管理手册》《装备制造管理制度》《工程项目管理制度》《运营安全质量管理制度》等的质量控制制度，就环保装备研发制造与集成、环保工程建造、环保项目运营服务等主营业务，建立了较为完善、合理的质量控制程序与规范并有效实施。

案例6：上海康鹏科技股份有限公司（股票简称：康鹏科技，注册生效，科创板）

【关注问题】

安全事故发生的具体原因、相关员工的赔偿和安置情况，事故发生后的整改措施以及是否属于重大生产安全事故，是否构成重大违法违规行为，事故对发行人本次发行是否构成实质性法律障碍。

【披露信息】

报告期内，康鹏科技及其子公司存在受到行政处罚的情形，具体情况如表29所示：

表29　康鹏科技及其子公司在报告期内受到行政处罚及整改情况汇总

序号	被处罚公司	处罚文号及时间	处罚事由	处罚结果	作出处罚的机关	整改措施	整改情况
1	浙江华晶	衢环集罚字〔2020〕1号	厂区末端废气处理设施排口及三车间废气处理设施排口甲苯浓度超标	罚款人民币26万元	衢州市生态环境局	更换反应釜底阀，并对所有反应釜、储罐、接收槽底阀进行检查，确保无泄漏；同时完善操作规程，明确反应釜在进料前，应先进行试压查漏；加强生产过程中员工的巡检频次，及时发现问题及时处理	已及时缴纳罚款并完成整改，整改经复测符合相关标准

续表

序号	被处罚公司	处罚文号及时间	处罚事由	处罚结果	作出处罚的机关	整改措施	整改情况
2	衢州康鹏	衢应急罚告〔2020〕13号	衢州康鹏五车间（精馏车间）7#精馏塔系统回收二氯甲烷镀锌钢桶包装作业过程中发生一起包装物料喷溅事故，造成1名现场作业工人死亡。经衢州市人民政府认定，该事故为一般安全生产责任事故	罚款人民币25万元	衢州市应急管理局	生产安全事故整改措施详见本小节内容	实际缴纳罚款、整改复查合格
3	浙江华晶	衢环智造罚字〔2021〕18号	浙江华晶向污水集中处理设施排放不符合处理工艺要求的工业废水	罚款人民币21万元	衢州市生态环境局	对药剂滴加管进行改进，避免沉积物堵塞滴加管；药剂滴加管入口增加滤网，避免大颗粒异物进入堵塞滴加管道；增加巡检频次，以及时发现滴加异常情况	实际缴纳罚款、整改复查合格

续表

序号	被处罚公司	处罚文号及时间	处罚事由	处罚结果	作出处罚的机关	整改措施	整改情况
4	上海康鹏	普第2120224007号	发行人未按照规定组织2名员工进行职业健康的复查	警告	上海市普陀区卫生健康委员会	发行人已安排相关员工前往经过职业病诊断医疗卫生机构备案的上海仁爱医院进行复查	体检报告已提交至上海市普陀区卫生健康委员会复核并获得通过

上述行政处罚所涉罚款均已缴纳，同时，针对上述处罚，发行人已取得各主管机关出具的认定上述违法行为为非重大违法违规行为的相关说明。

综上，发行人上述行政处罚事项不属于重大违法违规行为且不属于重大行政处罚。自 2020 年 1 月 1 日至招股说明书签署日，公司除上述处罚外，未受到国家行政部门及行业主管部门的其他处罚，不存在重大违法违规行为。

此外，发行人的境外子公司 API 在报告期内存在环保不规范行为，具体情况如下：2021 年 12 月，API 收到了新泽西州环境保护部的通知，API 存在危险废物容器标签不规范、废物储存超期等不规范行为。根据 JIA LAW Group 出具的境外法律意见书，API 已纠正了不规范行为，且前述不规范行为未导致任何环境污染或事故，亦未造成任何人身伤害或财产损失，截至境外意见书出具日（2022 年 4 月 1 日），API 已规范相关行为，并与新泽西州环境保护部达成和解并支付 7600 美元的和解金，且无须承担任何责任。除前述事项外，报告期内，API 不存在其他不规范行为。

发行人在报告期内存在以下两起生产安全事故：

1. 2020 年 2 月 24 日，衢州康鹏精馏辅助五车间内发生生产安全事故，一名操作工人在操作过程中发生中毒窒息，经抢救无效死亡。截至招股说明书签署日，衢州市应急管理局对上述事故已调查处理完毕。2020 年 8 月 28 日，衢州市应急管理局已就“224”事故分别向衢州康鹏、衢州康鹏的法定代表人彭某以及当班主操祝某出具《行政处罚告知书》，对衢州康鹏处以 25 万元罚款，对衢州康鹏的法定代表人彭某处以 7.26 万元(2019 年年收入的 30%)罚款,对当班主操祝某处以警告,并处以 0.6 万元的罚款,前述罚款均已缴纳完毕。

该事故主要系衢州康鹏五车间精馏装置的操作人员在对一批混杂有 LiFSI 产品的使用后溶剂进行加热精馏回收时,未能妥善管控加热蒸汽导致精馏塔温度超标,其中混杂的 LiFSI 产品过热分解产生氟化氢,并与少量水分混合形成氢氟酸。收集物料的一名操作工在将精馏回收后溶剂导出至铁桶中时,未按照公司内部操作要求佩戴防毒面具、降低装置中的气压、将软管通过卡扣与铁棒连接插入桶内,而是直接将软管插入桶口。在溶剂导出完毕时,未接插铁棒的软管在装置中气压的作用下从桶口甩出,浮于溶剂上方的氢氟酸从软管喷出导致当事操作工灼伤、吸入中毒死亡。"224"事故未导致衢州康鹏的设备等固定资产损坏,但导致 1 名员工死亡。衢州康鹏向员工家属支付赔偿金 162 万元,同时收到保险公司和当地社保局分别向衢州康鹏支付的理赔金 40.00 万元和 87.56 万元。因此扣除保险与社保理赔金之后,衢州康鹏净支付的员工伤亡赔偿款金额为 34.44 万元。

上述事故发生后,衢州康鹏一方面立即在全厂范围内停止生产、主动向政府相关部门汇报了事故的整个过程并积极配合事故调查组的调查工作;另一方面成立事故家属处理组,积极慰问工亡员工的家属,妥善处理了工亡赔偿事宜。同时,衢州康鹏在停产期间主动对全厂进行了全面排查,并采取了相应改进措施。

2020 年 4 月 2 日,衢州康鹏向衢州市应急管理局提出解除(衢)应急现决〔2020〕B01 号决定书的申请,因"224"事故的发生地点为精馏辅助五车间,其他生产车间的安全检查整改已完成,衢州康鹏承诺在解除停产决定书后,事故发生车间五车间将继续停产直至事故整改完成。2020 年 4 月 8 日,衢州市应急管理局出具了《整改复查意见书》[(衢)应急复查〔2020〕B01 号],同意衢州康鹏在确保安全的前提下有序恢复除事故车间(五车间)外的其他车间的生产作业活动。

2020 年 4 月 20 日,衢州市应急管理局出具《情况说明》,对于上述生产安全事故事项确认如下:

依据《生产安全事故报告和调查处理条例》的规定,上述事故为一般生产安全事故,不属于较大和重大生产安全事故,上述情形不属于重大违法违规行为。除上述事故外,自 2017 年 1 月 1 日以来,衢州康鹏遵守国家及地方关于安全监管的法律法规及政策的规定,制定并实际执行了有关安全生产管理的相关规定,不存在其他因违反相关安全生产法律法规及政策而受到处罚的记录。

2.2020年4月22日，处于试生产运行中的衢州康鹏1500吨LiFSI生产线后端的一台处理釜在中和处置精馏后高沸物时发生冲料事故。精馏后高沸物系衢州康鹏在生产过程中所产生的液态废弃物，此处理釜主要用于对其进行中和处置。事故主要导致该反应釜毁损及部分周边管线损坏，但未造成起火、环境污染及人员伤亡。截至招股说明书签署日，衢州市应急管理局对该事故已调查处理完毕，并于2020年9月1日出具《情况说明》："'4·22'事故未造成起火、环境污染及人员伤亡，我局不会就该事故对衢州康鹏作出处罚。"

该事故主要系衢州康鹏第七车间操作人员向碱性水溶液中滴加酸性精馏后残留的沸点较高的物质（以下简称精馏后高沸物）时数量过多而发生。该物质系生产中所产生的液态废弃物，拟根据内部操作规程将其进行处置后排入污水处理站作进一步处理。内部操作规程规定工人应分批滴加中和并散热降温，但当时工人在打开滴加阀门后未及时关闭阀门，精馏后高沸物短时间内大量滴加至处理釜，导致用于中和的碱性水溶液量不足，形成精馏后高沸物水溶液。在中和反应的放热作用下，该溶液达到分解温度发生分解并形成釜内压力，进而导致该处理釜发生爆炸冲料事故。该事故导致该处理釜毁损及部分周边管线损坏，但未造成起火、环境污染及人员伤亡。发行人已于2020年将相关资产净值人民币115.22万元作报废处理，形成固定资产报废损失人民币115.22万元。事故还造成了其他间接维修改造支出即人民币276.48万元。

该事故发生后，衢州康鹏立即停止全厂范围内的生产工作，主动向政府主管部门汇报事故情况。衢州康鹏已在第一时间成立专项事故调查组对事故发生原因进行调查。

衢州市应急管理局于2020年5月14日出具说明，确认"依据《生产安全事故报告和调查处理条例》，该事故为无人员伤亡的一般生产安全事故，不属于较大和重大生产安全事故，上述情形不属于重大违法违规行为。2017年1月1日至今，除'2·24'事故及上述事故外，你公司不存在其他安全生产事故，也不存在因违反相关安全生产法律法规及政策受到本局处罚的情形"。

2020年8月，衢州康鹏取得衢州市应急管理局下发的《整改复查意见书》[（衢）应急复查〔2020〕B02号]，"现根据你单位的复工复产申请，以及杭州安全生产科学技术有限公司对你单位整改情况的验收评价意见，经研究，本机关同意你单位在确保安全的前提下有序恢复相关作业活动，在此过程中，你单位应严格落实安全生产主体责任,确保安全”。上述意见并未对精馏五车间的生产经营作出特别规定,因此衢州康鹏包括精馏五车间在内的所有车间均在本次复工复产中恢复了正常生产活动。

3. 前述事故发生后,衢州康鹏主要采取了以下整改措施:组织员工进行了工艺、劳动纪律、安全知识、上下班安全、应急预案等方面的培训,强化员工严格遵守操作规程和生产纪律要求的意识;进一步完善事故涉及的生产工艺的控制流程,购买自动化设备并拟对事故车间进行相应的自动化改造;聘请第三方机构及专家对全厂生产步骤的风险进行评估、对设备工艺进行了全面排查。

总结:

发行人受到环境保护、安全生产主管部门作出的行政处罚的,需判断该等行为是否属于情节严重的情形,如根据相关法律法规规定无法作出该行为不构成情节严重的认定,则需取得有权机关出具的证明,确认该行为不属于重大违法违规行为或情节严重的违法违规行为。

四 建设主体变更涉及的环保手续

《环境影响评价法》(2018 年修正)第 24 条规定:“建设项目的环境影响评价文件经批准后,建设项目的性质、规模、地点、采用的生产工艺或者防治污染、防止生态破坏的措施发生重大变动的,建设单位应当重新报批建设项目的环境影响评价文件。建设项目的环境影响评价文件自批准之日起超过五年,方决定该项目开工建设的,其环境影响评价文件应当报原审批部门重新审核……”

案例 7:上海阿拉丁生化科技股份有限公司(股票简称:阿拉丁,股票代码:688179. SH)

【关注问题】

变更项目实施主体的原因,是否存在规避监管的情形。

【披露信息】

发行人成立于 2009 年 3 月,成立之初将研发、生产基地建立于上海市奉贤区杨王工业园区。2016 年下半年,发行人所处的杨王工业园区的规划功能定位发生变化,不再适合公司科研试剂产品的生产经营,发行人自 2016 年下半年起逐步将生产基地搬迁至阿拉丁试剂所在的奉贤区楚华支路 809 号,并通过租赁阿拉丁试剂土地、房产的方式进行生产经营。为明晰业务定位、降低运营成本、提升管理效率,阿拉丁试剂不再直接从事产品生产及销售活动,发行人的生产统一由发行人负责实施,故“阿拉丁试剂(上海)有限公司建设项目”及其改扩建项目“科研试剂研发及生产中心项目”的实施主体变更为发行人,经与政府主管部门沟通,就上述变更事项无须重新办理建设项目审批及环境影响评价手续。

上海市奉贤区生态环境局于 2020 年 3 月 27 日出具《证明》,其载明“根据原国家环保总局,现国家生态环境部相关规定,我局同意阿拉丁使用其子公司阿拉丁试剂的土地、厂房进行生产经营活动,无须重新办理环境影响评价审批手续”。

上海市奉贤区发展和改革委员会于 2020 年 6 月 12 日出具《专项证明》,其载明“原拟由阿拉丁试剂在楚华支路 809 号厂区实施的建设项目的实施主体为阿拉丁,本委对上述项目实施主体变化情况知悉并予以认可,上述事项不违反相关法律法规的规定”。

上海市奉贤区经济委员会于 2020 年 6 月 16 日出具《专项证明》,其载明“原拟由阿拉丁试剂在楚华支路 809 号厂区实施的建设项目的实际实施主体为阿拉丁,本委对上述项目实施主体变化情况知悉并予以认可,上述事项不违反相关法律法规的规定”。

国家税务总局上海市奉贤区税务局于 2020 年 6 月 16 日出具《涉税事项调查证明材料》,其载明“经金三系统查询,上述企业(指阿拉丁及阿拉丁试剂)自 2017 年 1 月 1 日开始至本证明出具之日止,无欠税、无行政处罚信息。根据阿拉丁提供的相关材料,其租用下属子公司阿拉丁试剂名下厂房的关联交易已在企业所得税年度汇算清缴中进行关联交易申报,截至本证明出具之日,暂未发现其存在利用上述关联交易故意逃避缴纳税款的情形”。

案例 8:宁波天益医疗器械股份有限公司(股票简称:天益医疗,股票代码:301097.SZ)

【关注问题】

发行人募投项目是否按照《环境影响评价法》的要求,以及《建设项目环境影响评价分类管理名录》和《生态环境部审批环境影响评价文件的建设项目目录》的规定,是否获得相应级别生态环境主管部门的环境影响评价批复。

【披露信息】

发行人本次发行募集资金投资项目涉及的环境影响评价手续,具体如下:

（一）年产4000万套血液净化器材建设项目

2016年11月2日，天益健康获得宁波东钱湖旅游度假区经济发展局核发的甬东旅经备〔2016〕20号《宁波东钱湖旅游度假区企业投资项目备案表》，明确项目名称为“年产2200万套血液净化器材新建项目”。

2017年3月20日，天益健康获得宁波东钱湖旅游度假区环境保护局对该项目《建设项目环境影响报告表》作出的甬东旅环审〔2017〕012号《审批意见》，同意该项目按照《建设项目环境影响报告表》规定的内容和规模办理环保审批手续。

宁波东钱湖旅游度假区经济发展局于2017年11月6日出具甬东旅经备〔2017〕21号与甬东旅经备〔2017〕22号《宁波东钱湖旅游度假区企业投资项目备案表》，同意“年产2200万套血液净化器材新建项目”备案，项目实施单位分别为天益医疗与天益健康，原甬东旅经备〔2016〕20号《宁波东钱湖旅游度假区企业投资项目备案表》废止。

2017年11月8日，发行人和天益健康取得了宁波东钱湖旅游度假区环境保护局对该项目出具的《关于年产2200万套血液净化器材新建项目实施单位变更要求出具环保意见的复函》（甬东旅环函〔2017〕2号），在项目的性质、规模、地点及采用的生产工艺原则不变的前提下，同意该项目实施主体变更为发行人和天益健康，无须重新报批建设项目环境影响评价文件。

由于发行人发展需要，2019年12月20日经宁波东钱湖旅游度假区经济发展局同意，该项目变更后对应“年产4000万套血液净化器材新建项目”。

2020年2月21日，宁波东钱湖旅游度假区环境保护局就发行人提交的《年产4000万套血液净化器材技改项目环境影响报告表》作出甬东旅环审〔2020〕6号《审批意见》，同意发行人按照《年产4000万套血液净化器材技改项目环境影响报告表》规定的内容和规模办理环保审批手续。

（二）年产1000万套无菌加湿吸氧装置建设项目

2017年3月20日，天益健康获得宁波东钱湖旅游度假区环境保护局对“年产1000万套无菌加湿吸氧装置建设项目”《建设项目环境影响报告表》作出的甬东旅环审〔2017〕013号《审批意见》，同意该项目按照《建设项目环境影响报告表》规定的内容和规模办理环保审批手续。

宁波东钱湖旅游度假区经济发展局于2017年11月6日出具甬东旅经备〔2017〕19号与甬东旅经备〔2017〕20号《宁波东钱湖旅游度假区企业投资项目备案

表》,同意"年产1000万套无菌加湿吸氧装置建设项目"的备案,项目实施单位分别为天益医疗与天益健康,原甬东旅经备〔2016〕21号《宁波东钱湖旅游度假区企业投资项目备案表》废止。

2017年11月8日,发行人和天益健康取得了宁波东钱湖旅游度假区环境保护局对该项目出具的《关于年产1000万套无菌加湿吸氧装置建设项目实施单位变更要求出具环保意见的复函》(甬东旅环函〔2017〕1号),在项目的性质、规模、地点及采用的生产工艺原则不变的前提下,同意该项目实施主体变更为发行人和天益健康,无须重新报批建设项目环境影响评价文件。

2020年2月21日,宁波东钱湖旅游度假区环境保护局就发行人提交的《年产1000万套无菌加湿吸氧装置技术改造项目环境影响报告表》作出甬东旅环审〔2020〕8号《审批意见》,同意发行人按照《年产1000万套无菌加湿吸氧装置技术改造项目环境影响报告表》规定的内容和规模办理环保审批手续。

(三)研发中心建设项目

2020年2月20日,天益血液获得宁波东钱湖旅游度假区环境保护局对该项目就天益血液提交的《建设项目环境影响登记表》的进行备案,备案号为202033026500000004。

2020年2月21日,宁波东钱湖旅游度假区环境保护局对发行人提交的《研发中心技改项目环境影响报告表》作出甬东旅环审〔2020〕7号《审批意见》,同意发行人按照《研发中心技改项目环境影响报告表》规定的内容和规模办理环保审批手续。

总结:

如项目的性质、规模、地点、采用的生产工艺或者防治污染、防止生态破坏的措施未发生重大变动,仅项目建设主体变更的,无须重新报批或者报审建设项目环境影响评价文件,对该项目的环境保护要求仍按原环境影响评价文件及其批复执行,建设单位应向原环评审批机关进行备案。

五 关于高污染、高环境风险产品的认定

根据生态环境部发布的《环境保护综合名录》(2021年版)(环办综合函〔2021〕495号),"双高"产品即高污染产品、高环境风险产品。2008年第一批"高污染、高环

境风险"产品名录公布时,原国家环境保护总局相关负责人明确了"双高"产品的定义,即"高污染"产品是指在生产过程中污染严重、难以治理的产品;"高环境风险"产品是指在生产、运贮过程中易发生污染事故、危害环境和人体健康的产品。

案例9:上海保立佳化工股份有限公司(股票简称:保立佳,股票代码:301037.SZ)

【关注问题】

发行人生产的产品是否属于《"高污染、高环境风险"产品名录》(2017年版)中规定的高污染、高环境风险产品,如发行人生产的产品涉及名录中的高污染、高环境风险产品,请说明相关产品所产生的收入及占发行人主营业务收入的比例,是否为发行人生产的主要产品;如发行人生产名录中的相关产品,请明确未来的压降计划。

【披露信息】

(一)发行人生产的产品是否属于《"高污染、高环境风险"产品名录》(2017年版)中规定的高污染、高环境风险产品

公司生产的产品中,烟台新材料供货的溶剂型丙烯酸树脂属于《"高污染、高环境风险"产品名录》(2017年版)中的"聚丙烯酸酯类胶粘剂";除此之外,公司生产的其他产品均不属于《"高污染、高环境风险"产品名录》(2017年版)中规定的高污染、高环境风险产品。

因此,公司生产的产品中仅溶剂型丙烯酸树脂属于《"高污染、高环境风险"产品名录》(2017年版)中规定的高污染、高环境风险产品。

(二)涉及名录中的高污染、高环境风险产品所产生的收入及占发行人主营业务收入的比例,相关产品是否为发行人生产的主要产品

报告期内,公司的溶剂型丙烯酸树脂产品的销售情况如表30所示:

表30 保立佳2018~2020年溶剂型丙烯酸树脂产品收入与占主营业务收入的比例汇总

项目	2020年	2019年	2018年
溶剂型丙烯酸树脂产品收入(万元)	3946.01	2728.48	990.39
主营业务收入(万元)	202,168.98	203,678.44	166,787.91
占比(%)	1.95	1.34	0.59

由表30可见,报告期各期,公司生产的溶剂型丙烯酸树脂产品所产生的收入占公司主营业务收入的比例均未超过2%。

报告期内,公司生产的溶剂型丙烯酸树脂产品的产销量情况如表31所示:

表 31 保立佳 2018～2020 年溶剂型丙烯酸树脂产品产量与占公司总产量的比例汇总

项目		2020 年	2019 年	2018 年
产量	溶剂型丙烯酸树脂产品产量(万吨)	0.39	0.24	0.07
	公司总产量(万吨)	41.47	34.89	24.96
	占比(%)	0.94	0.69	0.28
销量	溶剂型丙烯酸树脂产品销量(万吨)	0.37	0.22	0.07
	公司总销量(万吨)	41.02	34.35	24.46
	占比(%)	0.90	0.64	0.29

由表 31 可见,报告期各期,公司生产的溶剂型丙烯酸树脂产品的产销量占公司总产销量的比例均未超过 1%。

综上,溶剂型丙烯酸树脂产品不属于公司生产的主要产品。

(三)未来压降计划

针对溶剂型丙烯酸树脂产品,公司已制订明确的未来压降计划,主要内容为:鉴于烟台新材料生产的溶剂型丙烯酸树脂属于《"高污染、高环境风险"产品名录》(2017 年版)中规定的高污染、高环境风险产品,公司未来将逐步压降溶剂型丙烯酸树脂的产量,自 2021 年起实现每年降低产量 500 吨的目标,该项工作由公司总经理负责,具体工作由分管生产的副总经理和烟台新材料厂长执行。

案例 10:陕西华达科技股份有限公司(股票简称:华达股份,已过会,创业板)

【关注问题】

说明发行人生产的产品是否属于《环境保护综合名录》(2021 年版)中规定的高污染、高环境风险产品,如发行人生产的产品涉及高污染、高环境风险产品,请说明相关产品所产生的收入及占发行人主营业务收入的比例,是否为发行人生产的主要产品,发行人是否采取有效措施减少高污染、高环境风险产品的生产,以及采取相关措施对发行人未来生产经营的影响;如发行人生产的产品属于《环境保护综合名录》(2021 年版)中的"高环境风险"产品,请说明发行人是否满足环境风险防范措施要求、应急预案管理制度是否健全、近一年内是否发生重大特大突发环境事件等;如产品属于《环境保护综合名录》(2021 年版)中的"高污染"产品,请说明发行人是否满足国家或地方污染物排放标准及已出台的超低排放要求、是否达到行业清洁生产先进水平、近一年内是否因环境违法行为受到重大处罚;发行人生产过程中的原材料是否涉及高污染、高环境风险产品,如涉及,请说明是否因使用上述高污染、高环境风险原材料而发生污染事故。

【披露信息】

(一)发行人生产的产品是否属于《环境保护综合名录》(2021年版)中规定的高污染、高环境风险产品

根据公开披露的信息,发行人的子公司创联电镀的氰化亚金钾电镀金业务属于《环境保护综合名录》(2021年版)中"高污染、高环境风险"产品名录中的"氰化金钾电镀金产品(无氰镀金工艺除外)",涉及高污染、高环境风险。

(二)相关产品所产生的收入及占发行人主营业务收入的比例,是否为发行人生产的主要产品

报告期各期,创联电镀的电镀业务收入及占发行人主营业务收入的比例情况如表32所示:

表32 创联电镀2019~2022年1~6月电镀业务收入占发行人主营业务收入的比例

项目	2022年1~6月	2021年度	2020年度	2019年度
电镀业务收入(万元)	645.39	1586.02	1585.71	238.86
发行人主营业务收入(万元)	42,932.04	75,064.31	62,889.49	54,870.21
占比(%)	1.50	2.11	2.52	0.44

发行人的主要产品为电连接器及电缆组件,创联电镀主要为发行人提供电镀加工服务。根据表32,创联电镀的电镀业务收入占发行人主营业务收入的比例较低,电镀业务不是发行人的主要业务。

(三)发行人是否采取有效措施减少高污染、高环境风险产品的生产,以及采取相关措施对发行人未来生产经营的影响

1.发行人已采取有效措施减少高污染、高环境风险产品的生产

创联电镀有6条电镀线,3条线主要用于镀金,目前电镀金产线均使用含氰电镀金工艺。创联电镀现有镀金产线均已建设完毕,未来将不再增加新的含氰电镀金产线。同时,创联电镀已经在2018年建设了先进的含氰废水处理系统,通过一级破氰池、二级破氰池的两次氧化破氰,破氰率可高达99.5%以上,实现了将氰转化为二氧化碳和无害化排放。创联电镀现有产线均已经办理了相应的环评、排污手续,不存在环境检测不合格的情形,其继续使用合法合规。但为了响应国家环保号召,创联电镀将采取措施,压降现有电镀金产线所使用的含氰材料及含氰电镀金工艺,具体压降计划如下:(1)积极控制现有含氰电镀金产线的规模,未来不再增加新的含氰电

镀金产线，降低创联电镀现有电镀业务规模；(2)使用含氰量低的氰化亚金钾作为电镀原材料，从源头上压降含氰原材料的使用；(3)加大创新投入，积极使用不含氰原材料及无氰电镀金工艺；(4)加大环保投入，对现有电镀产线和污水处理方法进行提质升级。

针对上述压降事项，发行人的控股股东创联集团出具相关承诺，具体事项如下："(1)本公司将积极督促华达股份及其子公司创联电镀严格履行压降创联电镀氰化亚金钾电镀金产品的承诺。(2)因本公司未能督促华达股份及其子公司创联电镀履行压降承诺，给华达股份造成损失的，本公司将依法向华达股份赔偿相关损失；华达股份因未能妥善履行压降承诺而被相关行政主管部门采取行政处罚措施的，对于华达股份的罚款等支出，由本公司全额向华达股份补偿。(3)在本公司未能按照前述承诺事项赔偿或补偿华达股份相应损失之前，本公司持有的华达股份首次公开发行股票前的股份不得转让，同时华达股份有权扣减本公司所获的现金红利用于承担前述赔偿或补偿责任。"

综上，发行人的子公司创联电镀已明确含氰电镀金加工的未来压降计划且该计划具有较好的可行性。

2. 采取相关措施对发行人未来生产经营的影响

报告期内，发行人内部电镀和外部电镀的具体情况如表33所示：

表33 华达股份2019～2022年1～6月内部电镀和外部电镀占比汇总

项目	2022年1～6月		2021年度		2020年度		2019年度	
	金额（万元）	占比（%）	金额（万元）	占比（%）	金额（万元）	占比（%）	金额（万元）	占比（%）
外部电镀	1242.21	56.42	3026.47	65.65	3009.88	61.98	4092.85	92.18
内部电镀	959.33	43.58	1583.31	34.35	1846.55	38.02	347.26	7.82
合计	2201.54	100.00	4609.78	100.00	4856.43	100.00	4440.11	100.00

目前公司已有长期合作的电镀供应商，未来随着创联电镀内部配套规模的降低，公司亦可通过外部采购方式满足电镀需求，不会对公司生产经营产生重大影响。

3. 发行人是否满足环境风险防范措施要求、应急预案管理制度是否健全、近一年内是否发生重大特大突发环境事件等

(1)创联电镀环境风险防范措施

报告期内，发行人子公司创联电镀采取的主要风险防范措施如下：

①废气

有组织废气:电镀废气主要包括镀金、镀银生产线产生的氰化氢废气;镀金、镀银、镀镍、镀锡生产线前除油和除锈工序产生的氯化氢;阳极氧化生产线产生的氮氧化物、铬酸雾及硫酸雾;酸洗间产生的氯化氢、硫酸雾、氮氧化物等。电镀生产线产生的含氰废气、含铬废气和酸洗废气的处理工艺基本相同,含氰废气采用硫酸亚铁吸收;酸洗废气采用氢氧化钠吸收。废气分别经吸风罩吸收汇集到各自的吸收塔中,与塔中吸收液逆流接触后,净化后的气体经塔中除雾装置除雾后排放。吸收液循环使用,喷淋塔内循环液有结晶产生时更换吸收液,约半年更换一次,更换后的吸收液暂存于危险废物暂存间,交有资质单位处置。无组织废气:主要有氯化氢、硫酸雾、铬酸雾、氮氧化物,无组织排放执行《大气污染物综合排放标准》(GB 16297—1996)中的无组织排放监控浓度限值。

②废水

参照《陕西省行业用水定额》(DB61/T 943—2020)规定的行政办公用水,员工生活用水量按68L/(人·d)的标准,则用水量为4.4m^3/d,即1326m^3/a。生活污水产生量为3.5m^3/d,生活污水依托西京电气集团总公司化粪池处理后,通过西京电气集团总公司废水总排口排入市政污水管网。

电镀生产线产生的化学镍废水、含镍废水、酸洗废水、焦铜废水、含氰废水、含锡废水、铝氧化废水经分质预处理后,进入回用水处理系统,经活性炭过滤器、保安过滤器及2级RO处理后排入回用水箱,回用于电镀生产线零件清洗工序。含铬废水经预处理后,与镀前除油废水及回用水处理系统2级RO装置产生的浓水分别排入排放水处理系统收集桶汇合,经处理达到《电镀污染物排放标准》(GB 21900—2008)的标准要求后,自流进入巴氏计量槽,排入市政污水管网,通过市政污水管网最终排入西安市第二(北石桥)污水处理厂集中处理。

企业的废水产生量约为70m^3/d,污水处理站的处理能力按照1.3波动系数设计,污水处理站日处理量为90m^3/d,其中每天有32m^3的水量回用,有58m^3的水量排入市政污水管网,最终排入西安市第二(北石桥)污水处理厂集中处理。且企业设置80m^3调节池应对事故排水。

③固体废物

创联电镀产生的固体废物包括危险废物和生活垃圾。危险废物:电镀废水处理站产生的电镀污泥、废过滤材料、废酸、废碱、含重金属废液均属于危险废物,分类集中收集后暂存于危险废物暂存间，定期交由有资质的单位处理。生活垃圾：职工生活垃圾设带盖垃圾桶，集中堆放，由市政环卫部门统一收集处理。

综上，创联电镀制定并实施了严密、合理、完备的环境风险防范措施，符合相关生产项目环境影响报告表及环境保护主管部门批复的要求，并完成了项目竣工验收，满足环境风险防范措施要求。

(2) 应急预案管理制度健全，近一年内未发生重大特大突发环境事件

针对突发环境事件，创联电镀编制了《突发环境事件综合应急预案》，从预防与预警、应急处置、后期处置、应急保障四个方面对日常环境事件和突发环境事件的相应处理措施进行了全面的规定，确保事故发生后各项应急救援工作能够高效、有序地进行，最大限度地减少事故造成的环境污染。

创联电镀严格执行应急预案管理制度，成立了应急救援专业队伍，设突发环境事件应急指挥部、应急指挥部办公室及5个应急小组，负责可能发生的突发环境事件的应急处置工作，并定期组织公司相关人员自查，防患于未然。经核查，最近一年内，创联电镀未发生重大特大突发环境事件。

综上，创联电镀建立了健全的应急预案管理制度，最近一年内未发生重大特大突发环境事件。

(四) 发行人是否满足国家或地方污染物排放标准及已出台的超低排放要求、是否达到行业清洁生产先进水平、近一年内是否因环境违法行为受到重大处罚

1. 是否满足国家或地方污染物排放标准及已出台的超低排放要求

报告期内，创联电镀执行的国家或地方污染物排放标准主要为：

废气：执行《电镀污染物排放标准》(GB 21900—2008) 表5、表6的要求；氯化氢、硫酸雾、铬酸雾、氮氧化物无组织排放执行《大气污染物综合排放标准》(GB 16297—1996) 中无组织排放监控浓度限值。

废水：执行《电镀污染物排放标准》(GB 21900—2008) 表2中的排放限值要求。

一般工业固体废物储存、处置执行《一般工业固体废物贮存和填埋污染控制标准》(GB 18599—2020)；危险废物贮存污染控制执行《危险废物贮存污染控制标准》(GB 18597—2001) 及其2013年修改单中的相关规定。

创联电镀自2019年停业整顿后，2020年以来严格执行上述标准，历次排污检测结果均为合格，满足国家和地方污染物排放标准及已出台的超低排放要求。

2. 是否达到行业清洁生产先进水平

创联电镀自投产以来，全过程贯彻清洁生产原则和循环经济理念，加强生产管理和环境管理，其电镀环节严格按照《电镀行业清洁生产评价指标体系》（国家发改委、原环保部、工信部公告2015年第25号）的要求执行，经查阅创联电镀的清洁生产自查表并逐项比对各项指标，创联电镀的电镀生产工艺与装备、资源消耗、资源综合利用、污染物产生量、产品特征和清洁生产管理等指标均已达到《电镀行业清洁生产评价指标体系》（国家发改委、原环保部、工信部公告2015年第25号）中的Ⅱ级及以上要求，属于国内清洁生产先进水平。

3. 近一年内未因环境违法行为受到重大处罚等

经核查雁塔区生态环境保护局出具的《合法合规证明》，并经核查中国裁判文书网、国家企业信用信息公示系统，创联电镀近一年未受到重大处罚。

4. 发行人是否因使用上述高污染、高环境风险原材料而发生污染事故

发行人的子公司创联电镀加工中的电镀金采用氰化亚金钾作为主要原材料，属于含氰电镀金工艺，含氰电镀金加工的镀金半成品属于《环境保护综合名录》（2021年版）中的“高污染、高环境风险”产品。

经核查，报告期内，创联电镀未因使用“氰化亚金钾”原材料而发生污染事故。

总结：

对于业务或产品涉及“高污染、高环境风险”的拟上市企业，审核将重点关注相关产品所产生的收入及占发行人主营业务收入的比例，是否为发行人生产的主要产品、发行人的压降计划，发行人是否采取有效措施减少高污染、高环境风险产品的生产。如发行人产品属于《环境保护综合名录》（2021年版）中的“高环境风险”产品，则关注发行人的环境风险防范措施、应急预案管理制度的建立及健全情况，报告期内是否发生重大特大突发环境事件等；如产品属于《环境保护综合名录》（2021年版）中的“高污染”产品，则关注发行人是否满足国家或地方污染物排放标准及已出台的超低排放要求、是否达到行业清洁生产先进水平、报告期内是否存在因环境违法行为受到重大处罚的情形等。

同时，应关注拟上市企业生产的产品或未来规划生产的产品是否列入《环境保护综合名录》（2021年版），防止因主营业务涉及高污染、高环境风险对企业上市造成重大影响；若生产产品涉及高污染、高环境风险情形，建议优化产品生产工艺，做好相关产品的压降计划，降低相关产品的收入占比。

第十七章 发行人的募集资金运用

根据《证券法》(2019 年修订)、《首次公开发行股票注册管理办法》等相关法律法规的规定,公司应当就股票注册发行之募集资金使用的可行性、募集资金用途等事项提交董事会、股东大会表决。并且需在上市申报时公开披露募集资金的投向和使用管理制度,披露募集资金对发行人主营业务发展的贡献、未来经营战略的影响。

发行人公开发行股份的主要目的是募集资金,其中募投项目可以反映发行人未来的业务发展战略。因此发行人募集资金的具体用途及募投项目的可行性、合理性等相关问题是证监会关注的重点,律师需要对发行人募集资金的用途以及募投项目是否合法合规等进行尽职调查,并发表明确的法律意见。

第一节 查验程序

一 查验文件

(一)募集资金运用合法合规的备查文件

1. 发行人募集资金运用的会议文件,包括股东大会、董事会的议案、决议和会议纪要等。

2. 发行人募集资金可行性研究报告,包括核查项目投资明细、预计建设周期、项目的阶段性安排、新增产能、资金测算依据等情况。

3. 发行人募集资金投资项目有关主管部门的批复或相关核准或备案文件。

4. 发行人募集资金投资项目涉及安全、环保等需相关政府部门出具的批复、环评报告、验收意见等。

5. 如收购资产，拟收购资产的财务报告、审计报告、资产评估报告及收购协议。

6. 如收购的资产为在建工程，相关在建工程的资料及收购协议。

7. 发行人募集资金投资项目相关的土地权证及项目规划、施工等相关许可文件。

8. 发行人募集资金投资项目相关的政府部门产业目录、法律法规和产业政策文件。

（二）募集资金投向产生关联交易的备查文件

1. 关联方详细资料，包括关联法人的工商内档、营业执照等相关文件，以及关联自然人及关联法人股东的相关文件资料（如有）。

2. 关联交易的评估报告和审计报告（如有）。

3. 项目合作协议及合资公司设立文件，调查发行人对该项目或公司是否具备控制能力和经营能力以及有关协议、合同的订立情况及已履约情况和审批手续。

二 查验要点

（一）募集资金或募投项目的合理性、必要性、可行性

1. 调查发行人募集资金是否有明确的使用方向，是否用于或主要用于主营业务。

2. 调查发行人的现有主营业务、生产经营规模、财务状况、技术条件、管理能力、发展目标与募集资金投资项目是否匹配，是否存在盲目扩张，是否存在导致发行人未来经营模式发生重大变化的风险。

3. 调查在募集资金投资项目实施后，是否与发行人的控股股东或实际控制人新增同业竞争或者对发行人的独立性产生不利影响。

4. 调查发行人募集资金投资项目是否符合国家法律法规和产业政策、技术和市场的可行性以及项目实施的确定性。

5. 调查发行人董事会是否对募集资金投资项目的可行性进行了认真分析，并确信投资项目具有较好的市场前景和盈利能力，能够有效防范投资风险，提高募集资金使用效益。

(二)募投项目的合规性

1. 募集资金运用涉及履行审批、核准或备案程序的,调查相关程序的履行情况,是否已提交董事会、股东大会进行表决,是否符合《证券法》和公司章程的规定。

2. 募集资金运用涉及环保问题的,调查可能存在的环保问题、采取的措施及资金投入情况。

(1)调查募投项目是否采取相应的环保措施以及所采取环保措施的资金来源,调查环保措施投入的金额是否与发行人募投项目产能、排污量等相匹配。

(2)调查募投项目是否获得相应级别生态环境主管部门的环境影响评价批复;是否需履行主管部门审批、核准、备案等程序及履行情况。

(3)调查发行人募投项目是否满足能源消费双控要求,是否按规定取得固定资产投资项目节能审查意见,发行人的主要能源资源消耗情况以及是否符合当地节能主管部门的监管要求。

3. 调查募集资金新建厂房项目及新建厂房项目增加投资的合理性,新建厂房是否存在闲置的风险;新建厂房项目是否存在市场拓展风险、产能消化风险,土地、房产或环保合规风险、审批备案程序风险。

(三)募投项目所涉的土地或房产

1. 募集资金运用涉及新取得的土地或房产的,调查其取得方式、进展情况及未能如期取得对募集资金具体用途的影响。调查募投项目实施用地是否存在重大不确定性,是否符合土地政策、城市规划,是否存在无法取得用地的风险和替代措施。

2. 调查募投项目用地是否存在无法取得不动产权属证书的实质障碍及其对发行人生产经营的影响。

(四)募集资金运用于补充流动资金

调查补充流动资金及资金规模的必要性、合理性,是否与发行人现有经营规模、财务状况、技术水平、管理能力和发展目标等相适应。

(五)募集资金运用于偿还银行贷款

1. 调查发行人贷款的具体原因、合理性、相关的利息费用确认标准,以及贷款使用情况。

2. 结合银行信贷及债权融资环境、公司偿债风险控制目标等调查偿还银行贷款后公司负债结构是否合理。

3. 调查发行人贷款的各期还款时间和相应的资金安排,以及对发行人财务状况、偿债能力和财务费用的具体影响。

(六)募集资金运用于购买资产

1.募集资金向实际控制人、控股股东及其关联方收购资产,如对被收购资产有效益承诺,调查是否明确效益无法完成时的补偿责任。

2.调查标的资产的具体情况,及收购后对发行人资产质量及持续经营能力的影响、是否构成重大资产重组,如构成,调查是否符合重大资产重组的有关规定并披露相关信息。

(七)调查发行人是否建立了募集资金专项存储制度,募集资金是否将存放于董事会决定的专项账户

第二节 募集资金运用的相关案例

一 募投项目是否符合国家和地方的产业政策

募投项目是上市公司募集资金后进行投资的具体项目,公司上市的主要目的是募集资金从而进行投资或扩大生产等进一步提高公司竞争力的活动。根据《企业投资项目核准和备案管理条例》等相关法律法规的规定,大部分企业的募投项目在送证监会审核之前往往需要送各地发改委备案,因此企业通常会聘请专业机构撰写募投项目可行性研究报告。合理、可行、必要的募投项目是企业通过证监会审核的关键因素之一,募投项目是否符合国家和地方产业政策则是证监会审核的重点。

案例1:星辉环保材料股份有限公司(股票简称:星辉环材,股票代码:300834.SZ)

根据星辉环材及监管层公开披露的资料,监管层在审核问询时重点关注星辉环材的募投项目是否符合国家和地方的产业政策。

【关注问题】

发行人的生产经营和募投项目是否符合国家和地方的产业政策和环保规定,是否符合相关主管部门的要求。

【披露信息】

发行人先说明其主要从事聚苯乙烯系列合成树脂的研发、生产和销售活动,募投项目为“年产 30 万吨聚苯新材料项目二期工程”。发行人的生产经营与募投项目均符合《战略性新兴产业重点产品和服务指导目录》(2016 年版)、《产业结构调整指导目录(2019 年本)》、《广东省主体功能区产业准入负面清单(2018 年本)》(已失效)等国家和地方的产业政策规定。再论证发行人的生产经营项目与募投项目已履行环评审批手续,符合主管部门的要求。

案例 2:新乡天力锂能股份有限公司(股票简称:天力锂能,股票代码:301152.SZ)

根据天力锂能及监管层公开披露的资料,监管层在审核问询时重点关注天力锂能的募投项目是否符合国家和地方的产业政策。

【关注问题】

发行人的生产经营和募投项目是否属于《产业结构调整指导目录(2019 年本)》中的限制类、淘汰类产业,是否属于落后产能。

【披露信息】

发行人先论述其主营业务为锂电池三元材料及其前驱体的研发、生产及销售,生产产品包括三元材料及其前驱体。发行人的募投项目为“新乡三元正极材料建设项目”及“淮北三元正极材料建设项目”,涉及的相关产品为三元正极材料。再依据业务及产品分类并对照《产业结构调整指导目录(2019 年本)》中的限制类、淘汰类产业,从而确认发行人的生产经营与募投项目属于上述文本中的鼓励类产业,而不属于限制类、淘汰类产业,不属于落后产能。

总结:

募投项目符合地方和国家的政策表明募投项目的外部环境对该项目前景具有支撑性,募投项目具备可行性,从而能够通过募投项目的实施为公司创造利润。因此在上市发行审核过程中,需通过分析发行人募投项目的业务、产品、产业分类等方式论证发行人募投项目符合地方和国家政策,以此保证发行人的募投项目具备可行性、合理性、必要性。

二 募投项目的程序合规性

根据证监会发布的《发行监管问答——关于调整首次公开发行股票企业征求国

家发改委意见材料的要求》(已失效)的规定,募集资金投资项目的项目备案(核准、批复)文件、环评批复、土地预审意见、节能评估文件等固定资产投资管理文件在报送预先披露材料的同时报送相关材料。因此在对拟用于项目建设的募投项目进行尽职调查时,需要重点关注该投资项目是否按要求履行了备案、环评等程序。

案例3:杭州星华反光材料股份有限公司(股票简称:星华反光,股票代码:301077.SZ)

根据星华反光及监管层公开披露的资料,监管层在审核问询时重点关注星华反光募投项目的环保事项合规审查。

【关注问题】

发行人已建、在建、拟建项目是否属于高耗能高排放项目,是否需履行审批、核准、备案、环评等程序及履行情况,是否存在被关停的情况或被关停风险,以及对公司生产经营的影响。

【披露信息】

(一)针对高耗能高排放项目

发行人先论述已建、在建、拟建项目的名称、计划产能情况、项目进展情况。根据已建项目的环评报告,结合发行人在报告期内的能源消耗情况、污染物排放情况,论述发行人已建项目平均能耗显著低于我国单位GDP能耗,且生产并不依赖消耗能源,因此发行人已建项目不属于高耗能高排放项目;再根据募投项目的环评报告、可行性研究报告,说明募投项目的耗能为电力,生产过程中的污染物排放少,不属于高耗能高排放项目。最后根据发行人所在地的《投资项目备案信息表》说明拟建项目不属于《建造项目审批目录清单》等文件中所列的高耗能的项目。

(二)针对审批备案等程序

发行人先根据《企业投资项目核准和备案管理条例》《企业投资项目核准和备案管理办法》《政府核准的投资项目目录(2016年本)》的规定,说明建设项目执行了核准或备案程序的要求,再具体罗列发行人已建、在建、拟建项目的备案、环评、验收情况(见表34),论述发行人已建项目不存在因相关审批备案程序瑕疵被关停的情况或被关停风险,在建项目除建设完成后的验收程序外,其他程序均已合规,拟建项目因尚未建设,已履行项目备案程序,待进行环评审核。

表34 星华反光已建、在建、拟建项目的备案、环评、验收情况汇总

序号	项目名称	备案文号	环评文号	验收文号
1	星华反光改扩建项目	余经发核〔2009〕15号	余环保〔2012〕132号	余环保〔2012〕132号、余环验〔2012〕3－022号
2	星华反光新增年产反光材料700万平方米技改项目（零土地改造）	余经信备〔2016〕672号	报告表〔2017〕80号	余环备〔2017〕3－15号
3	浙江星华年产反光材料3720万平方米建设项目	湖经信投资〔2013〕22号	湖环建〔2015〕43号	湖环建验〔2018〕7号
4	星华反光年产反光材料2400万平方米、反光服饰300万件及生产研发中心项目	2017－330110－26－03－020390－000	环评批复〔2020〕46号	部分生产线投入试生产，尚未验收
5	浙江星华年产反光材料3700万平方米技改项目	2020－330522－26－03－107160	湖长环建〔2020〕246号	建设中
6	浙江福纬年产15,000万平方米功能型面料生产项目	2012－330522－04－01－112082	尚在办理中	尚未建设
7	星华反光年产反光材料5000万平方米生产项目	2103－330110－07－02－133909	尚在办理中	尚未建设

案例4：昆明理工恒达科技股份有限公司（股票简称：昆工科技，股票代码：831152.BJ）

根据昆工科技及监管层公开披露的资料，监管层在审核问询时主要重点关注昆工科技募投项目新建厂房的合规审查。

【关注问题】

根据申请文件，发行人的募投项目包括年产60万片铝合金阴极板项目及新材料研究院建设项目，该项目拟在已经抵押的土地上新建生产厂房。

请发行人：结合现有厂房数量、面积、主要用途、已有生产线、机器设备、产能、产量等情况分析募投项目新建厂房的必要性与合理性，是否存在闲置的风险。

【披露信息】

发行人先论述现有厂房数量、面积、用电，即发行人现有厂房两处，一处为发行人募投项目拟建设地，另一处为发行人报告期内开展生产活动的主要场所。论述发行人报告期内已建设的3条生产线及相应的机器设备情况，各类产能、产量情况，说明其均处于正常运行情况，不存在闲置情形。再说明发行人的募投项目涉及的产品为栅栏型复合材料阳极板、铝合金阴极板，其为发行人的独创产品，该产品处于持续盈利状态，产能整体消化程度较高，是发行人未来收入增长的重要驱动力，因此需建设新的场地以拓展项目规模。最后结合发行人募投项目符合国家产业政策，具有良好发展预期，产品的市场前景较好等情况，说明募投项目新建厂房具有必要性与合理性，新建厂房将全部用于发行人募投项目产品的生产，预计不存在闲置的风险。

总结：

上市发行审核过程中，募投项目系发行人通过首次公开发行股份向投资者募集资金所投入的具体项目。因此为保障投资者的知情权，使其审慎投资、减少投资风险，发行人应当按照上市审核的公司合规标准论证募投项目合法合规，如保证项目资产权属清晰，项目用地不存在权属障碍，项目环保、生产符合国家和地方的要求等。

三 募集资金用途涉及补充流动资金、偿还银行贷款

募集资金拟用于补充流动资金、偿还银行贷款，有利于缓解企业短期的财务困难，降低企业财务成本、提高资金使用效率或有利于减少利息支出、提高公司盈利水平。

相较于建设固定资产投资项目，其具有更强的灵活性，但也无法直接扩大企业生产规模建设，促进产品科研技术的提升，同时还存在企业滥用募集资金的风险。若补充流动资金、偿还银行贷款所占比例较高，还可能向投资者传递企业存在资金周转困难的负面信息，不利于企业上市融资。因此补充流动资金的比例与必要性、合理性以及贷款的具体原因和合理性往往成为证监会审核关注的重点。

案例5:唐山海泰新能科技股份有限公司(股票简称:海泰新能,股票代码:835985.BJ)

根据海泰新能及监管层公开披露的资料,监管层在审核问询时重点关注海泰新能募投项目使用用途的审查。

【关注问题】

根据申报材料,发行人拟募集资金6.65亿元,用于2GW高效HJT光伏组件研发及产业化项目、1000MW高效光伏组件研发及产业化项目、研发实验中心扩建项目、偿还银行贷款和补充流动资金。请发行人:

1.补充披露补充流动资金的规模是否与发行人现有经营规模、财务状况、技术水平、管理能力和发展目标等相适应;披露募集资金管理运营安排,募资后对公司财务状况及经营成果的影响。

2.补充披露2021年5月31日集中借入7000万元银行贷款的背景、原因,贷款主要用途,说明使用募集资金偿还银行贷款的必要性和合理性。

【披露信息】

(一)问题一

针对补充流动资金的规模与发行人的适配性:发行人先基于募投项目的目的,说明随着光伏行业的发展态势,发行人将扩大光伏组件业务规模,因此对营运资金需求高。结合发行人近三年的营业收入平均增长率估算发行人未来生产经营对流动资金的需求量,确认以募集资金补充流动资金能有效补充发行人营运资金,说明补充流动资金的规模与发行人现有经营规模相匹配。再通过发行人资产负债率逐年上升、发行人高度重视技术研发和工艺改进工作以及发行人的严格管理制度与绿色持续发展愿景等情况,确认发行人补充流动资金的规模与发行人的财务状况、技术水平、管理能力和发展目标相适应。

针对发行人募集资金管理运营:发行人先论证严格执行了监管机构有关募集资金使用的规定,按募集资金专项管理制度的要求进行了统筹安排;再论证其具体的管理措施,即实行募集资金的专户存储制度进行专户管理,以及按照发行人财务管理制度严格审批、使用募集资金。

针对募集资金对公司财务状况及经营成果的影响:发行人先论证募投项目符合国家产业政策与发行人的发展方向,有利于提升发行人的竞争力;再论证募集资金有利于增强发行人资金实力,降低流动性风险,扩大主营业务规模等对财务状况的重要影响。

（二）问题二

发行人先论证贷款的背景与原因，即由于发行人要扩大组件业务规模，因此需贷款用于补充发行人流动资金与支持业务的日常运营。再结合发行人组件业务采取先销后贷模式以及销售回款存在账期限制，导致发行人该业务的资金投入需求高、回款速度慢、营运资金存在较大缺口的情况，说明贷款有利于提高发行人的运营效率，缓解发行人的资金需求压力。最后结合发行人贷款应付利息金额较高，论述募集资金偿还银行贷款有利于降低发行人利息支出，减少财务费用支出，有利于提高发行人盈利水平。

总结：

募集资金拟用于补充流动资金、偿还银行贷款虽是IPO企业常见的募集资金使用方式，但为保障投资者的收益回报，投资者有权清楚募集资金的去向以及所带来的效益。故发行人应谨慎运用募集资金并详细披露资金用途，避免投资者因募集资金的用途对发行人的持续经营能力存疑，从而增加投资者的投资信心。

四 募集资金用途涉及购买资产

购买资产是指IPO企业通过募集资金购买能带来经济利益的资源。大部分IPO企业基于投资项目建设需要，在将募集资金用于建设项目的同时，也会购买相应配套所需的资产。购买资产是募集资金中常见的募投项目，鉴于资产是能为公司带来经济利益的资源，因此应当进行调查且对标的资产的情况进行说明，并列明收购的合理性、必要性以及收购后对公司持续经营能力的影响。

案例6：矩阵纵横设计股份有限公司（股票简称：矩阵股份，股票代码：301365.SZ）

根据矩阵股份及监管层公开披露的资料，监管层在审核问询时重点关注矩阵股份募投项目购买房产的审查。

【关注问题】

申报材料及审核问询回复显示，公司本次募集资金为88,370.84万元，计划用于总部设计中心建设项目、设计服务网络建设项目、智能设计平台建设项目和信息化建设项目。其中,总部设计中心建设项目、设计服务网络建设项目均涉及新取得房产。2018～2020 年,公司向股东分配现金股利分别为 5352.56 万元、3712.96 万元及 9654.00 万元。

请发行人:结合发行人研发及设计模式,自有及租赁房产面积及人员数量等情况,量化分析募集资金投资项目中存在较多房产投资的合理性、必要性,是否有利于提升发行人的研发能力和持续经营能力。

【披露信息】

发行人先论述所属行业为空间设计与软装陈设行业,因此若对自由房产的办公场所进行个性化设计,有利于发行人品牌形象的推广,但鉴于办公用地多为租赁用地,无法进行设计改造,因此购置房产;再论述购置房产作为办公场所是基于发行人员工、业务团队规模扩大,现自有房屋无法满足业务需要,因此购买房产作为办公场所符合公司经营发展的实际需求。最后论述购置房产作为办公用地以深圳总部为依托,有利于提升发行人的研发能力和持续经营能力,激发员工设计灵感,并结合已披露公告的设计行业上市公司的募投项目,可确认购置房产作为办公用地符合设计行业上市公司的总体募集资金投向。

案例 7:江苏沃得农业机械股份有限公司(股票简称:沃得农机,2022 年 1 月 25 日过会)

根据沃得农机及监管层公开披露的资料,监管层在审核问询时重点关注沃得农机募投项目购买房产的审查。

【关注问题】

发行人拟在丹阳、沈阳、泰国等地实施募投项目,并在泰国购置一宗面积为 136,000 平方米的土地用于实施募投项目。

请发行人:说明各募投项目用地的土地使用权性质,是否拟将募集资金用于或变相用于房地产开发,在泰国实施募投项目是否符合当地土地规划用途。

【披露信息】

发行人先论述所募投用地包括泰国用地在内均为工业用地,募投建设项目符合土地性质;再论述发行人的募投项目围绕主营业务,即围绕智能化工业互联网平台的搭建、农业机械及其零部件的生产线建设展开,并按照国家和项目所在地的政策要求,履行了项目、备案程序,不涉及房地产开发业务。最后论述根据《城市房地产管理法》《房地产开发企业资质管理规定》的规定,发行人无房地产开发资质,不存在涉及房地产开发业务的情形，且发行人承诺不会以任何方式将募集资金用于或变相用于房地产开发相关业务，亦不会使募集资金通过其他方式直接或间接流入房地产开发领域。

总结：

发行人募投项目具体用途的论证与发行人募投项目的合理性、必要性的论证是统一的，若发行人募投项目拟用于购买资产，发行人需要详细论证购买资产的必要性、合理性，论证购买资产是否有利于提高发行人的盈利或持续经营能力。若发行人购买的资产为土地或房产，还需关注地方和国家的相关政策规划，并进一步论述购买土地或房产未用于房地产开发。

第十八章 发行人的业务发展目标

根据《监管规则适用指引——法律类第2号：律师事务所从事首次公开发行股票并上市法律业务执业细则》的相关规定，发行人律师应查验发行人的业务发展目标是否符合国家法律法规和规范性文件的规定，是否与其主营业务一致，是否存在潜在的法律风险，并明确发表结论性意见。

第一节 查验程序

一 查验文件

1. 招股说明书；
2. 发行人出具的说明；
3. 发行人董事会战略委员会决议；
4. 发行人的营业执照、公司章程；
5. 发行人的资质文件；
6. 发行人的审计报告；
7. 发行人的重大业务合同。

二 查验要点

1. 发行人的业务发展目标是否与其主营业务相符；

2. 发行人的业务发展目标是否符合法律法规、规范性文件的规定；

3. 发行人的业务发展目标是否存在潜在风险；

4. 发行人的业务发展是否与募集资金投资项目相吻合。

第二节 业务发展目标相关案例

一 发行人的生产经营模式

我们应注意发行人的现行经营理念和经营模式对发行人经营管理和发展的影响，并分析发行人未来发展目标和具体计划与发行人现有业务的关系。

案例1：龙洲集团股份有限公司（股票简称：龙洲股份，股票代码：002682. SZ）

【关注问题】

《反馈意见》五、关于公司货车挂靠……（2）招股说明书第129页披露，公司的班车客运及旅游业务已经实现了公司化经营模式，但公司的客运业务中存在承包经营模式，货运业务中存在挂靠经营模式。客运业务中的承包经营模式和货运业务中的挂靠经营模式是否与公司化经营模式和公司的业务发展目标相一致，并结合发行人公司化模式的安排说明上述模式的存在是否对发行人本次发行上市产生不利影响。

【披露信息】

就公司经营模式与公司化经营模式及公司业务发展目标是否一致的问题，发行人律师重点核查了发行人历次总经理办公会、董事会决议，股东大会决议，转让富达运输、隆宇运输股权的转让方案，龙岩市国资委批复文件，与龙岩市产权交易中心签署的《产权转让委托代理协议》及《福建日报》登载的《产权交易中心公告》，并对董事长及相关业务人员进行了访谈。经核查，具体情况如下：

1. 报告期内，发行人的客运业务中存在承包经营模式。该模式下的营运车辆由公司出资购买，产权归公司所有并实行“五统一”管理，根据《福建省交通厅关于福建龙洲运输股份有限公司道路客运业务公司化经营情况的说明》,该模式属于公司化经营模式之一,因此符合公司的业务发展目标。

2.报告期内,发行人的货运业务中存在挂靠经营模式。发行人的货运业务起始于挂靠经营,该模式对发行人货运业务的逐步开展、扩大起到积极作用。由于发行人挂靠货车的管理模式与公司化经营模式不符,货车挂靠经营也不符合发行人未来的业务发展目标,因此自 2009 年 1 月起,发行人调整货运发展战略,逐步扩大自营车经营规模,在不新增挂靠车辆的同时,采取积极措施逐步清理挂靠车辆。2010 年 3 月,发行人转让了路路顺的股权,2010 年 9 月,注销了隆安运输。2011 年 2 月 17 日,为彻底清理货运挂靠,龙洲运输召开董事会审议通过《关于龙洲物流配送公司公开转让所持隆宇公司 100% 股权的议案》和《关于隆源公司公开转让所持富达公司 100% 股权的议案》,拟通过公开挂牌的方式将存在挂靠经营形式的隆宇运输、富达运输的股权进行转让,2011 年 2 月 26 日,富达运输、隆宇运输进入挂牌出让程序,已有货运公司表达了收购意向。待上述两家公司的股权转让后,发行人的货运业务将不再存在挂靠经营模式,完全实现公司化经营,对本次发行上市不存在不利影响。

总结:

发行人的现行生产经营模式应当与其业务发展目标相一致。

二 发行人是否签署业务受限文件

中介机构应当注意发行人此前是否出具或签署过关于业务限制的法律文件,并论证该等法律文件对发行人业务发展目标的影响。

案例 2:中农立华生物科技股份有限公司(股票简称:中农立华,股票代码:603970.SH)

【关注问题】

关于《避免同业竞争协议》的相关约定。

供销集团、中农集团、上海中农、中农立华和中农联合于 2015 年 6 月 30 日签署了《避免同业竞争协议》。其中约定:“中农立华及其子公司:(1)只从事包括农药原药,中间体贸易,农药制剂的分装、加工(其中农药制剂加工只从事以国外或外资合作农药企业原药为基础的复配制剂的加工)和销售在内的主营业务,兼营农药机械;

(2)不得从事农药原药的生产以及以内资农药企业原药为基础的自有品牌的农药制剂的复配加工。”

请发行人补充说明并披露:上述相关协议约定发行人及其子公司“不得从事农药原药的生产以及以内资农药企业原药为基础的自有品牌的农药制剂的复配加工”的合理性,是否限制了发行人未来的商业机会,是否不利于保护发行人首次公开发行后的公众股股东的利益。

【披露信息】

……根据发行人提供的资料及其说明,并经发行人律师核查,中农联合是农药生产商,具备自产自销能力,复配业务属于其生产环节之一;发行人是农药流通服务商,其子公司天津立华的复配业务属于其对国外农药厂商的配套服务;双方复配业务的定位、服务对象均不相同。为进一步避免和消除双方的潜在利益冲突,供销集团、中农集团、上海中农、中农立华和中农联合于2015年6月30日签署了《避免同业竞争协议》,约定发行人及其子公司“不得从事农药原药的生产以及以内资农药企业原药为基础的自有品牌的农药制剂的复配加工”。因此,该等约定不会对发行人目前的业务构成不利影响,具有合理性。

(一)《避免同业竞争协议》相关约定不会限制发行人未来的商业机会

1. 符合发行人的业务发展目标,“农药原药生产和制剂复配”并非发行人的业务发展方向

根据《招股说明书》的记载,发行人在未来三年的总体发展目标是:进一步巩固现有的供应商资源和销售服务网络优势;进一步完善包括“作物健康解决方案”、高效植保机械、精准施药服务、农产品安全可追溯系统在内的植保服务体系;构建以数据分析和信息技术为支撑的现代化农药信息服务平台。因此,“农药原药生产和制剂复配”并非发行人的业务发展方向。

2. 公司农药制剂复配相关的收入规模很小

根据发行人提供的资料、《招股说明书》的记载及发行人的说明,发行人为国外合作农药厂商提供制剂分装、复配配套服务,在降低产品采购成本,缩短供货时间,提高与国际合作农药厂商的依存度与合作深度,从而实现双赢方面发挥了重要作用。由于该等业务仅限于配套服务之目的,2014~2016年,公司来源于复配业务的收入分别为4973.94万元、7276.93万元和8122.24万元,占公司当期营业收入的比例分别为1.73%、2.25%和2.39%,占比较小,对发行人整体业务的重要性较低。

3.农药流通市场拥有广阔的发展空间

《农药工业年鉴(2014 年版)》、《农药工业年鉴(2015 年版)》和《农药工业年鉴(2016 年版)》中的数据显示,2013 年、2014 年和 2015 年我国农药行业(包括农药原药与农药制剂)的销售额分别为 2812.60 亿元、3008.41 亿元和 3107.20 亿元,以此计算,发行人 2013 年、2014 年和 2015 年的市场占有率分别为 0.88%、0.96% 和 0.90%。

因此,在农药流通市场,发行人拥有广阔的发展空间。

(二)《避免同业竞争协议》相关约定不会对公众股股东利益的保护造成不利影响

根据《避免同业竞争协议》的约定,发行人及其子公司"不得从事农药原药的生产以及以内资农药企业原药为基础的自有品牌的农药制剂的复配加工"的约定是避免和消除发行人与中农联合的同业竞争的切实可行的措施之一;与之相对应,中农联合及其子公司,"(1)只从事农药研发、农药原药、农药制剂以及中间体的生产以及自产产品的销售;(2)不再经营、销售非自产的农药原药、农药制剂以及中间体"。

因此,上述协议中权利义务关系对等的业务安排,旨在进一步明确发行人与中农联合各自的业务定位及发展方向,并有利于防止发行人与中农联合之间产生利益冲突,不会对本次发行后的公众股股东的利益造成不利影响。

总结:

发行人此前签署的协议或出具的承诺应当符合其业务发展目标,不得出现限制发行人未来商业机会的情形。

三 关于发行人业务信息披露的准确性

在招股说明书中披露发行人的业务发展目标应当采取审慎态度,避免对投资者的投资决策造成重大误导。

案例 3:浙江中晶科技股份有限公司(股票简称:中晶科技,股票代码:003026.SZ)

【关注问题】

《补充反馈意见》问题 1:"……(11)在国内,仅有少数厂商具备 8 英寸硅片量产能力,发行人尚不具备 8 英寸硅片专利,无 8 英寸硅片在研项目,目前无一例在手订单或意向性订单，未进入任何厂商8英寸硅片认证体系，仅凭其下游客户设有8英寸产线，发行人向其了解了8英寸硅片的产品参数就披露具备8英寸硅片的市场基础是否合适？发行人披露自己已具备8英寸硅片技术条件和市场基础是否合适？关于公司对未来业务的定位和发展预期请在业务发展目标章节披露，关于现有业务的披露请遵循客观、谨慎原则。请保荐机构及发行人律师对上述事项进行核查并就信息披露是否真实、准确、完整发表意见。”

【披露信息】

……

发行人的未来定位已在招股说明书“第十二节　业务发展目标”之“四、公司发展计划和公司现有业务的关系”中披露：“公司将以本次发行新股和上市为契机，以公司发展战略为导向，通过募集资金投资项目的顺利实施，在巩固分立器件用硅研磨片行业地位的前提下，未来将加大产品深加工，提升半导体单晶硅抛光片的研发和制造能力，拓展高端分立器件和集成电路用硅材料市场，进一步深挖细分领域产品应用，开发新的增长点，推进公司主营业务持续、健康、快速发展。”发行人的发展预期已在招股说明书“第十二节　业务发展目标”之“四、公司发展计划和公司现有业务的关系”中披露：“上述业务发展计划是在发行人现有业务的基础上，通过对公司所在行业的发展的分析和预测，结合其行业地位，充分考虑本公司的产品、技术、管理、人才等各方面条件，按照公司发展战略目标而提出的。公司的发展计划是对现有半导体单晶硅研磨片业务的进一步发展，并向现有产品深加工抛光片领域进行延伸，将充分利用公司现有在单晶硅晶体生长、硅片成型领域的技术积累及硅片抛光环节深加工的技术储备，满足现有客户群体对半导体单晶硅研磨片和抛光片的需求，同时进一步丰富公司产品，提升公司在技术、管理、销售等环节的业务能力，拓展高端分立器件和集成电路各个细分领域的市场，实现主营业务不断增长，提升公司在半导体硅材料领域的市场地位和核心竞争力。”

发行人律师通过搜索半导体行业相关公开网络文献，查阅中国半导体行业协会、中国电子材料行业协会、SEMI等发表的文章说明，获取中国电子材料行业协会半导体材料分会出具的说明，审阅发行人同行业及上下游公司公开发布的数据、资料并访谈发行人总经理、销售负责人等对发行人主营业务的相关情况进行核查。

发行人律师认为，发行人业务相关内容的信息披露真实、准确、完整。

总结：

发行人的业务发展目标的披露应当真实、准确、完整，并遵循客观、谨慎原则。

第十九章 发行人的重大诉讼、仲裁或行政处罚

根据《首次公开发行股票注册管理办法》《监管规则适用指引——发行类第4号》等相关法律法规之规定，发行人应当具有直接面向市场独立持续经营的能力，不存在涉及主要资产、核心技术、商标等的重大权属纠纷，重大偿债风险，重大担保、诉讼、仲裁等或有事项，经营环境已经或者将要发生重大变化等对持续经营有重大不利影响的事项。

第一节 查验程序

一、查验文件

1. 查验发行人及其控股子公司，持有发行人5%以上股份的主要股东，发行人的实际控制人、董事、监事、高级管理人员及核心技术人员在报告期内发生或者虽然发生在报告期外但仍对发行人产生较大影响以及尚未了结的或可预见的诉讼或者仲裁案件，并取得关于上述主体是否存在尚未了结的或可预见的重大诉讼、仲裁及行政处罚案件的说明；如存在，应提供案件说明、起诉状、仲裁申请书、判决书、裁定书等全部相关文件。

2. 查询发行人及其控股子公司、持有发行人5%以上股份的股东的住所地、主要经营地、主要客户所在地以及发行人的实际控制人、董事、监事、高级管理人员及核心技术人员的户籍所在地或经常居住地的司法机关公告信息。

3. 通过中国裁判文书网、中国检察网、中国市场监管行政处罚文书网、信用中国

等网站查询上述主体的相关诉讼、仲裁及行政处罚案件情况。

4. 就发行人及其控股子公司，持有发行人5%以上股份的主要股东，发行人的实际控制人、董事、监事、高级管理人员及核心技术人员可能涉及的重大诉讼、仲裁及行政处罚案件，对发行人及其控股子公司的办公室主管人员、法务主管人员、邮件收发人员、常年法律顾问等进行访谈，并制作访谈笔录，同时应查验发行人及其控股子公司的用印情况，并制作查验记录。

5. 向主管发行人的工商、税务、土地、房产、环保、质量监督、安全生产、海关等相关政府主管部门询证并书面确认，取得确认发行人及其控股子公司、分支机构在报告期内合法经营，不存在受到重大行政处罚情形的证明文件原件。

6. 核查过程中如发现异常情况，应向发行人及其控股子公司的住所地、主要经营地、主要客户所在地以及发行人的实际控制人、董事、监事、高级管理人员及核心技术人员的户籍所在地或经常居住地的法院、仲裁委员会、行政主管机关、公安机关发出函证并取得其回执，或直接走访并制作访谈笔录或查验记录。

二 查验要点

1. 发行人及其控股股东和实际控制人，持有发行人5%以上股份的主要股东，发行人的控股子公司，发行人的董事、监事、高级管理人员和核心技术人员等是否存在对发行人股权结构、生产经营、财务状况、未来发展等可能产生较大影响的诉讼或仲裁事项；是否存在报告期内发生或者虽然发生在报告期外但仍对发行人产生较大影响以及尚未了结的或可预见的诉讼或者仲裁；是否存在涉及主要产品、核心商标、专利、技术等方面，以及可能对发行人生产经营造成重大影响，或者有可能导致发行人的实际控制人变更，或者其他可能导致发行人不符合发行条件的诉讼或仲裁事项。具体查验上述案件的受理情况和基本案情，诉讼或者仲裁请求，判决、裁决结果及执行情况，是否构成本次发行的实质法律障碍。

2. 如发行人从事业务需要取得必要资质，则未取得相关资质或超资质经营是否属于重大违法违规行为，是否构成本次发行的实质法律障碍。

3. 如发行人在报告期内曾违反工商、税务、土地、房产、环保、质量监督、安全生产、海关等政府部门的相关法律、行政法规，受到行政处罚，是否构成重大违法违规行为。

4. 如发行人的房屋、土地、知识产权等财产涉及未决诉讼，是否对发行人的生产经营和持续盈利能力构成重大不利影响，是否构成本次发行的实质法律障碍。

5. 如发行人及其董事、监事、高级管理人员及核心技术人员涉及商业贿赂案件，是否能够合理保证生产经营的合法性，是否构成重大违法违规行为，是否构成本次发行的实质法律障碍。

第二节　诉讼、仲裁及行政处罚相关案例

一　涉及未决诉讼

《首次公开发行股票注册管理办法》第 12 条规定："发行人业务完整，具有直接面向市场独立持续经营的能力：

……

（三）不存在涉及主要资产、核心技术、商标等的重大权属纠纷，重大偿债风险，重大担保、诉讼、仲裁等或有事项，经营环境已经或者将要发生重大变化等对持续经营有重大不利影响的事项。"

《监管规则适用指引——发行类第 4 号》对发行人的诉讼或仲裁事项的核查和信息披露作出了相关规定，保荐机构和发行人律师应在提出明确依据的基础上，充分论证该等诉讼、仲裁事项是否构成本次发行的法律障碍并审慎发表意见。

因此，当拟上市公司涉及未决诉讼时，对于未决诉讼应当进行审慎核查、充分披露，未决诉讼并非当然构成公司发行上市的实质障碍，关键之处在于未决诉讼是否会实质性地影响公司的持续经营或控制权。

案例 1：无锡市德科立光电子技术股份有限公司（股票简称：德科立，股票代码：688205. SH）

【关注问题】

结合发行人与原告方签订的《投资合同》，说明案件涉及的用于出资的具体资产内容是否已完整转移至鸿图微电子，是否涉及发行人的主要资产及核心技术；该案

件最新的进展状况，若发行人败诉被认定构成抽逃出资，是否会受到行政主管机关的罚款处罚及是否构成重大违法违规行为，诉讼案件对发行人财务状况可能造成的影响，是否可能构成本次发行的实质障碍。

【披露信息】

根据公开披露的资料，江苏火炬创业投资有限公司起诉德科立2012年投资参股鸿图微电子时存在抽逃出资的情况，原告方要求德科立承担损害股东利益的违约责任，赔偿损失2828万元及相关诉讼费、保全费。目前案件处于审理阶段。

中介机构结合涉案《投资合同》，说明案件涉及的用于出资的具体资产内容已完整转移至鸿图微电子，且德科立已获得验资证明等材料确定出资已全部到位，不构成抽逃出资的行为已有生效判决认定。本案不涉及德科立的主要资产及核心技术的权属纠纷，案件所诉事项发生的时间较早，且在此期间德科立已历经多次控制权变更，德科立现有实际控制人未主导或参与该事项。

案例2：三博脑科医院管理集团股份有限公司（股票简称：三博脑科，股票代码：301293.SZ）

【关注问题】

补充披露医疗事故、纠纷的具体情况，包括但不限于产生背景、发展过程、有无人员伤亡、有无医疗诉讼纠纷，是否引发重大社会媒体关注，是否受到行政处罚，是否构成重大违法违规；补充披露出现医疗事故、药品安全事故导致人员伤亡、出现医疗纠纷或者被行政处罚时，是否面临民事赔偿责任、行政处罚或刑事责任，是否存在向客户或第三方赔偿的风险，与上游医疗设备、药品供应商间的法律责任划分情况，是否有向上游供应商索赔的权利。

【披露信息】

根据公开披露的信息，报告期内三博脑科处理完成医疗纠纷74起，赔付金额合计约1409.18万元，收到医疗责任险理赔金额合计641.77万元。截至报告期末，三博脑科共有24起尚未结案的医疗纠纷。

中介机构经核查后披露了上述医疗事故、纠纷的具体情况，包括医疗诉讼、行政处罚的情况及其进展，预计赔偿金额、计提相关损失的情况，以及出现医疗事故、药品安全事故导致人员伤亡、出现医疗纠纷或者被行政处罚时，是否面临民事赔偿责任、行政处罚或刑事责任，是否存在向客户或第三方赔偿的风险等，并补充说明了发生医疗纠纷的原因及合理性。

总结：

发行人若存在未决诉讼，应披露未决诉讼的背景原因及进展情况，明确该诉讼不属于关于发行人主要资产、核心技术、商标等的重大权属纠纷，论述其对发行人持续经营不会产生重大不利影响，不会对本次发行上市构成实质性法律障碍。

二 涉及商业贿赂

《首次公开发行股票注册管理办法》第 13 条规定："发行人生产经营符合法律、行政法规的规定，符合国家产业政策。

最近三年内，发行人及其控股股东、实际控制人不存在贪污、贿赂、侵占财产、挪用财产或者破坏社会主义市场经济秩序的刑事犯罪，不存在欺诈发行、重大信息披露违法或者其他涉及国家安全、公共安全、生态安全、生产安全、公众健康安全等领域的重大违法行为。

董事、监事和高级管理人员不存在最近三年内受到中国证监会行政处罚，或者因涉嫌犯罪正在被司法机关立案侦查或者涉嫌违法违规正在被中国证监会立案调查且尚未有明确结论意见等情形。"

商业贿赂与上述关于合规经营的上市条件相悖，且影响到公司的盈利能力、持续经营能力以及财务数据的真实性，属于 IPO 的审核重点。

案例 3：力合科技（湖南）股份有限公司（股票简称：力合科技，股票代码：300800. SZ）

【关注问题】

因涉嫌商业贿赂被解除劳动合同的有关人员目前的持股情况，说明目前还持股的原因（如有）；被解除劳动合同的人员目前的任职情况，是否还在发行人处领取薪酬；报告期内发行人及其相关员工是否存在涉嫌商业贿赂的行为，是否因商业贿赂受到行政处罚；发行人是否健全了各项内控制度。请保荐机构、律师核查并发表核查意见。

【披露信息】

根据公开披露的资料，力合科技的主营业务为环境监测系统的研发、生产和销售及运营，公司主要通过招投标方式向政府及事业单位进行产品销售。力合科技在

2010～2014年曾多次涉及行贿案件，其中一名参与行贿的人员为公司的创始股东之一，甚至公司也因涉嫌单位行贿罪被立案侦查。力合科技曾于2017年申请主板IPO，证监会发审委就其管理层涉嫌行贿要求力合科技进一步说明，并且未通过其上市申请。2019年11月，力合科技在科创板成功上市，本次IPO申请中力合科技披露了前次IPO涉及案件目前的状态以及因涉嫌商业贿赂被解除劳动合同的有关人员目前的持股、任职情况，解释说明公司的销售费用与业务模式相匹配并已健全了各项内控制度。

案例4：爱威科技股份有限公司（股票简称：爱威科技，股票代码：688067.SH）

【关注问题】

发行人是否存在体外承担费用、利益输送或商业贿赂的情形。

【披露信息】

根据公开披露的资料，爱威科技是一家主营业务为医疗临床检验分析仪器及配套体外诊断试剂、医用耗材的研发、生产、销售和服务一体化的高新技术企业。公司在业务经营中将部分试剂和试纸条作为随机配件，主要目的是用于仪器装机调试、给予经销商和升级换机订单让利。

中介机构通过核查发行人与经销商之间的业务合同，说明用于仪器装机调试和给予经销商和升级换机订单让利分别对应的数量、金额，装机调试耗用量与仪器台数的匹配度以及给予经销商和升级换机订单让利对应的金额占上述经销商和升级换机订单金额的比例，并通过访谈发行人的业务人员以及主要经销商，取得发行人及其董事、监事、高级管理人员的承诺声明以及相关行政单位的无违规证明并进行网络核查，论证不存在商业贿赂的情形。

总结：

上市发行审核过程中，若监管机构注意到发行人可能存在商业贿赂、利益输送情形，应核查发行人及其实际控制人、董事、监事、高级管理人员等相关主体与交易方之间的业务合同、资金流水情况以及发行人的业务规模与销售费用的匹配程度等，取得发行人及其实际控制人、董事、监事、高级管理人员等相关主体出具的承诺声明以及相关行政单位出具的无违规证明，结合在公开信息渠道进行网络核查的结果，论证发行人不存在商业贿赂的情形，并建立完善有关反商业贿赂的制度。

三 涉及行政处罚

《首次公开发行股票注册管理办法》第 13 条规定:“发行人生产经营符合法律、行政法规的规定,符合国家产业政策。

最近三年内,发行人及其控股股东、实际控制人不存在贪污、贿赂、侵占财产、挪用财产或者破坏社会主义市场经济秩序的刑事犯罪,不存在欺诈发行、重大信息披露违法或者其他涉及国家安全、公共安全、生态安全、生产安全、公众健康安全等领域的重大违法行为。

董事、监事和高级管理人员不存在最近三年内受到中国证监会行政处罚,或者因涉嫌犯罪正在被司法机关立案侦查或者涉嫌违法违规正在被中国证监会立案调查且尚未有明确结论意见等情形。”

《证券期货法律适用意见第 17 号》第 3 条规定:“《首次公开发行股票注册管理办法》第十三条规定,最近三年内,发行人及其控股股东、实际控制人不存在‘其他涉及国家安全、公共安全、生态安全、生产安全、公众健康安全等领域的重大违法行为’。现提出如下适用意见:

(一)涉及国家安全、公共安全、生态安全、生产安全、公众健康安全等领域的重大违法行为是指发行人及其控股股东、实际控制人违反相关领域法律、行政法规或者规章,受到刑事处罚或者情节严重行政处罚的行为。

有以下情形之一且中介机构出具明确核查结论的,可以不认定为重大违法行为:

1. 违法行为轻微、罚款数额较小;

2. 相关处罚依据未认定该行为属于情节严重的情形;

3. 有权机关证明该行为不属于重大违法。

违法行为导致严重环境污染、重大人员伤亡或者社会影响恶劣等并被处罚的,不适用上述规定。

(二)发行人合并报表范围内的各级子公司,如对发行人主营业务收入或者净利润不具有重要影响(占比不超过百分之五),其违法行为可不视为发行人本身存在重大违法行为,但相关违法行为导致严重环境污染、重大人员伤亡或者社会影响恶劣等的除外。

如被处罚主体为发行人收购而来,且相关处罚于发行人收购完成之前已执行完毕,原则上不视为发行人存在重大违法行为。但发行人主营业务收入和净利润主要来源于被处罚主体或者相关违法行为导致严重环境污染、重大人员伤亡或者社会影响恶劣等的除外。

(三)最近三年从刑罚执行完毕或者行政处罚执行完毕之日起计算三十六个月。

(四)保荐机构和发行人律师应当对发行人及其控股股东、实际控制人是否存在上述事项进行核查,并对是否构成重大违法行为及发行上市的法律障碍发表明确意见。"

结合上述规定,IPO 审核中对行政处罚的审查采用的是"重大违法行为"原则,发行人需要就最近 36 个月内受到的行政处罚论证其不属于发行条件所禁止的"重大违法行为",否则将可能因不符合发行条件而对拟上市公司的 IPO 产生实质性影响。

案例 5:湖南艾布鲁环保科技股份有限公司(股票简称:艾布鲁,股票代码:301259.SZ)

【关注问题】

申报材料显示,发行人报告期内受到多项行政处罚,涉及污水处理站超标排放、无证开展项目施工等。请发行人披露发生上述违法违规的原因,污水处理站是否存在技术不达标问题;针对上述违法违规行为在公司内部控制方面的改进情况,是否已通过政府主管部门的验收或确认,能否有效杜绝该类事件再次发生。

请保荐人、发行人律师发表明确意见,说明发行人内部控制制度是否健全且被有效执行,生产经营是否符合法律法规的相关规定,上述事项是否构成本次发行上市的法律障碍。

【披露信息】

发行人因负责建设的污水处理二厂渣库排口废水中的总锰、氨氮超标等情形,违反了《水污染防治法》(2008 年)第 9 条的规定,分别于 2017 年 5 月 23 日、2017 年 8 月 10 日收到了花垣县环境保护局出具的《行政处罚决定书》(花环罚字〔2017〕14 号、花环罚字〔2017〕19 号),分别被处以罚款人民币 28,975.00 元和 99,392.00 元。

发行人因涟溪河污水处理站和长龙界污水处理站废水排放口外排废水中重金属锑超标等情形,违反了《环境保护法》(2016 年)第 42 条第 4 款,《水污染防治法》(2008 年)第 9 条、第 21 条第 2 款的规定,于 2017 年 5 月 25 日收到了冷水江市环境保护局出具的《行政处罚决定书》(冷环罚字〔2017〕21 号),被处以罚款 1540 元并被责令改正违法行为。

除上述情形外,发行人还曾因管理不到位、违法建设行为被张家界市永定区住房和城乡建设局、宁远县住房和城乡规划建设局处以行政处罚。中介机构详细披露了发行人在报告期内受到的上述相关行政处罚的具体情况以及发行人的整改措施,取得了政府主管部门出具的相关证明文件,并论述发行人已针对上述违法违规行为在公司内部控制方面进行了改进和完善,且报告期内发行人未再因此类事件受到政府部门的行政处罚。

案例 6:宁波震裕科技股份有限公司(股票简称:震裕科技,股票代码:300953.SZ)

【关注问题】

申报不实的出口报关退税率差异等的核查情况。

【披露信息】

根据公开披露的资料,2016 年 11 月 2 日,中华人民共和国上海浦江海关(以下简称浦江海关)出具了编号为“沪浦关缉违字〔2016〕52 号”的《行政处罚决定书》。公司在 2013 年 8 月 1 日至 2015 年 5 月 28 日,向海关申报出口一般贸易项下铁芯级进模具、级进模具、铁芯冲压模具 66,503 千克。经海关审查后,其申报商品的编号不符合规定,影响国家出口退税管理,属于违反海关监管规定的行为。浦江海关决定对公司作出罚款人民币 183,000 元的行政处罚。根据公司上述行为的性质,浦江海关认定上述违规行为符合《行政处罚法》(2009 年)第 27 条第 1 款第 4 项的规定,即当事人有其他依法从轻或减轻行政处罚的情形的,应当依法从轻或者减轻行政处罚,因此,浦江海关依据《海关法》《行政处罚法》《海关行政处罚实施条例》的相关规定作出了罚款 183,000 元的行政处罚。

中介机构通过核查确认出口报关错误的原因为公司相关工作人员的工作疏忽以及理解歧义而导致的编码申报错误,并非主观恶意骗取出口退税。且公司对于错误编码的出口退税额进行了冲回,以正确税率重新申报的义务已履行完毕。在受到行政处罚后,公司制定了《关于进一步规范进出口商品编码申报管理制度》,加强了业务人员对于进出口报关的培训与学习,并取得了海关主管部门的合规证明。

总结:

发行人在报告期内若存在受到行政处罚的情形,应及时对违法违规行为进行整改,制定或完善相应制度以避免再次发生违法违规行为,同时真实、准确、完整地披露报告期内存在的行政处罚事项，说明行政处罚是否对发行人造成较大影响（罚金占当期主营业务收入之比例、是否产生不良社会影响等），并取得政府主管部门关于该违法违规行为不属于重大违法违规行为的证明，论证该等行政处罚不属于重大行政处罚，不会构成本次发行上市的法律障碍。

第二十章 发行人的劳动、社保和住房公积金

根据《监管规则适用指引——法律类第2号:律师事务所从事首次公开发行股票并上市法律业务执业细则》第58条的规定,律师应当查验报告期内发行人的劳动保护情况,是否与员工签订劳动合同,是否依法为员工缴纳社会保险和住房公积金,是否因违反有关劳动保护的法律法规而受到有关部门的行政处罚,是否构成重大违法行为。因此需要对发行人报告期内的用工情况以及社会保险、公积金缴纳是否合法合规进行尽职调查,并在上市申报时发表明确的法律意见。

第一节 查验程序

一 查验文件

1. 发行人报告期每期末的员工花名册以及报告期内的员工工资表;

2. 发行人的员工劳动合同、保密协议、竞业禁止协议及其他相关文件;

3. 发行人的劳务派遣人员名册、与劳务派遣机构签署的劳务派遣合同、劳务派遣费用支付明细及银行凭证、劳务派遣方的资质证书;

4. 发行人与劳务外包机构签署的劳务外包协议、劳务外包人员名册、劳务外包费用支付明细及银行凭证、劳务外包方的资质证书(如有)、外包方对外包人员的管理制度/规定文件(如有);

5. 发行人现有的员工人事管理制度文件(考勤、晋升、员工福利、安置等劳动用工管理制度文件)、特殊岗位劳动保护的相关制度文件(如有);

6. 发行人当地关于社会保险、住房公积金缴纳的政策文件;

7. 发行人当地的社会保险主管部门出具的社保缴纳明细表、缴纳凭证;

8. 发行人当地的住房公积金主管部门出具的公积金缴纳明细表、缴纳凭证;

9. 发行人关于社会保险和住房公积金缴纳情况的书面说明;

10. 发行人员工关于自主缴纳社会保险和住房公积金的声明与承诺(如有);

11. 控股股东及实际控制人关于社会保险、住房公积金缴纳的承诺;

12. 发行人当地的社会保险、住房公积金主管部门就发行人报告期内社会保险、住房公积金缴纳情况出具的无违规证明;

13. 发行人关于劳动争议产生的仲裁或诉讼的相关文件及情况说明;

14. 通过中国裁判文书网、中国法院网、中国执行信息公开网等公示网站,核查发行人与相关员工之间是否存在关于用工、社保公积金缴纳的诉讼纠纷。

二 查验要点

1. 发行人是否与所有员工均依法签订了劳动合同及其他相关文件,以及该等文件的形式和内容是否符合相关法律法规的规定。

2. 发行人是否采用劳务派遣及劳务外包的用工方式,采用前述用工方式是否符合相关法律法规的规定,包括各期劳务派遣的人数及占比是否合法、是否仅在临时性和辅助性或者替代性的工作岗位上使用被派遣劳动者、劳务外包内容是否涉及发行人关键生产工序及核心技术、劳务派遣方或劳务外包方是否具备相应资质、是否系以劳务外包规避劳务派遣等。

3. 劳务派遣机构、劳务外包公司是否专门或主要为发行人服务,与发行人是否存在关联关系,定价是否公允。

4. 发行人报告期内是否存在大量非全日制员工及其原因、合理性。

5. 相关劳务公司经营的合法合规性等情况,是否具备必要的专业资质。

6. 发行人与员工之间是否存在重大劳动仲裁或诉讼等。

7. 发行人及其子公司是已开立社会保险、住房公积金账户,是否为员工合法缴纳社会保险、住房公积金,已缴纳社会保险的种类。

8. 报告期内是否存在应缴未缴社会保险和住房公积金的情形及其原因,发行人报告期内是否存在委托第三方代缴社会保险、住房公积金的情形。

9. 发行人如需补缴或者全员缴纳社会保险、住房公积金对发行人经营业绩及发行人持续经营可能造成的影响。

10. 发行人应缴未缴社会保险和住房公积金的情形是否属于重大违法行为。

11. 发行人报告期内是否存在因违反劳动用工、社会保险、住房公积金相关法律法规受到主管部门行政处罚的情况，是否构成重大违法行为。

第二节　劳动、社保和住房公积金相关案例

一、发行人报告期内存在劳务派遣用工、劳务外包情形的案例

IPO 审核过程中，审核机构往往要求发行人披露报告期内劳务派遣用工的情况，包括发行人使用劳务派遣员工的岗位、工作内容、工作期限、社保公积金缴纳情况及派遣单位资质、是否与发行人存在关联关系，用工人数是否符合《劳务派遣暂行规定》，是否存在因劳务派遣引起的纠纷或潜在纠纷，是否存在重大违法行为等风险。

根据深交所发布的《深圳证券交易所股票发行上市审核业务指南第 3 号——首次公开发行审核关注要点》的关注要点"27 - 2""是否存在最近一个会计年度及最近一期劳务外包占比较高的情形，如超过 10%"的核查要求，在展开尽职调查的过程中，应充分关注以下问题："(1)劳务外包金额较大的原因、是否符合行业经营特点；(2)获取报告期各期劳务外包金额及占当期营业成本比例、劳务外包人数及占当期发行人员工人数比例；(3)劳务公司的经营是否合法合规，是否专门或主要为发行人服务，与发行人是否存在关联关系；(4)劳务公司是否存在较大变动，劳务费用定价是否公允，是否存在跨期核算情形，劳务数量及费用变动是否与发行人经营业绩相匹配。"

因此，在申报过程中，律师应注意对发行人采取劳务派遣、劳务外包用工模式涉及的重点审核关注问题进行核查并发表明确结论，如发行人存在问题则需要根据相关法规及审核要求协助发行人予以规范。

案例1:河南皓泽电子股份有限公司(创业板上市委审核通过,简称:皓泽电子)

【关注问题】

报告期内劳务派遣人数曾违反《劳务派遣暂行规定》的规定是否存在行政处罚风险及对发行人的相关影响。

【披露信息】

根据皓泽电子公开披露的资料,报告期各期末,发行人的劳务派遣人数分别为413人、881人、0人、0人,2018年、2019年年末劳务派遣人数占用工总量的36.74%、52.28%,超出了《劳务派遣暂行规定》规定的10%;截至2020年9月30日,发行人已无劳务派遣人员,将原属于河南正邦人力资源有限公司的部分原派遣员工转变为向发行人提供劳务外包服务的人员,并与劳务外包供应商淮安优雇服务外包有限公司签署了劳务外包合同;报告期内,发行人主要接受淮安优雇和清旭劳务这两家公司提供的劳务外包服务。《审核问询函》要求说明报告期内劳务派遣人数曾违反《劳务派遣暂行规定》,是否存在行政处罚风险及对发行人的相关影响。发行人回复如下:

根据相关规定,用人单位使用的被派遣劳动者的数量超过其用工总量的10%的,先由劳动行政部门责令限期改正,逾期不改正的,存在行政处罚风险。

发行人于2020年9月对劳务派遣不合规的情况进行了整改。经核查,发行人不存在因违反有关劳动用工的法律、法规受到处罚的情形;同时发行人所在地的孟州市人力资源和社会保障局出具了《证明》,确认发行人已于2020年10月1日前将派遣比例降至法律法规规定的要求,不构成重大违法违规情形,对发行人2017年1月至2020年9月劳务派遣比例未完全达标的情况将不予处罚。发行人已不存在被行政机关责令限期改正的事由,不存在受到行政处罚的风险。

案例2:安徽巨一科技股份有限公司(股票简称:巨一科技,股票代码:688162.SH)

【关注问题】

劳务外包供应商经营的合规情况,是否具备相应资质,是否专门或主要为发行人服务,是否与发行人及其关联方存在关联关系,有无业务、资金往来,劳务外包的定价依据及公允性;劳务关系实质上是否属于劳务派遣,是否存在以劳务外包规避劳务派遣的情形;劳务外包人员的具体工作内容,劳务外包是否涉及关键生产工序及核心技术,是否存在泄密风险;报告期内劳务外包金额大幅上升的原因及合理性,与发行人的业务规模是否匹配。

【披露信息】

根据巨一科技公开披露的资料，巨一科技存在将部分设计、安装调试等工作外包给供应商实施的情况，报告期内外包业务金额分别为 3064.26 万元、5983.3 万元、7611.21万元、3158.14 万元。《审核问询函》要求说明的问题及发行人的回复情况如下：

（一）劳务外包公司是否具备相应资质，是否专门或主要为发行人服务，是否与发行人及其关联方存在关联关系，有无业务、资金往来，劳务外包的定价依据及公允性

1. 劳务外包公司是否具备相应资质

根据发行人的回复文件，发行人智能装备整体解决方案业务中将部分工作内容简单重复、工作量大、替代性较强的设计、安装调试等工作外包给供应商完成。公司劳务供应商提供相关劳务服务，无须具备特殊资质或其他业务许可，符合其经营范围。

2. 劳务外包公司是否专门或主要为发行人服务

发行人的劳务供应商成立之初便承接劳务外包业务，业务规模相对较小，随着公司业务规模扩张劳务需求量增大，劳务供应商将巨一科技作为重点客户。

3. 劳务外包公司是否与发行人及其关联方存在关联关系，有无业务、资金往来

公司的主要劳务供应商为公司及其子公司提供劳务外包服务，除此之外，与公司及其关联方不存在关联关系，不存在其他业务、资金往来。

4. 劳务外包的定价依据及公允性

根据发行人与劳务供应商签订的合同，发行人的劳务合同结算模式分为按模块整包或者按照工时结算。

采取模块整包结算模式的，发行人采取询价的方式，至少选择三家劳务供应商，经公司内部审批流程择优选择供应商，结算价格公允。

采取工时结算模式的，发行人不定期与供应商进行谈判并结合当地同类别工种的价格，确定劳务单价。在每阶段劳务用工结束后，根据工时统计表、约定单价与劳务供应商进行确认后结算。

发行人与劳务外包方的定价主要依据劳务外包方提供的劳务工作内容及市场价格，由双方协商确定，因此劳务外包的定价具有公允性。

（二）发行人劳务外包是否合法合规，各期劳务外包人员的人数及占比，上述劳务关系实质上是否属于劳务派遣，是否存在以劳务外包规避劳务派遣的情形

1.发行人劳务外包是否合法合规

报告期内，公司不存在因劳务外包采购而受到相关监管部门行政处罚的情况。公司依据《民法典》等法律法规，在平等、自愿、友好协商的基础上与劳务外包供应商签订相关劳务外包合同，相关协议为双方真实意思表示，不存在因违反法律规定导致协议无效的情形，由此形成的权利义务关系受到法律保护。

在双方合作过程中，公司按合同约定与劳务外包供应商定期结算费用，未曾因劳务外包事项与劳务外包供应商发生仲裁、诉讼或其他重大纠纷。公司与劳务外包人员不存在劳动合同关系，公司不承担劳务外包采购过程中的用工风险，与劳务外包人员之间亦不存在任何纠纷或潜在纠纷。发行人劳务外包合法合规。

2.各期劳务外包的人数及占比

劳务外包系公司根据实际需要直接向劳务外包供应商采购劳务服务，公司与劳务外包供应商签署劳务协议，由供应商安排人员完成公司指定的设计及安装、调试工作。公司根据具体项目情况与供应商约定结算方式，报告期内，公司的结算方式为按模块整包结算及按工时结算，其中按照模块整包结算的，人员由劳务供应商根据需求安排，公司无法准确计算其人员的数量。按照工时结算的，报告期各期公司劳务人员的数量占公司人员的比例分别为13.63%、27.01%、20.23%、22.12%、27.67%，与公司业务发展相匹配。

3.上述劳务关系实质上是否属于劳务派遣，是否存在以劳务外包规避劳务派遣的情形

根据《民法典》《劳动合同法》《劳动合同法实施条例》《劳务派遣暂行规定》等法律法规，劳务外包与劳务派遣在劳动合同关系、用工风险承担等方面存在的主要差异如表35所示：

表35 巨一科技劳务情况与法律法规对照

内容	劳务外包	劳务派遣	发行人相关业务核查情况
适用法律法规	《民法典》	《劳动合同法》《劳务派遣暂行规定》《劳务派遣行政许可实施办法》	—
合同形式及主要内容	签署劳务外包合同，一般主要约定劳务外包工作量及内容、完成期限、价款结算方式等	签署劳务派遣合同，一般主要约定派遣岗位和人员数量、派遣期限、劳动报酬和社会保险费的数额与支付方式等	发行人与劳务外包供应商签署劳务外包合同，劳动者与劳务外包供应商签订劳动合同
结算方式	按照劳务外包合同中约定的工作量或工作时长以及完成情况进行结算	实际用人单位按派出人员的数量、工资标准向劳务派遣单位支付劳务派遣服务费用	发行人与劳务外包供应商之间系按照劳务内容工作量或劳务内容单价、劳务时长以及完成情况进行结算
资质要求	无特殊资质要求	《劳务派遣经营许可证》；注册资本不得少于人民币200万元；有与开展业务相适应的固定的经营场所和设施；有符合法律、行政法规规定的劳务派遣管理制度；法律、行政法规规定的其他条件	向发行人提供劳务外包服务的供应商无须取得特殊经营资质
对劳动者的管理权限不同	劳务外包中，劳动者由劳务外包供应商自主招聘，直接管理，公司不对服务人员进行管理	劳务派遣中，用工单位对劳动者的劳动过程享有完整的指挥管理权，用工单位的各种规章制度适用于被派遣劳动者	劳务外包供应商负责对劳务外包人员进行工作分派及具体作业管理，发行人对具体工作过程中的工程质量及施工进度等进行监督

续表

内容	劳务外包	劳务派遣	发行人相关业务核查情况
适用岗位	主要以完成单个项目或完成固定工作量或工作时长要求为目标签署合同,不设置特定岗位	劳务派遣用工是补充形式,只能在临时性、辅助性或者替代性的岗位上使用,主要满足对特定岗位的用工需求	发行人出于项目生产需要,与劳务外包供应商签署劳务外包合同,约定主要以完成单个项目、完成固定工作量或工作时长要求为目标,周期较短,未设置特定岗位
用工责任	劳务外包供应商作为用人单位承担实际用工风险,如劳务外包工作人员发生工伤事故,由劳务外包供应商承担赔偿责任,通常情况下劳务采购方无须承担责任	用工单位承担实际用工风险,用工单位给被派遣劳动者造成损害的,劳务派遣单位与实际用工单位承担连带赔偿责任	发行人劳务外包过程中,劳务外包供应商承担劳务外包人员用工风险,与发行人无关
薪酬结算	劳务外包供应商自行发放劳务外包工作人员的工资,其工资水平由劳务供应商决定	劳务派遣员工的具体工资由实际用工单位决定和承担	发行人向劳务外包供应商支付劳务费用,劳务外包人员的工资由劳务外包供应商自行发放

综上,发行人劳务外包符合相关法律法规,发行人报告期内的上述劳务关系不属于劳务派遣,发行人不存在以劳务外包规避劳务派遣的情形。

(三)报告期内劳务外包金额大幅上升的原因及合理性,与发行人的业务规模是否匹配,是否存在跨期核算的情形,是否存在向非直接劳务外包对象的第三方进行付款的情形

报告期内,公司劳务外包费用整体呈上升趋势,主要原因是自2017年起,随着公司智能装备整体解决方案业务规模的上升,公司增加了相关劳务外包服务的采购,公司劳务外包金额的变动趋势与执行订单金额的变动趋势基本一致。报告期内,公司劳务外包金额与公司的业务规模基本匹配。

公司根据与劳务外包供应商确认的劳务结算单确认劳务外包费用,将实际发生的劳务费用归集至对应的项目成本,按照项目结转至对应的成本,不存在跨期核算的情形。公司不存在向非直接劳务外包对象的第三方进行付款的情形。

总结：

如发行人在报告期内存在劳务派遣用工形式，需遵守《劳务派遣暂行规定》的要求，派遣劳动者的数量不能超过其用工总量的10%，如超过前述比例则需要找所在地主管部门（人力资源和社会保障局）开具专项合规证明。如发行人在报告期内存在劳务外包用工形式，要注意外包生产环节是否需要生产主体及生产人员具备相应资质或获得相应许可，避免出现违规生产的情况。另外需核查外包公司与发行人及其关联方之间的关联关系，特别是在发行人是该外包公司的主要客户的情况下。要关注劳务外包的业务实质及合法合规情况，避免被审核部门认定为存在以劳务外包规避劳务派遣的情形。同时如果报告期内发行人劳务外包用工涉及金额较大且存在较大变动幅度，则需要注意报告期内劳务外包金额跟发行人业务规模的匹配性。

二 发行人社会保险和住房公积金未全员缴纳

IPO审核过程中，发行人的社会保险、住房公积金缴纳问题历来备受关注。全面注册制实施后，根据证监会发布的《监管规则适用指引——发行类第4号》中"4-16社保、公积金缴纳"的规定，发行人报告期内存在应缴未缴社会保险和住房公积金情形的，应当在招股说明书中披露应缴未缴的具体情况及形成原因，如补缴对发行人的持续经营可能造成的影响，揭示相关风险，并披露应对方案。保荐机构、发行人律师应对前述事项进行核查，并对是否属于重大违法行为出具明确意见。

在申报过程中，律师应注意对发行人的社会保险、住房公积金缴纳的合法合规情况以及未缴纳的原因进行调查分析，并提出规范建议。

案例3：金禄电子科技股份有限公司（股票简称：金禄电子，股票代码：301282.SZ）

【关注问题】

未缴纳住房公积金人数出现大幅上升的原因，相关内部控制制度是否健全。发行人的员工中未缴纳社保、公积金人数所占比例较高的情形，说明发行人是否存在受到行政处罚的风险，是否构成重大违法行为。

【披露信息】

根据金禄电子公开披露的资料，申报文件显示：2020年6月，发行人社保、公积金未缴纳人数约160人,较2019年年末出现大幅上升。2017年度发行人未缴纳社保人数为251人,未缴纳公积金人数为1049人。《审核问询函》要求说明的问题及发行人回复情况如下。

(一)说明发行人未缴纳住房公积金人数出现大幅上升的原因,相关内部控制制度是否健全

1. 未缴纳住房公积金人数出现大幅上升的原因

2020年6月末和2020年12月末公司未缴纳住房公积金人数出现大幅上升的原因系申请工作稳定后再购买住房公积金的员工人数增多。2020年受新冠疫情影响,部分新入职员工无法确定是否会长期在公司工作,而缴纳住房公积金后转移关系较为不方便,该部分员工表示希望公司暂不为其缴纳住房公积金,待其工作稳定之后再缴纳;该部分员工不愿意购买公积金与其临时性工作有关。截至2021年3月31日,在该部分未缴纳住房公积金的员工中除已离职员工外,公司已为其余全部员工缴纳了住房公积金。

2021年6月末,发行人的员工中因"本人申请工作稳定后购买"未购买公积金的人数大幅降低至4人,与2019年年末未发生疫情时未缴纳的人数相近。

发行人已为大部分符合条件的员工缴纳了社会保险和住房公积金,对发行人经营业绩的影响较小。

2. 相关内部控制制度是否健全

报告期内,公司已为大部分符合条件的员工缴纳了社会保险和住房公积金,未因违反社会保险、住房公积金方面的法律法规而受到行政处罚。

公司建立了完善的人力资源管理制度,制定了《人力资源管理程序》《员工培训管理制度》《员工招聘管理制度》《员工离职管理制度》等内控制度文件,公司在员工社保、公积金方面的内部控制制度健全并被有效执行。

(二)结合报告期初发行人的员工中未缴纳社保、公积金人数所占比例较高的情形,说明发行人是否存在受到行政处罚的风险,是否构成重大违法行为

2017年年末公司未缴纳社保人数为251人,未缴纳公积金人数为1049人,未缴纳社保、公积金人数所占比例较高的原因系公司2017年对员工社保、公积金缴纳的管理重视不够,存在不规范的情况,部分生产员工来自外地、具有农村户籍,自身购买社保、公积金的意愿也较弱。同时,公司也通过为该等员工提供宿舍等措施解决员工生活问题。公司在报告期内已逐步规范,为符合条件的员工缴纳了社保及公积金。

为避免公司因上述情况可能导致的经济损失,公司实际控制人李某林、周某出具了关于社会保险和住房公积金补缴风险的承诺,具体内容如下:"如金禄电子及其子公司因未及时、足额为员工缴纳社会保险、住房公积金事项而受到任何追缴、处罚或损失,本人将全额承担该等追缴、处罚或损失并承担连带责任,保证金禄电子及其子公司不因此遭受任何损失。"

申报文件显示,发行人已取得了所在地的人力资源和社会保障局、住房公积金管理中心等主管部门的合规证明,证明发行人不存在违反劳动人事、社会保险和住房公积金相关法律、法规规定或因违反该等规定受到行政处罚的情形。

案例 4:河南翔宇医疗设备股份有限公司(股票简称:翔宇医疗,股票代码:688626.SH)

【关注问题】

未为员工缴纳住房公积金的主体与员工之间是否存在纠纷;测算应缴纳而未缴社保、公积金的金额,说明补缴对报告期内业绩的影响,是否影响发行上市。

【披露信息】

根据翔宇医疗公开披露的资料,2017 年年底前,公司及其子公司员工社保、公积金的缴纳比例较低,其中报告期内住房公积金缴纳人数占比分别为 0%、68.08%、71.33%。主要原因系公司部分员工缴纳社保的意愿不强,以及部分公司的社会保险、住房公积金账户未开户。《审核问询函》要求说明的问题及发行人回复情况如下:

(一)相关员工就缴纳住房公积金事项与发行人之间是否存在纠纷

通过查询住房公积金管理部门的公开信息、发行人及其控股子公司所在地住房公积金管理部门出具的相关证明及向发行人确认,2017 年以来就住房公积金缴纳事宜,无公司员工投诉记录、处罚记录,也不存在因此引发劳动争议的情况。

(二)说明 2017 年度发行人应缴纳社保、公积金的金额及测算过程,对报告期内业绩的影响,是否影响发行上市条件

经测算,发行人未足额缴纳社会保险、住房公积金的金额(税前)为 411.93 万元,占发行人当期净利润的比例为 5.43%。

总结:

如发行人在报告期内存在未缴纳社会保险、住房公积金人数较多或者缴纳情况

变动幅度较大的情况，审核部门会要求发行人进行补充解释说明，并且进行整改，发行人在员工社保、公积金方面的内部控制制度的健全性及执行情况亦会受到质疑。对于前述情况，发行人需要取得社会保险和住房公积金主管部门出具的合规证明，发行人的实际控制人亦需要作出关于经济赔偿的兜底承诺。同时审核部门也会关注公司与员工之间是否因未缴纳社会保险、住房公积金产生相关劳动争议，公司需妥善解决该等事项。就发行人应缴而未缴的社保、公积金金额，公司需要进行内部测算，预估该金额对发行人利润及发行条件的影响并采取相应措施，确保不会实际影响到发行条件。

三 发行人通过第三方机构代缴社会保险和住房公积金

目前，我国社会保险、住房公积金尚未实现全国统筹，企业在实际经营中常面临无法为外地员工缴纳社保、公积金的问题。拟 IPO 企业中如有通过委托第三方机构为外地员工代缴社会保险、住房公积金的情况亦会受到关注。

关于通过第三方机构代缴社会保险、住房公积金的合规性，通常的解释思路为：承认发行人委托第三方代缴员工社保、公积金不合规，但发行人已实质履行了为员工缴纳社保、公积金的法律义务，保障了员工的合法权益。

需要注意的是，通过第三方机构代缴社会保险、住房公积金违反《社会保险法》《社会保险费征缴暂行条例》《社会保险稽核办法》等法律规范的规定，虽然委托第三方异地代缴，但是发行人在其注册地没有为相应员工缴纳社保，可能会被发行人注册地的社保中心要求接受稽核、进行整改，并补缴员工在职期间的社会保险费，尤其在发行人与员工产生分歧或被员工/第三方举报时，存在相关风险。此外在法律实务中，用人单位委托第三方代缴社保的，在劳动者发生意外人身伤害时，亦存在多重风险：其一，部分地区社保中心存在拒付社会保险待遇的情形；其二，代缴机构所在地的社保中心拒绝支付工伤保险待遇的，法院就工伤保险待遇损失的承担存在不同的裁判情况，部分法院认为用人单位委托第三方代缴职工社会保险不合法，应由用人单位承担工伤费用。发行人通过第三方机构代缴社会保险、住房公积金是否能为审核机构所认可，有待商榷。

因而，当发行人存在某一地员工数量较多的情况时，结合发行人在当地的业务开展情况，一般建议发行人在该地设立子公司、分公司自行为该地员工缴纳社会保险、住房公积金。此举既能满足发行人异地为员工缴纳社会保险、住房公积金的需要，也能解决发行人在异地开展业务的合规性问题。

在申报过程中，律师应注意对发行人通过第三方机构代缴社会保险、住房公积金的情况进行调查分析，并提出整改建议。

案例5：武汉达梦数据库股份有限公司（科创板上市委审核通过，简称：达梦数据）

【关注问题】

第三方代缴社保、公积金的情况是否违反《社会保险法》《住房公积金管理条例》的相关规定，发行人拟采取/已采取的整改措施及其具体安排、进展。

【披露信息】

根据达梦数据公开披露的资料，报告期各期末，发行人委托第三方代缴社保、公积金的员工人数分别为109人、120人、152人，分别占应缴人数的15.64%、13.11%、14.35%，发行人未就此采取有效整改措施。《审核问询函》要求说明的问题及发行人回复情况如下：

（一）第三方代缴社保、公积金的情况是否违反《社会保险法》《住房公积金管理条例》的相关规定

截至2022年7月31日，发行人委托第三方代缴社保、公积金的员工人数为177人，分布在全国28个城市，具体情况如表36所示：

表36　发行人委托第三方代缴社保、公积金的情况汇总

截止日期	缴纳地点	缴纳人数	占应缴人数比例
2022年7月31日	成都、福州、贵阳、哈尔滨、海口、济南、昆明、兰州、南昌、厦门、深圳、沈阳、天津、乌鲁木齐、西安、合肥、西宁、武汉、襄阳、宜昌、银川、长春、长沙、佛山、郑州、南通、重庆、珠海	177	13.08%

根据《社会保险法》（2018年修正）的规定，用人单位应当自用工之日起30日内为其职工向社会保险经办机构申请办理社会保险登记。用人单位不办理社会保险登记的，由社会保险行政部门责令限期改正；逾期不改正的，对用人单位处应缴社会保险费数额1倍以上3倍以下的罚款，对其直接负责的主管人员和其他直接责任人

员处500元以上3000元以下的罚款。

根据《住房公积金管理条例》(2019年修订)的规定,单位录用职工的,应当自录用之日起30日内向住房公积金管理中心办理缴存登记,并办理职工住房公积金账户的设立或者转移手续。违反该条例的规定,单位不办理住房公积金缴存登记或者不为本单位职工办理住房公积金账户设立手续的,由住房公积金管理中心责令限期办理;逾期不办理的,处1万元以上5万元以下的罚款。

报告期内,发行人存在通过第三方公司为员工缴纳社保及公积金的情形,未完全依照《社会保险法》《住房公积金管理条例》的规定,存在因该等事项被相关主管机关处罚的风险。

但应考虑到发行人的产品面向全国各个省市地区市场。基于本地化市场开拓、产品运行维护及技术服务等实际经营需要,发行人的部分销售人员和技术服务人员需在客户和项目所在地进行长期办公,且其所处地区较为分散,单一区域内的外驻员工人数会根据项目变动情况而有所增减。为满足上述外驻人员在当地的生活和购房需要,充分保障外驻员工享有的社会保险及住房公积金的相关权利,在综合考虑设立分支或者下属公司的运营成本和各个地区开立社保和公积金账户的员工人数底线的情况下,发行人依照部分员工要求委托第三方人力资源公司在该员工实际工作及生活的省市区域为其缴纳社会保险及住房公积金。因此,发行人采用第三方代缴方式系为了适应公司业务实际发展情况及满足员工劳动保障需求,具有合理性;通过第三方代缴,发行人已实质履行了为员工缴纳社保及公积金的法律义务,保障了员工的合法权益。

(二)发行人拟采取/已采取的整改措施及其具体安排、进展

截至2022年7月31日,发行人通过第三方机构代缴员工社保和公积金的员工比例由2021年年末的14.35%降至13.08%。由于报告期内发行人业务及人员总体增速较快,对于项目当地员工的需求量也在不断增加,因此报告期内通过第三方机构代缴员工社保和公积金的员工人数没有显著下降。为进一步规范管理,公司拟采取如下措施进一步降低第三方代缴比例:

1. 在2022年内,在已设立子公司的城市开设社保及公积金账户,实现公司直缴;

2. 当某地人员规模超过15人时,公司将向董事会提请设立分支机构,开设社保及公积金账户,实现公司直缴。

发行人的实际控制人已出具《关于社会保险和住房公积金的承诺函》,承诺如下:"如果劳动和社会保障部门及相关政府部门要求发行人及其下属公司为员工补缴以前年度的社会保险费和住房公积金,或发行人及其下属公司因未足额缴纳以前年度的有关的社会保险费和住房公积金而需缴纳滞纳金、被处以行政处罚,则本人将愿意无条件代发行人及其下属公司承担应补缴的社会保险费和住房公积金及因此所产生的滞纳金、罚款等所有相关费用,且不向发行人及其下属公司追偿,保证发行人及其下属公司、发行人的其他股东不因此遭受任何经济损失。"

根据发行人及其子公司所在地的人力资源和社会保障局、住房公积金管理部门出具的合规证明并经在发行人及其子公司所在地的社保公积金主管部门网站的查询,报告期内发行人及其子公司不存在因违反劳动保障、住房公积金管理相关规定而受到行政处罚的情形。

案例6:恒烁半导体(合肥)股份有限公司(股票简称:恒烁股份,股票代码:688416.SH)

【关注问题】

委托第三方代缴社保、公积金的劳动合同主体与缴费主体是否一致,代缴相关社保、公积金的资金是否来源于发行人,是否存在垫付情形。

【披露信息】

根据恒烁股份公开披露的资料,报告期内,发行人未在员工派驻地设立分支机构,并委托第三方代收代缴该部分员工的社会保险费和住房公积金,报告期各期期末由第三方代缴的人数分别为30人、36人、40人、51人,占员工总数的比例为69.77%、62.07%、51.95%、53.13%。《审核问询函》要求发行人说明委托第三方代缴社保、公积金的劳动合同主体与缴费主体是否一致,代缴相关社保、公积金的资金是否来源于发行人,是否存在垫付情形。

根据反馈回复文件,发行人委托第三方代缴的员工的劳动合同均是与发行人直接签订的,员工通过发行人委托的拓缦尔人才服务(上海)有限公司、智越人力资源(上海)有限公司在其经常居住地参保,相关费用由发行人承担,于每月实际缴费前支付给代缴公司,不存在垫付情况。

总结:

发行人基于业务经营特征及部分员工长期在发行人注册地之外办公的实际情况,需要为相应员工缴纳社会保险、住房公积金的,建议发行人在员工较为集中的地区设立子分公司，由子分公司开立账户为该等员工缴纳社会保险、住房公积金，降低委托第三方代缴员工社会保险、住房公积金的人数和比例，以符合相关社会保险、住房公积金法律法规的规定，避免受到行政处罚以及降低审核部门的关注。如报告期内发行人存在委托第三方代缴社会保险、住房公积金的情形且涉及的缴纳人数较多、比例较高、金额较大，则审核部门会关注相关代缴机构与发行人及其关联方是否存在关联关系，该等代缴机构是否存在为发行人垫付生产成本的情况。